红旗出版社

推动进步的力量

解读中国书系

诗一样的中国面孔

陈贻林 自署

陈贻林◎著

红旗出版社

目录

笔耕不辍与生命同在

衡量一个人能量和毅力的尺度，不是看他在顺境中爬升的速度，而是看其身处逆境中反弹的高度。

所谓人生，几乎与挫折、磨难乃至厄运同在。人，是不会被别人打倒的。人，理应“位卑未敢忘忧国”，荣辱不惊，处之泰然，不被那些无端攻讦、诽谤和打压所纠缠乃至压垮。人，理应活得本色淡然，活得豁达坦荡，笑对流言蜚语，甘愿寂寞孤独，行人之所难行，忍人之所难忍，不畏路渺茫，韶华莫蹉跎，闯过挫折，冲出坎坷。善于审时度势，逆水行舟，奋力开辟出无愧此生的一方天地！

作家朱自清很欣赏近人吴兆江独具匠心，将唐人李商隐“夕阳无限好，只是近黄昏”的诗句，反其意而用之：“但得夕阳无限好，何须惆怅近黄昏”。朱自清专门将这两句诗工整抄下压在书桌玻璃板下，用以自策。作者虽年届古稀，但同样需要像“诗一样的中国面孔”——本书主人公陈德鸿将军、刘效礼将军、陈吉余院士、黄春元教授、“老革命”凌霄云、书画大师董寿平、画家林凡、导演萧锋等人那样，专业上出类拔萃、事业上乐于奉献、喜好上淡泊名利。不过，笔者以写作为业，当然就力争笔耕不辍与生命同在。

——作者自白

开头的话

《山海经》描述过一位立志追赶太阳的神话人物——夸父。他在前行路上，面朝大海，正对太阳，走遍千山万水，历尽千辛万苦，一直追到太阳的入口处。饥渴难耐之际，一连喝干了黄渭两河之水，最后还是渴死，“弃其杖，尸膏肉所浸，生邓林，邓林密广数千里”。

“夸父追日”感天动地，可歌可泣。他的悲壮，他的执著，源于他的理想、他的信念、他的追求，演绎和光大了中华儿女赴汤蹈火、前仆后继、生生不息、代代相传的优秀品质和传统文化。

中华民族悠悠数千载传统的“文脉”、“香火”，正是由千千万万个像夸父那样，苦行僧般燃烧自己如梦如炬、如诗如歌、如水如荼、如棋如尺的人生，义无反顾、百折不挠地传承延续下来！

将军报国岂止在战场

关于南极与南极考察

一提起数万里之遥的南极，借用年轻人一句时髦的惊叹语：哇——噻！能有几人身上不起层鸡皮疙瘩？的确，南极的“寒极”、“风极”，只要稍稍提醒，那也是让人头皮发麻，毛骨悚然的。

南极，其大陆总面积1400多万平方公里，约占全球陆地面积的10%。它是全球最寒冷的地区，比北极气温还要低20℃左右，故有世界“寒极”之称。它常年平均气温为零下15℃，最低气温达到零下88.3℃。它95%以上的面积常年被平均厚度高达2000米的冰雪所覆盖，最厚处达4800米。南极覆盖的冰雪占全球总量的90%以上。还有20多万座从大陆挤压断裂的海水冻结的冰山在海域洋面上飘移……冰雪，成为南极最突出的象征。

南极，又是世界上风力最烈之地，8级以上大风每年平均高达300天，且以强风暴著称于世，谓之全球“风极”。一般的，大陆沿海平均风速为每秒17–18米，而南极平常就能达到每秒40—50米，最高风速竟然高达每秒近百米！百米——什么概念？相当于12级台风的3倍！号称“万物之灵”、不可一世的人，在它的面前渺小得简直就似一粒扬尘！

最让人心惊胆战、毛骨悚然的是，一个接着一个气旋风暴沿大陆边缘顺时针方向高速运动，形成100多米高的风柱，可以不费吹灰之力地把三四百斤重的石头吹得满地骨碌碌乱滚。1957年3月，狂风曾把苏联刚建起的铁塔吹倒、飞机毁坏，考察站的房屋被一扫而光。那情景用飞沙走石、翻江倒海一类词汇来叙述，大概也是轻描淡写很不到位的。

然而，这样一个几乎是“人类绝境”之地，却是一座地大物博、富甲天下的聚宝盆。

这里风力世界第一。这里更是全世界最大的淡水库。其贮藏量占全球总量的72%。形象地说，假如南极冰盖全部融化的话，地球的海平面将上升60米！

这里蕴藏着全球最大的煤矿，能供人类使用200多年的露天“铁山”，以及200多种高品位矿藏。这里蕴藏着全世界最丰富的石油和天然气。在西部陆架区蕴藏着450亿桶石油！

这里是企鹅的故乡，海豹的家园，有着极其丰富的生物资源，从几十吨重的蓝鲸、巨大的象海豹、各种贝类，直到几厘米长的磷虾，应有尽有，取之不尽。单是磷虾就有10亿—50亿吨，足以满足全人类食用蛋白质的需要。

这里又是世界上唯一没有被污染的大陆。所以，与其说南极是“人类绝境”，莫如说是人类的“希望之洲”。

自从1492年意大利探险家哥伦布发现美洲大陆以后，世界上特别是欧洲一些国家的探险家、生物学家、海洋学家和地质学家们，不远万里，远渡重洋，前赴后继，冒着生命危险，终于在地球的最南端找到了“南方大陆”——南极洲。

人类对南极的探险历经了帆船探险、英雄探险、航空考察和常年考察站这四个时期。

帆船探险时期是从18世纪70年代到19世纪40年代。17世纪70年代前期，英国探险家詹姆斯·库克第一个环绕南极航行一周。随后，不少国家的探险家们驾船越过险滩暗礁进行南极探险。

英雄探险时期是从19世纪末到20世纪初。1907年11月，澳大利亚探险家道格拉斯·莫森，最先登上南极大陆，到达了南极极点。接着，他亲自组织和领导了两支南极探险队，进行了大量的考察，并第一次在南极大陆使用无线电通讯。今日屹立在南极大陆上的澳大利亚“莫森站”，就是为了纪念这位探险家而命名的。

航空考察时期是从20世纪初到40年代。1929年11月，美国著名探险家查理德·伯德第一次驾驶飞机，飞越南极点，并进行了大量的航空测量工作，取得了许多珍贵资料。

常年考察站考察时期，是从20世纪40年代开始直到现在。据报道，现在全球已有26个国家在南极建立了50多个常年科学考察基地和100多个夏季考察站。目前有增无减，各国仍争先恐后地在极地建立多学科综合考察和研究基地。

令人汗颜的是，虽说到了上个世纪的1981年5月，中国正式成立了国家南极考察委员会，加入了《南极条约》。但是，在那广袤无垠的土地上竟然没有炎黄子孙的一只脚印，更谈不上进行什么独立的科考活动，建立什么样的科考站，当然也根本谈不上具备什么《南极条约》“协商国”成员的资格。接下来演变为令每个中国人十分尴尬、备受羞辱的一幕，也就成了必然。

就是这一年，南极国际会议在澳大利亚堪培拉市召开，大会进行到表决阶段时，包括中国在内的一帮非“协商国”成员被“礼貌”地请出了会场，安排到咖啡厅里悠闲地喝什么咖啡去了。末了，非“协商国”成员连这次会议的最终表决结果都被蒙在鼓里！

不是说中国是世界上人口最多、在联合国安理会有决定世界重大问题否决权的大国吗？但我们却是联合国五个常任理事国中唯一不是《南极条约》的“协商国”！

这是一种什么样的滋味？那样的尴尬和羞辱真是比被人家平白无故地抽一记响亮的耳光还要难堪，还要耻辱！

举国上下的华夏子孙都盼着早一天让祖国的五星红旗高高飘扬在南极！

战逆风斗恶浪，首闯南极（西南极）出师不利。他四两拨千斤，与台风轻松说了声“拜拜”

1984年10月8日上午，中国有史以来的第一支南极考察队在北京正式成立。

由来自我国20个部委局、60个单位和部门的591名航海人员、科学工作者及施工人员组成。他们之中年龄最长者55岁，最年轻的只有19岁。我国这次南极考察编队包括两船两队，即“向阳红10号”船和海军“J121号”船。两队是指南极洲考察队和南大洋考察队。科考包括这样两大任务：一是在南极半岛地区的亘古荒原上建立中国第一座夏季科考站；二是开展对南极的多学科综合考察工作。这个考察编队又称为625编队。1984年6月25日，中央正式批准了首次南极建站和科学考察。所以，这一天就被定为编队的代号。

那么，由谁来率领这支庞大的、云集了中国多学科精英的科考队伍奔赴那样险恶环境下进行科学考察呢？国家有关部门那可是经过深思熟虑、千筛万选，最后挑中了海军作战部原部长、时任国家海洋局副局长的陈德

陈德鸿将军（陈德鸿提供）

鸿将军担此重任。

这，正中了陈德鸿的下怀。多少回，他扳着指头数了又数：澳大利亚有“莫森”站、美国有“麦克默多”站、法国有“迪·迪蒙维尔”站、苏联有“和平”站……为什么我们没有？寒碜啊！与大海相伴了半生的他急哟，急得火烧眉毛，恨不得一鼓作气，乘风破浪，出海远航，撬开南极神秘莫测的大门！

谈何容易？赴南极探险考察非比寻常。除了要靠国力、靠精神、靠本领之外，其艰险程度非语言所能表述，比当年唐僧西天取经、郑和下西洋遇到的风险和灾难有过之而无不及。单是从上海到南极的海域，漫漫航线就要从东经120°到达西经66°，穿越98个纬度和跨越12个时区，途中要经过琉球群岛、加罗林群岛、西萨摩雅·社会群岛和土布艾群岛等10个群岛区。要穿越东北信风带、赤道无风带、东南信风带、盛行西风带和南极极风带。其中，非常危险的要数台风区、西风带和极区风暴带。可以说，中国首次赴南极探险考察队从启航出征的那一天起，就要与艰险乃至死亡为伴！

1984年11月20日，上海黄浦江码头。彩旗飘飘，锣鼓喧天。激动的人群挥舞着鲜花，欢送即将远征的壮士。

“向阳红10号”远洋科学考察船和海军“J121”打捞救生船，昂首并肩停靠在黄浦江边。两船主副桅上按照航海的最高礼仪挂“满旗”，向祖国和人民致敬。

时针指向10点零5分，南极考察总指挥陈德鸿将军向海军政委李耀文、国家南极考察委员会主任武衡、南极考察委员会副主任、国家海洋局局长罗钰如请示启航，只听那指挥台上一声令下，汽笛长鸣，考察船在鼓乐声、鞭炮声和人们的欢呼声中徐徐离开码头，驶向黄浦江口……

壮士们的出征标志着中华人民共和国和平考察和利用南极正式拉开了

序幕。

“在菲律宾以东洋面生成的19号、20号台风拦住去路！”

难道出师不利？科考船队还没驶出吴淞口，陈德鸿将军就接到紧急报告，脑子“嗡”的一下，浓眉紧锁。台风拦住去路！出航不出航？出航，明摆着是迎着危险上，航程将难以预料；不出航，静等台风过去，少说也要延误三四天时间，12月26日必须到达南极的计划将会泡汤！怎么办？此行非同小可，全国人民关注着我们，世界航海界、新闻界在盯着我们。何去何从呢？就看我如何临危不惧，当机立断！

说起这位将军，那可是凭真真正正的本事磨炼拼出来的。他中等身材，黑红脸膛，长期的海上生活和军人素质使他的体质更加能够适应艰苦环境和海上生活。直到后来，七十好几一老翁，还能连续打一个小时网球接着再游泳一小时而浑身不觉得累。你说说，当今有几老者可比？

也许是与大海打交道太久产生了感情的缘故，陈将军习惯穿一身蓝色运动服，休息时喜欢对弈或者甩两把扑克。他的朗朗笑声极富感染力，听见他的笑声，你心中油然会升腾起一种安全感。尤其是舰艇航行在惊涛骇浪之中，水兵们把听到他的笑声当作一种安慰和享受。那一准是我们的舰艇劈波斩浪，顺利前进。

就在这瞬间，他脑子里闪现过出征前不久召开的有21个国家新闻媒体参加的新闻发布会。

“陈局长，为什么让你当总指挥，有什么背景？”会上，一位外国记者单刀直入，存心要考考他的应变能力。

这位记者哪里晓得，此时，原本口才就不错的他，正处于极佳精神状态，巧妙地避而不谈他的长期军旅生涯的背景，轻松潇洒地：“我呀，在海上待了半辈子，全球四大洋我去了三个，了解全球的海洋气候和每一个港口。算得上是个老船长啦！”

说到这里，他环视全场拍拍胸口，亮着嗓门掷地有声：“凭我的航海经验，凭我的身体条件，凭我的工作职位……”他停顿了一下，紧接着就话锋一转，“请问——我不当总指挥谁当？”

妙语连珠，淋漓尽致。这一幕现代“舌战群儒”，把在场的海外“群儒”们折服得哄然大笑，连连点头。

新闻发布会历历在目！此刻由我下命令打道回府，当一只缩头乌龟，岂不惹天下人耻笑？

这时，令他成竹在胸、指挥若定的是，在这次首赴南极科考前，他已经先踩点走了一趟，做足了功课，摸清了通往南极沿线包括台风在内的规律和特点。只见他炯炯有神的双目凝视着正前方，毅然发出命令："继续出航！"

这位摸透了大海脾性、久经风浪考验的"老船长"清楚，跟大海打交道，既要斗勇更要斗智，方能指挥若定，万无一失。他指示船队取消向南从琉球群岛、宫古海峡进入太平洋的航线计划，改为一路东行，从日本奄美大列岛宝岛水道进入太平洋，到达关岛西部时再按原计划航线奔赴南极。

好一个四两拨千斤！轻松地与台风的来袭说了声"拜拜"。

封缸航行9000海里，刷新世界航海史纪录

陈德鸿率领的船队来到赤道附近时，风浪虽然小多了，难耐的高温却接踵而至。他不敢有丝毫的松懈。多年海上航行经验告诉他，高温下正是机械故障频发的时候。他不时地询问船长："机械情况怎么样？"尽管船长总是以"请陈总放心，主机运转正常"作答。"安全第一,万无一失，初战必胜"的弦，在他的脑子里却绷得很紧很紧。

说曹操，曹操就到。"向阳红10号"船航速突然减慢，主机更是打摆子一般开开停停。陈德鸿立即赶到机舱——高压油泵发生故障！机舱里充斥着呛人的油味，温度高达54℃，轮机班的同志们浑身湿透，顾不上擦一下流到眼里的汗水，抓住分分秒秒紧急检修。水手长花俊林又热又渴，竟误把柴油当作政工组送来的凉绿豆汤，舀起来就喝，正一边呕吐一边坚持参加抢修……

多好的同志们啊！陈德鸿凝视着眼前的场景，受到强烈的震撼，禁不住泪水涟涟。

"向阳红10号"的故障刚刚排除，海军"J121"打捞救生船接着就来凑热闹——右主机第一缸冷却水套管支架断裂，冷却水正呼呼地往外冒！

陈德鸿不由得心中一紧，事态严重啊！但是，他不动声色，显得很平静："船队马上就要驶入西风带，随时会遭遇暴风。到那时候停船将万分危险。"他立即向船长下达命令："立即封缸航行，紧急避险！"

封缸，即停止右主机第一缸供油，而使其他8个缸继续工作。这是航海中无可奈何的一种应急措施。用陈德鸿的话说，犹如病人爬山，时间长了，难说不出毛病。果然不出所料，当主机转速到了125转/分，还未达到正常转速时，这艘打捞救生船就像哮喘病人一样喘了起来。

这时候，编队已无退路可走，只有在陈德鸿将军的指挥下，顽强地也

可以说是硬着头皮、丝毫不敢松懈地向目的地进发。

如果说，不得已的封缸航行，是船队在高温环境下自身机械故障所致，那么，接下来老天爷跟这支编队开的玩笑可就大了去了，几乎颠覆、吞噬了整个船队。

前方就是气旋区。气旋，大气中水平气流旋转的一串紧跟着一串的旋涡。它能在数千公里范围内肆虐，所到之处无坚不摧，一扫而光。气旋区上空的滚滚乌云像无数脱缰的野马狂奔。海面上12级以上的暴风怒吼，掀起几十米高的喷着白色泡沫的排排旋转巨浪疯狂地奔腾着，那阵势足以排山倒海，其架势大有要把整个地球翻一个个儿。

编队的两艘考察船，那可是名副其实的万吨以上巨轮啊。此刻却可怜得像两片轻飘飘的小树叶，时而被高高抛向浪峰，时而又被摔进深深的波谷。刹那间，一串涌浪铺天盖地地扑过来，后甲板上5吨吊车的操纵台竟然被打翻，船舷铁门轻易地被掀入大海，固定得好好的缆绳更是被抛进大海。糟糕，缆绳一旦被绞进推进器，那后果……大伙不敢往下想，冒着坠海的风险，齐心协力将缆绳拉回重新盘结固定好。

现场情况瞬息万变，险象丛生！被巨浪撞击的考察船钢板焊接处开始裂缝，发出摄人心魄的“咣当——咣当”、“嘎——嘎”的巨响。

陈德鸿带着船长、机电长四处察看——老天，船舱船尾焊接性裂缝共有18条！船长、机电长有些沉不住气了。“保密，没有事！”陈德鸿一脸镇静，声调平缓。其实，他的心已经悬到了嗓子眼。情况危在旦夕！

突然，一阵飓风将30千瓦的通信联络天线折断，指挥台被砸了一条裂缝！考察队员、国家海洋局杭州二所研究员董兆乾神情紧张地向陈总报告。陈德鸿却凑近他的耳旁叮嘱道：“不要说，不要说。”他依然像京剧《空城计》里诸葛亮的那副神情，平静如水。他断定船没有漏水，也就没有必要让船员们知道。

平静源于临危不惧，源于胆识和经验。陈德鸿凭着与大海风浪相伴半辈子的丰富经验，当机立断下达命令：关闭水密舱，防船沉没。指示船长、轮机长抓住进车、倒车调整船体，使航向和风向始终保持20度角顶风前进！

船长、机电长和全体船员坚决执行命令，顽强拼搏，经过长达8个小时的生死较量，终于安全地闯过了气旋区。

这是怎样的8个小时啊，很多人是在剧烈晕船、呕吐中度过，恨不得吐出五脏六腑的煎熬下，与狂风恶浪进行殊死搏斗的！事后，连这些勇士都不敢相信自己是怎么熬过来的。他们形容当时的心境：“难受得简直想跳海！”他们诙谐地将晕船、呕吐称之为“交公粮”。

虽说陈德鸿是这591人中的年龄最长、职务最高的“船老大”。但是，在战逆风、斗恶浪中，不分职务高低，不问男女老幼，没有特权照顾，必须同舟共济，绝对一律平等，更没有灵丹妙药。他受的罪不比船上任何一个人少，肩上的担子却要比别人重得多，重得几乎要将他压垮！

你想想，如果我国这次南极探险失败，船毁人亡的话，国家有关部门和领导人也许体谅这是开天辟地第一回，权当交了学费，陈德鸿及其部下弄好了还能落下“光荣”两字；若是指挥不当或决策失误，作为编队总指挥的陈德鸿可不是简单的一百多斤有去无回了，恐怕离身败名裂不远了；要是侥幸活下来，十有七八是要蹲大狱的！

功臣与罪人，英雄与狗熊，对这位将军来说，那可是一步之遥，弹指一挥间啊！他在那些难熬的日子里经受着怎样的精神重压和心灵煎熬也就可想而知了。所以，与其说他是在指挥着一个编队，不如说他从担任编队总指挥的那一刻开始，就在刀尖上跳舞了！看来，在我国也有不好当的干部啊！

编队在陈德鸿的指挥下，战胜了一个又一个狂风恶浪及多种多样的险恶的气候环境，封缸航行持续了25天，于12月19日平安抵达阿根廷的乌斯怀亚港。编队舰船进行补给、检修，更换从国内空运来的发动机冷却水套管支架等设备。

直到这时候，陈德鸿才敢稍微松了一口气，对船长感叹道：“封缸航行9000海里，刷新了世界航海史上的纪录，好惊险啊！”

运筹帷幄，临危不惧，镇定自若，正确决策……陈德鸿让我们真正领略了“将军决战岂止在战场”的风采！

然而，南极在望，却苦海无边。

进入南极的必经之地是要横渡德雷克海峡。它沟通着太平洋和大西洋，处于阿根廷火地岛和南极半岛之间，最狭窄处的距离比台湾海峡宽10倍，少说也有900公里。海水最深处达5248米。全球39条海峡，它雄踞老大，加上又地处西风带，风暴终年不息，远比考察船一路遭遇的风暴大得多。它长年累月肆无忌惮地吞噬着无数的船只。它的凶猛远甚于非洲的好望角，人们将其称之为“航海家的坟墓”也就不足为奇了。

陈德鸿将军凭借个人的人格魅力、娴熟的领导艺术、驾驭海洋风暴的高超本领，将591名勇士凝聚成一股坚不可摧的力量，心往一处想，劲往一处使，掌握德雷克海峡的海情变化规律和气象特点，指挥全体船员一往无前地战胜一个又一个狂风恶浪，使得一个个几乎无法摆脱和跨越的险境绝地化险为夷，愣是将“航海家的坟墓”变成了“航海家的生命线”，如期按照上级的要求和时间，于当年的12月26日进入南极设得兰群岛的民防湾锚泊。

他们的下一个目标是建立中国第一座南极考察站——长城站。

长城站实现当年建成越冬，堪称南考史奇迹

前面写道，南极风暴最频繁，风力也最强，8级以上大风年平均300天。最大风速每秒达到92.6米。在这样的境况下，且不论要让360平方米的两栋考察用房、四栋辅助房、一座气象站和4个20米高的通信铁塔拔地而起该多么艰难，单是将500多吨建站物资抢运上岸，那简直比登天还难！

陈德鸿将军和由他率领的近600勇士面临新一轮的考验。

当时虽说是南极的夏季，正是施工的好时机，但是，已经剩下短短的两个月时间，要把这么多的物资抢运到乔治王岛上，建成那样一座相当规模的长城站，时间非常紧迫，任务非常繁重。

民防湾里同样涌大浪高，常有浮冰流动。眼前的情势是，万吨轮既不停的晃动又无法靠岸，巨轮上的吊车随之摆动得更加厉害，只能用小艇一趟一趟地转运物资。而似叶片的小艇晃动得更欢，稍有不慎，就可能撞艇而导致翻船。要将巨轮上的物资通过吊车一件一件地卸到小艇上，就要找准巨轮、吊车和小艇在“三动”中出现的稍纵即逝的相对一静。紧紧抓住这“一静”，实在是太难掌握了！就算能将一个集装箱安全地放到小艇上，500多吨呀，多少个集装箱，有点磕磕碰碰总是难免吧？不行，装卸要万无一失！如果稍有损坏或丢失一件哪怕是几两重、不起眼的零件，将一时难以补给，错过建站的最佳时机，影响整个建站的进度。

那些日子，作为指挥员的陈德鸿身先士卒，事必躬亲，号召科学家、航海家和海军官兵等编队所有人员勇当普通劳动者，为建好长城站多出一把力。

那些日子，他满脑子装的是万无一失装卸转运500多吨集装箱。他精心组织，集思广益，天天和大家一道就如何抓住动中取静、迅速装卸的规律，研究分析和如何解决种种不安全因素。

那些日子，他强调一级抓一级，一级管一级，明确每个指挥员应处的位置和责任，直至每个集装箱怎么轻轻的吊运，怎么稳稳的放下，逐条逐项地交代得清清楚楚。然后，他似矗立的铁塔一般始终指挥在现场！大家

看到战斗在最前沿的陈总指挥，心中有了主心骨，更加踏实、更鼓足了信心。

在南极，陈德鸿还潇洒地玩了一把陆海空立体指挥。建长城站有5吨发电机组部件，需要由我海军航空兵从巨轮上吊挂到长城站站址。其难度并不比海上装卸轻松。除了南极的风速外，能见度也经常在1公里左右，云层高度更低，经常只有50米。据外国资料记载，自南极探险以来，相继有60多架飞机在南极上空失事。我海军179号机组成员在吊挂运输两吨多重的发电机组部件时，为了减小吊挂后在大风中摆动的幅度，毅然将原来17米的吊索缩短到7米，用近1个小时，将一为2.5吨、一为2.7吨的两台部件吊越5公里宽的海湾，平稳准确地卸到长城站的预定位置。

就这样，全体考察队员和海军官兵在陈德鸿将军的严密组织和指挥下，一不怕苦，二不怕死，开动脑筋，群策群力，用10多天的时间将500多吨物资无一缺损地运到长城站站址。紧接着，又用了45天的时间精心施工，精心安装，终于将我国第一座南极考察站——长城站屹立在乔治王岛上。它的上空，飘扬着的是鲜艳的五星红旗，终于使我国成为世界上第17个在南极建站的国家，终于使我国可以在人类极地考察中直起腰杆，不需要坐在一边喝咖啡了。而陈德鸿和他率领下的591名壮士当之无愧地担起了支撑的钢铁脊梁！

尤其难得的是，长城站既不是中国政府规划中的无人站，也不是只有夏天才能住人的夏季站，而是一座符合国际标准的四季都可以进行科学考察的常年站！这是陈德鸿率领591名壮士在极其恶劣的条件下艰苦创业，超额完成国家规划的见证。英雄们用自己的双手创造了当年建站、当年越冬的这一在南极考察史上乃至中国建筑史上罕见的奇迹！

建长城站之初，中国政府考虑到首赴南极缺少经验这一实际，认为能在南极顺利建成一座无人站就很不错了。时任中央领导对南极建站作过这样的批示："如果要两千万元就可建一个无人站，我也同意，但一定要计算得准确些。"

"国家花那么多的钱，每一分钱都是人民的血汗啊！如果大家日夜拼命建设起来的长城站，只能供夏天使用几个月，太浪费了。考察工作也没有连续性。不行，我们要用较少的钱为国家和人民办更多的事情。我们的祖国也应该有属于自己的常年站！"科考队里的科学家们向陈德鸿汇报想法，表达决心，希望他转告党中央、国务院，实现他们的这一愿望。

英雄所见略同！科学家们道出了陈德鸿的心声。他拍案叫绝，大家冒着生命危险建立长城站，为了什么？不就是要为国争光，为开发南极事业多尽一点贡献吗？

不过，陈德鸿很清楚，南极的冬季，风暴不断，最冷时达零下80多℃。下的雪岂止是鹅毛大雪，而是拳头一般大的雪球随着风暴剧烈地旋转着四处乱闯乱砸，不大一会儿功夫就能堆上好几尺高。这也罢了，最不是人待的是连续56个极夜，天天伸手不见五指，漆黑一片不见一丝亮光，再聚光的手电筒也是聋子的耳朵——摆设。那人哟，就跟被关在倒扣的铁锅里一般。每逢极夜的日子，外国常年站的考察人员即使是短距离外出，身上也必须系上一根绳子，靠摸着绳子才能返回驻地。日本有个考察队员就是因为外出一时疏忽忘记系绳子，结果，迷失了方向，直到第二年的夏天冰雪融化后方被发现。

陈德鸿是位不事声张的人。他暗暗下定决心：为祖国在南极建一座合格的常年站！他从长城站的坚固程度到防寒标准，从食物储备到油料保障，从仪器设备到通信联络，从人员的挑选到规章制度的制定，一丝不苟地按照常年站的建设标准和科考人员安全越冬条件一项一项地进行筹备……同事们见了，不无感慨地说："陈总为保质保量建好长城站，真是操碎了心！"

历历在目啊！那些为了最大限度地索贿受贿的贪官们，该不该睁眼瞧瞧：同是中华民族的子孙，同为共产党的干部，考察南极的英雄们，能够用建无人站的经费建成了符合建设标准和保证科考人员安全越冬的常年站！而你们，挖空心思地克扣榨取建设经费，乱拆民宅，乱占农田，把高楼盖倒，将大桥修垮，把高速公路铺塌，为什么差距如此悬殊呢？你们还像中华民族的子孙，共产党的干部吗？不是天良丧尽又能是什么？！

"科学家们纷纷报名，要求留下来继续进行科学考察的决心非常坚定。我们经过慎重研究分析，综合衡量，选拔了8名同志，做好了在长城站越冬的一切准备。"

1985年2月18日春节前夕，祖国代表团带着党中央、国务院和全国人民的关怀来到南极。陈德鸿向祖国代表团团长、国家南极考察委员会主任武衡及其成员郑重地提出这一请求。

陈德鸿详细地向武衡团长和全体团员介绍了考察队将无人站建成常年站的思考过程和实施经过，并请代表团对长城站的建设质量、抗寒程度、物资保障及人员素质等多方面进行了严格考察。

考察队员特别是科学家们的奉献精神深深感动了武衡团长，对陈德鸿的介绍及为常年站所做的各项工作给以充分肯定，经向国务院请示后，同意了考察队的要求，批准长城站为常年站。

为长城站奠基（陈德鸿提供）

“陈总，太谢谢您了！”长城站站长颜其德得知这一喜讯，忘情地搂着陈德鸿的脖子，喜极而泣，泪流满面。8名科考人员紧紧拥抱在一起，孩子般地哭了。陈德鸿望着可爱的战友们，百感交集，老泪纵横。

这情，这泪，将军与科学家的情谊，固然有同生死、共患难结下的情愫。但是，一样的报效祖国的情怀方是他们相拥而泣的源泉。

2月28日，我国首赴南极考察队最值得怀念的日子。考察队员们马上就要离开几乎是以生命的代价才登上的极地，穿过西风带、重渡太平洋返回祖国怀抱；他们马上就要离开曾经生死与共的8位战友了，多少个日日夜夜相守，风里来雨里去，要说的话千言万语啊！

4月10日上午，我国政府和军队的有关领导和上海市各界群众600多人，举行了隆重的欢迎英雄们凯旋的仪式。陈德鸿在鲜花、掌声和荣誉面前，心中牵挂的是耸立在南极的长城站，心中放不下的是留在南极继续进行科学考察的8位科学家，战友们如何战胜暴雪和严寒，如何平安度过那56个伸手不见五指的漫漫极夜……

5月6日下午，国家南极考察委员会在北京中南海怀仁堂隆重召开了首次南极考察庆功授奖大会，中共中央、国务院和中央军委领导人万里、习仲勋、方毅、杨得志、余秋里、胡启立、彭冲、周谷城、严济慈、李鹏、张爱萍等党和国家领导人亲切接见了陈德鸿率领的考察队员和海军官兵代表。陈德鸿荣立一等功。鉴于陈德鸿非凡的表现，海军党委打破不给高级干部评奖的惯例，给予他提前晋级的奖励。

一时间，陈德鸿成为亿万人民心目中的英雄，全国范围内掀起的“南极热”一浪高过一浪，经久不息。

二探南极（东南极），建立中山站

“‘极地’号被撞出大洞，责任在我！”

1988年11月20日，年届59岁的陈德鸿将军率领国家9部委局28个单位和部门116人乘“极地”号抗冰船，再次披挂远征，二下南极（东南极），将在拉斯曼丘陵建立我国第二座永久性南极科学考察站——中山站。

一路上，他带着100多名壮士战惊涛战骇浪，历尽的七灾八难，艰辛险阻，比首赴南极毫不逊色，这里暂且不表。

转眼近一个月过去，到了12月16日，“极地”号抗冰船闯过西风带后，进入南极大陆浅海边缘的浮冰区。这里的浮冰多为七八成、厚达1米左右的荷叶冰。个儿大倒也罢了。最要命的是，它占据了70%—90%的海面。“极地”号抗冰船接二连三地被冰体冲撞，寸步难行，发出令人心颤的刺耳声，船体被撞得不停地震动。

“洞！哇——不好了，一个大洞！”

随着一声惊呼声，大家俯首望去——我的天！船头左侧吃水线以下出现一个将近一平方米的大洞！后来修补时，方知其面积为110厘米×70厘米。

太可怕了！人们一片嘘唏，担心连船带人葬身海底，永不见天日！

船体破损而又难以自救，乃海上航行之大忌。万幸的是，“极地”号的船壳是双层的，撞破的是外壳。但麻烦的是，“极地”号的设计能力只能在浮冰占海区50%左右、冰厚1米以下、还要是当年新结的冰域里航行。眼前的浮冰，有的地方厚达2米，其密度占据了海面的90%！谁敢拍胸口保证内壳不被撞坏？！

这时候，距离登陆点还有175海里，至少还要航行10个小时。是继续航行，将中山站建好？还是向后转，返航回国把船修好再来？继续向前，“极地”号明显没有被修复的希望，万一裸露的内壳也遭碰撞进水，后果将不堪设想！要么返航？怎么向祖国人民交待？这会造成什么国际影响！

接踵而至的是，眼下究竟向不向国内如实报告这一险情？不报，已经有人在议论陈德鸿总指挥“胆大妄为欺上瞒下”了。这里的“上”，可不是一般的“上”，那是党中央、国务院！一旦船毁人亡酿成大祸，罪名轻不了，那是杀身之祸啊！报呢？让党中央、国务院、南考委领导怎么下这个决心呢？他们毕竟远在万里之外，不在现场不了解具体情况，决心怎么下？让我们继续南下吧，若是出了问题，后果就要由党和国家的领导承担了。我陈德鸿不是在把矛盾上交、推卸责任吗？

身在极地险境中的他，始终没有忘记临行前党和国家领导人亲切接见的情景：

——时任党中央书记处常务书记的胡启立说：“无论南极气候多么寒冷，无论那里的风暴多么强烈，无论那里自然条件多么严酷，我们10亿人民的心和你们在一起，和你们共同奋斗。”

——时任国务院副总理万里说：“那里很艰苦，但苦中有乐，求人民之乐，求国家之乐。”

句句暖人心啊！党中央、国务院这样关心、支持着我们，我们难道不应该为他们分忧？对，一切责任由我承担，不到万不得已的危急时刻，决不能干扰领导同志。

什么，应该迅速向上级报告？有种声音不止一次地提醒着陈德鸿……

关系到船毁人亡，他不能不再掂量啊！要么返航？国家将要遭受多么大的损失？还有—— 如果报告了，考察队员们的家属必然心惊肉跳，寝食难安，到领导机关去打听，岂不又干扰了领导机关的正常工作？

虽说陈德鸿久经沙场，临危不惧，更有首赴南极的经验。但是，发生的事情始料未及，可不是闹着玩的啊！如果“极地”号100多条鲜活的生命葬送在自己的一念之差上。我陈德鸿死不足惜，岂不成了国家和人民的罪人？！此刻，他的肩上犹如压上一座巨型冰山！他思来想去，一时难以定夺。

就在这时，随船采访的新华社记者张继民找上门来，表明船洞的出现是南极探险中的一个重大事件，应该迅速报道。陈德鸿耐心细致地做解释工作，讲明暂不报道的种种理由。

他虚心地征求“极地”号领导班子成员和专家们的意见，但最终拍板担责的还是他这个总指挥！

12月24日上午，“极地”号底层舱大活动室。全体人员紧急会议即将召开。

陈德鸿微笑着站了起来，显得很轻松，好像“极地”号一切正常，从来没有什么令人担忧的事情发生过。大家见他这副模样禁不住也轻松起来，会场的气氛随之缓和了许多。

“是我——让你们在这么恶劣的情况下，超过‘极地’号的设计能力抗冰航行的，船被撞出大洞，责任在我，大家不必担心。”

他不遮不掩，开门见山，语气和缓，直奔主题——

“轮机长王道顺向我讲了他对船洞的看法，很有启发，让我更加放心。他的看法究竟是什么呢？现在就请他亲自跟大伙说一说。”陈德鸿要用事实说话，稳定大家的情绪。

面相憨厚的王道顺站了起来，语调不急不慢：“大伙都看到了，船头破损的地方是在首尖舱的位置。这个舱是密封的。因此，海水不会浸入其他舱室。如果考虑到美观，把洞补上也可以。其实，就是不补——我认为也可以开回祖国。记得抗日战争期间，我国的一艘小炮艇遭遇日本鬼子的大型军舰。两船火力配备就跟鸡蛋碰石头似的相差悬殊，敌人‘咚、咚、咚’几炮就将小艇的船头削掉了。掉了脑袋的小艇不但没有下沉，反而平安地开了回来。”

队友们哄堂大笑，心中的石头总算落了地。整个会场显得轻松、活跃起来。

“极地”号领导班子成员清楚，王道顺的讲话事先经过陈德鸿的点拨。这也是他当总指挥的高明之处。当那么大的一个洞造成的潜在危险不便和盘托出又不能不顾及群众的焦灼情绪时，只能内紧外松，补救工作从最坏处着手，表面上要举重若轻，淡化处理。

“船头撞出大洞后，我们的记者想及时报道出去，以便让全国人民知道，这个想法是好的，但我没有同意。理由是国内各级领导对我们很关心，队员们的家属已经因为我们远征南极牵肠挂肚了，上上下下都在为我们担心。我不同意报道，不是‘胆大妄为’、‘欺上瞒下’。请大家放心，我会如实向国内汇报的，只是时间早晚问题。为什么？因为现在发稿对整个考察活动不利。待卸完建站物资，洞口补上再报道。船被撞出洞，虽然不是好事，但同志们也没有必要把它看得过重，好像天马上就要塌下来似的。我们‘极地’号是双层，现在只是外壳被撞破。这就像行军打仗，擦破点皮、伤了点肉，咬咬牙继续行军、继续打仗，不就得了，没有什么大不了的问题。”

陈德鸿说到这里，情绪依然平静，双目炯炯有神，果敢地下达了命令：“我们的任务不变，航向不变，继续前进！”

两个多月后的1989年2月28日，“极地”号完成了卸运物资任务、船洞焊接上新的钢板、返航途中冲出冰区后，陈德鸿正式向国内作出报告。他对于船被撞破大洞一事特别注明：“请3月6日见报。”

他的指挥就是这样严谨得当，无微不至，可圈可点。

特大冰崩前立下遗书：“誓与‘极地’号共存亡”

每年的3月15日是南极进入冬季的日子，预示着56天极夜的到来。极夜前期风雪一到，将会连船带人都得困在南极，面临的只有两个字：死亡。所以，任何国家绝对不允许探险考察船在极夜期间仍滞留南极。

陈德鸿指挥的“极地”号抗冰船冒着再次被撞的危险，在浮冰区小心翼翼地似蜗牛一般向前艰难地爬行。那个慢哟，有时一天才挪动两三海里，有一次连续10多天夹在冰隙中不能动弹丝毫。

时间不等人呀，到2月底，不管中山站能否建成，都必须撤离南极。否则，只能是死路一条。时间，宝贵的时间，你慢点儿走吧，陈德鸿焦急万分，将哪几天、哪一天、哪一个小时该干什么事情，都事先做了周密的计划和安排，盼望早日到达目的地，早日建成中山站。

他抓住南极阳光和潮汐作用，坚冰逐渐被分解、游离的有利时机，步步为营，终于在1989年1月14日，将“极地”号安全地锚泊在拉斯曼丘陵地区离陆岸仅有400米的新月湾。

群情振奋，欢呼雀跃。大家不敢怠慢，顾不上喘口气、喝口水，庆祝一番，就争分夺秒地将物资装上小艇，再向陆岸卸运。不料，装着吊车等物资的小艇靠岸卸到陆上，还没来得及运第二趟时，一场严重危及“极地”号和100多条生命的灾难——巨大冰崩发生了！

只见南极海面流动着无数座大似岛屿、小如烂尾楼的冰山，在潮汐作用和海浪的侵蚀下，这些庞然大物产生的裂缝和空洞随时都会发生惊天动地的崩裂。

当天22时左右，“极地”号的前方和左侧连续发生3次大冰崩。那声音吓人啊，简直像原子弹爆炸一般，又像地崩山裂般的巨响，随之而起的是无数冰块和雪雾形成的“蘑菇云”冲天而起，将无数冰块又从高空狠狠地砸到海里，立刻掀起几十米高的巨大浪柱，疯狂地扑向高高的陆岸。

大海怒吼了，大洋疯狂了。巨大的冰崩诱发出数不清的小冰崩，产生了令人目不暇接的连锁反应，而沉闷得让人心颤窒息的隆隆巨响不绝于耳，脑子几乎要被炸裂。

这时，人们从灰暗的天色中看到狂奔的硕大无比的冰山，正以排山倒海之势向“极地”号压过来。是错觉？定睛细看，大得看不到边的冰山正发疯般地扑向“极地”号。陈德鸿清楚，结冰的海水体积膨胀，随时会将“极地”号挤扁。如果没有特殊天气化开坚冰，意味着他率领的考察队要在南极越冬。这种迫不得已的越冬注定要被饿死、冻死。

近百名兄弟的生命危在旦夕！

老天，一座足有两层楼房高的冰丘横冲直撞地向“极地”号拦腰撞来！这个气势汹汹的家伙一旦撞上“极地”号，不是船体塌陷，就是被拦腰截断。说时迟，那时快，眼看它就要撞上了！

运货上岸的16位考察队员见此情景吓坏了，哭喊声响成一片。好几个人生死存亡顾不了许多了，“扑通”一声跪在地上，朝冰山方向倒蒜似地连连磕头，祈求苍天保佑。

大概是近百名兄弟命不该绝吧，令他们狂喜不已的是，竟然发现了意想不到的奇迹：巨大的冰丘竟然在离船仅有两米远的地方戛然而止。紧接着，就鬼使神差般地向后滚动，停在距“极地”号10多米的地方。

大家虽然绝处逢生。但是，3次大冰崩把“极地”号周围10多平方公里的海面变成了一片冰海。在巨冰的强力挤压下，“极地”号船体的左舷钢板开始凹陷。

险象丛生，情况依然万分危急！

陈德鸿面对严峻的形势镇定自若，通过广播要求大家听从指挥，服从命令，保持镇静，不准自行其是，包括不得盲目跳海求生……

与此同时，他下令“极地”号立即开到最大马力，向海滩冲击，宁愿船损，也要保证人身安全。结果，只冲了那么一点点，就被一座搁浅的冰山死死拦住，无法前进一分一厘。不大一会儿功夫，“极地”号就被浮冰围了个水泄不通。

考察队临时党委紧急会议在紧张地进行着。陈德鸿在听取了党委成员意见的基础上，迅速确定了保证人员和船舶安全的方案：

第一，人员紧急疏散，科学家等考察人员统统从冰上走到岸上去。船上留下九人；船长、轮机长、通信、维修人员等和总指挥。

第二，立即行动起来，把“极地”号上可以卸下的物资，从冰上运到陆岸。

第三，加强值班，实施船舶破损进水预案。

第四，将一日四餐改为一日三餐，节省食物，做长期准备。

方案传达后，许多人含着泪向他恳求道："陈总，你上岸吧，我们不能没有总指挥。"

陈德鸿不容分说，"耍"起了权威："我是总指挥，得听我的！"

大家一次次真情请他上岸，他一回回坚持己见。

在紧急疏散考察队员会议上，他面带笑容，宽慰大家："大家放心，万一局势继续恶化，还有外国的考察站会给我们提供帮助，会用飞机和船舶把大家运回祖国。天无绝人之路，我对建成中山站满怀信心！"

疏散开始了。大家有条不紊地顺着软梯下到浮冰上，然后再徒步上岸，迅速支起一座座帐篷。卸运物资的队员各司其职，肩扛、手搬、木板推、自制爬犁拉……冰上一片繁忙。仅用10多个小时就将能搬动的小件运上了岸。

队员们无时无刻不是在焦虑中等待冰开船行。等待是最痛苦、最难熬的。痛苦、煎熬更加剧了焦虑情绪。大家在煎熬中度过了一个小时又一个小时，一天又一天……

"唱歌、下棋、甩老K……就是不许闲着！"陈德鸿让人传话。他要让大伙转移注意力。可他已经有20多个小时没有合眼了。过度的操劳累得他胸闷、盗汗，高压达到170……

他，人躺在床上，脑子里仍在过滤着临时党委研究决定的方案还有什么疏漏之处，如何做好最坏的打算，朝最好的方向努力。

"是不是写点儿什么？"也许人在大难临头、面对死亡威胁的时候，总有一种本能，产生一种莫名的冲动。他想到，万一自己与"极地"号一道"光荣"了，人员怎么返回祖国，运上岸的物资怎么保管好，总指挥的工作谁来接替等等，我应该有一个交待了。也许，这就是遗书吧。唉，已近花甲之人的他还没有见过遗书，更不知道怎么写哩！

陈德鸿走到指挥台前，凝视着被巨冰团团围住、纹丝不动的"极地号"，危局不见任何好转，心情越发沉重。

写些什么呢？手中的笔重若千斤，心潮似西风带汹涌的波涛——

他想起，自从1930年12月出生在江苏省阜宁县沟墩乡一个贫苦农民家庭起，父母巴望他长大了能有出息，供他上了5年私塾。穷苦人家的孩子能读5年私塾，做父母的吃了多少苦，受了多少罪？数也数不清啊！也许是真应了"穷人的孩子早当家"这句话，到了1946年3月，他刚刚16岁就入了党，还当上了宣传干事、农村剧团团长，宣传过轰轰烈烈的打土豪、分田地哩！

他想起，1949年2月，心高志远的他带头参军，成为苏北海防团机枪连的一名文化教员。嘀，这在当时可是位知识分子哟！

他想起，1949年11月，为了解放祖国宝岛台湾，他从陆军转入海军。肚中墨水不算多的他干上了海军南京航海学校航海中队的文化教员。他左右一瞧——航海中队里有不少原国民党的海军人员，不是大学生，就是高中生。他摸摸脑门一琢磨，哪轮到自己当文化教员？要求回班学习航海。虽然只学习了短短的3个多月，却奠定了他一生与大海为伴的命运。

他想起，祖国和人民一直对自己关心培养，委以重任。从航校结业后就分配到华东海军“辽河”登陆舰当上副航海长、航海长、副舰长。接下来又先后成为“辽河”舰、“长白山”舰、“兖州”舰舰长，猎潜舰大队大队长。1964年，他从南京军事学院合成指挥系毕业后，就相继担任了某水警区参谋长、某驱护支队副支队长、潜艇某支队副支队长。为了报效祖国和人民，他吃苦在前，享受在后，不怕流血牺牲，先后参加了封锁金门、解放一江山岛等战斗，多次立功受奖。

他想起，多年来，他不仅在多种型号的水面舰艇及潜艇指挥岗位上干了个遍，而且在海军作战部副部长、部长任上干了漫长的10年。特别是1980年，他主持制定了我国洲际导弹发射海上编队计划，并参与组织实施，圆满完成了任务，成为唯一荣立三等功的正师级干部。他作为不脱军装的国家海洋局副局长，负责管理该局下属56艘舰船等项工作，直到首赴南极。

纵观一生，为祖国、为人民还是做了一些有益的工作，尽了绵薄，没有虚度，问心无愧。想到这里，他笑了：这些陈芝麻烂谷子档案里头写得清清楚楚嘛，悼词里才该有的，那是组织上的事，哪用我操心？共产党人、高级干部的遗书，不能让战友们看了伤心落泪，要鼓舞士气，为了南极事业敢于前仆后继，勇往直前！

考察就是探险，探险不可避免牺牲，已经有许多探险前辈的尸骨留在了南极。我为南极事业而死，死得其所，很有意义。中国人民是伟大的人民，任何艰难险阻也挡不住我们前进的步伐，我坚信中山站一定会建设成功，中国人民一定会在南极事业中取得辉煌成就。

他动笔了，他在遗书中记录下“极地”号全队人员英勇奋斗的情况。感谢党和各级领导多年来的教育、培养和信任。他向考察队的同志们交代了有关事项，嘱咐夫人和孩子保证做到不向组织提出任何要求。

“请你带到岸上。现在要保密，不到时候不能看，拜托了。”陈德鸿将装进信封、粘好口的遗书交给秘书马宝华时，仍然面露笑容叮嘱道。

马秘书接遗书的手在颤抖，心在紧缩，鼻子阵阵发酸却说不出一句话，刚掉头走出指挥室就忍不住放声痛哭。陈总啊陈总，你把生的希望留给战友部下，把死亡的威胁留给自己，一心想着事业，想着他人……

做好最坏打算的陈德鸿心中更加平静。但一刻也没有放松起死回生的努力。他要建好中山站，将战友们毫发无损地带回祖国。他向苏联、澳大利亚等国考察站求援，除了得到他们在食宿方面提供的帮助外，还及时地将监听到的冰崩情况通知我方。

凛冽的寒风呼啸着，浮冰冻得愈来愈坚硬。一天，两天……整整6天过去了，没有任何冰解的动静，没有丝毫让"极地"号转危为安的迹象。陈德鸿不灰心、不气馁，一刻不停地观察着冰山的细微变化，询问气象预报，检查船体情况……

"这次冰崩对中国南极考察人员是个毁灭性打击。"

"中国考察船出不来了。"

外国考察站的专家们十分惋惜。

呼啸的寒风中，陆上焦灼的全队人员牵挂着陈总和船上的队友，轮流走出帐篷面向船的方向，用手合成话筒高喊："陈总，保重，注意——安全！"

"坚持，再坚持，胜利一定属于我们！你们赶快回去，到帐篷里去御寒……"陈德鸿通过喇叭深情回应。

患难之中见真情。这情只有经受了患难生死的考验方为坚不可摧的真情。

也许，苍天有眼，不忍目睹我国这支对祖国无限忠诚的探险队遭受灭顶之灾开了天恩，网开一面；也许，陈德鸿是一位天上下凡的福将，福大命大造化大，命不该绝——

到了第七天头上，一座四五公里长、一百四五十米高的冰山和另外一座稍低一点的冰山之间，奇迹般地出现了一条窄窄长长的豁口！事后据专家分析，这是由于大风和潮汐的作用力不等，两座冰山移动的速度也就不一致。

喜出望外的陈德鸿被高差不等的冰山挡住了视线，连忙登上直升机观察——嗬——豁口好长好长……这不就是一条让"极地"号迅速退回蓝色大海的生命线吗？

有救了，有救了！陈德鸿仿佛在茫茫大海上失去方向，突然看到了闪亮的灯塔！兴奋异常，又容不得一点儿耽搁，在直升机上就迫不及待地要

为绝境中的考察队登机寻找生路（陈德鸿提供）

船长做好一切准备。

天遂人愿。豁口渐渐地变宽延伸到“极地”号船体了，可以动弹了。当豁口宽达30多米时，陈德鸿不失时机地果断下令：“极地”号起锚返回大海！

“极地”号在1米1米地往后退，陈德鸿脑里的弦也绷到了极点。根据经验，两座巨大冰山之间的豁口随时都可能合上，将“极地”号挤成铁饼，船毁人亡的危险随时都会发生。从豁口中突围，犹如在过鬼门关！船上、岸上的战友们紧张得几乎连呼吸都停止了。

这时候的陈德鸿忘记了整个外部世界，满脑子装的除了安全通过豁口，就是保住“极地”号。他全神贯注，沉着地指挥“极地”号1米、2米，100米、200米……不见剐蹭，没受撞击，终于安然无恙地回到未被冰封的蓝色大海上。

就在“极地”号通过豁口不到两小时，两座巨大的冰山像拉上帷幕似的合上了。

“真险啊！”

“多亏陈总指挥决策果断！”

考察队员们发出惊呼的同时，诚挚地劝陈德鸿：

“陈总，虽说您身体棒，可也一把年纪了，不能不要命啊！”

“陈总，您哪怕躺个把小时，喘口气、喝点水，休息一会儿吧！”

领导人的榜样力量，部属们的真诚苦劝，让我们真正领略了什么是水乳交融，什么是鱼水深情。那些成天热衷于形象工程、吃请剪彩、红包回扣、出国考察（有的实为公款周游世界）的官员们能不能学上一点儿、做上一点儿呢？要知道，洋溢着鱼水深情的干群关系，体现着同舟共济、生死与共啊，远远不是喊出来的，也不是等来的，更不是“作秀”秀出来的。

战友们发自内心的劝慰，更让陈德鸿歇不下来。七天七夜，担忧、焦虑、煎熬中度过的七天七夜，他几乎没有离开过指挥台，没有睡过一次觉，实在困极了，就趴在指挥台上打个盹儿。现在，“极地”号得救了，他更不能休息了。“我刚刚号召包括科学家、工程技术人员和政工干部在内的全体人员，24小时不间断地抢卸物资！我却转眼躲到一边睡大觉去，天底下有这样的总指挥吗？”他用冰水洗了把脸算是提了提神，依然铁人一般站到最前线，一刻不停地将指挥中山站的建设向前推进。

1月25日，2300多吨建站物资全部安全地运卸到中山站站址。

1月30日举行的中山站奠基仪式上，陈德鸿这位铁人致辞，刚刚念了几行，已经声音哽咽。他极力控制着自己。可是，当念到“我们经历了七天七夜的生死搏斗”的时候，又禁不住热泪夺眶而出。同样的境遇，同样

在南极试与冰天雪地比高低（陈德鸿提供）

的命运，令在场的全体队员难以抑制的热泪盈盈。

考察队全体同志连续奋斗了整整31天，把失去的时间抢了回来，胜利完成了建设中山站的光荣任务。

3月1日，陈德鸿指挥着我国东南极考察队乘“极地”号按原计划返回祖国，于4月10日胜利地回到青岛港。

1989年4月17日，国家南极考察委员会考虑陈德鸿做出的无人可比的贡献，决定给他荣记一等功。同时，他被新华社《半月谈》杂志评为1989年“全国十大新闻人物”。

三下南极破冰探险

老将军轻松牵回“雪龙”

待到陈德鸿于1994年第三次挂帅出征南极时，已经是65岁，称得上老将黄忠了。

让老将出马，说明两点：

一是革命人永远年轻。陈德鸿虽年届六十有五，却体魄健壮，身板硬朗，看上去活脱脱一个四十开外的中年汉子。也许这就应了一句早些年很是时髦却不应被忘却的一句话：革命人永远年轻。

二是千军易得，一将难求。在中国，像陈德鸿这样身体没病又非“买官”、久经沙场、确有才学真本事的老将确实不多。南极探险总指挥，不是有颗将星就能干得了的，更不是面对数百勇士喊几句豪言壮语，唱几句高调，就能旗开得胜，胜利而归的。他必须真正具备这样几条不能掺半点假的刚性指标：

——要有高的素质，处变不惊，临危不惧，勇于承担责任，敢于将生死置之度外；能为人表率，身先士卒；冲锋在前，退却在后；一不怕苦，二不怕死。

——要有好的体魄，能极度忍受饥寒交迫、不惧逆风恶浪，翻江倒海，能阴阳颠倒、昼夜连续作战等等，缺一不可。

——要有丰富的实践经验，摸清了几大洋的脾气，与之打过交道或者具有应付各种复杂局面的看家本领。

——要有高超的领导才能，至少能处变镇定自若、指挥正确灵活、决策科学果断；能知人善任、纪律严明，全编队上下1‰的差错都不允许发生。

令人扼腕的是，尽管我国是泱泱大国，人口众多，但各种人才还是相对缺乏，像上面说的陈德鸿那样的素质、体魄、经验、领导才能等应该称之为“非凡人才”的就更是凤毛麟角了。不然的话，怎么可能让于情于理都该享受天伦之乐的古稀老人再冒生死风险，三赴南极！

但愿，我们的国家，我们的军队，在肃清了徐才厚、郭伯雄之流祸国殃民的恶劣影响后，像陈德鸿这样具备了真才实学的干才一天天多起来，让那些尸位素餐的奴才、庸才和蠢材一天天少起来。

陈德鸿率队三下南极的时间是在1994年10月28日。他作为总指挥、临时党委书记，率领一百零一条好汉牵回“雪龙”正式出征了。

“雪龙”，并非舞文弄墨者笔下描绘的漫天大雪席卷的雄姿，也不是飞龙腾空时的那种壮美，而是指我国专门为了南极探险考察花费了1750万美元从乌克兰购买的一艘破冰船——“雪龙”号。

说起这条“雪龙”，它还真有点儿桀骜不驯，显得怪怪的。别的人，你纵然放下身段在他老人家面前三叩九拜，恐怕也请不回来。待牵“雪龙”人陈德鸿大驾光临，嘀嘀，竟乖乖地被“牵回”到上海黄浦江码头。真可谓周瑜打黄盖，一个愿打一个愿挨，让你不得不叹为观止。

“雪龙”号破冰船长167米，船宽22.6米，排水量18000吨至21025吨，在1.5节航速时可连破1米厚的冰，连同覆盖在冰上的0.2米厚的雪。有了这个庞然大物，我国南极考察队真可谓鸟枪换炮，大大提高了考察队员的生命保障系数，再也不会出现“极地”号被浮冰围困七天七夜、逼得陈德鸿写下遗书的那种悲壮情景。

出乎人们意料的是，就是这样一个大家伙离开亚丁港驶入印度洋时，却遭遇印度洋季风期，一个气旋接着一个气旋，不断地出现在“雪龙”号的航线上。当“雪龙”号行驶到阿拉伯海时，机械故障导致其动力不足，难以抵抗排山倒海般的涌浪。无奈之下只好改变航向，驶向印度孟买港锚泊排除故障。

“由于季风影响，海面涌大，我们只好走‘之’字形航线。就是这样，‘雪龙’号摇晃得仍很严重，许多海员为安全担心。有的把救生圈拿到自己的舱中；有的干脆连睡觉都准备穿着救生衣，随时准备逃生，还有个从来没有出过海的海员简直吓破了胆，哭着要求把他送上岸，就是自掏路费回国也愿意。”

面对这样的局面，“雪龙”号上两位意见相左的船长也束手无策了，经过请示国内，临时决定“雪龙”号在印度西海岸中部的芒格乐尔港待命，同时进行休整和调整货物。

“雪龙”号在沿印度西海岸南下中，始终摆脱不了恶浪的纠缠和攻击，一度陷入绝境。有位随船人员作了上述真实的记载。

“谁能把我们拯救出苦海？”

“谁能把‘雪龙’号安全地开回祖国？”

接“雪龙”号回国的船员在异国他乡一次次地发出呼救。

“雪龙”号频频告急，国家南极考察委员会和国家海洋局领导们万分焦急，再三权衡之下，只有命令陈德鸿火速飞往印度芒格乐尔。

时下有句流行语：有困难找警察。那时候的国家南极考察委员会是不是有这样的理念：撞上难题找陈德鸿。至少在考察南极的岁月里，哪里有难题，哪里就有陈德鸿！

在印度芒格乐尔，陈德鸿发现“雪龙”号上的船员们实际情况远比国内了解掌握的要严重，不仅人心涣散，终日惶惶，一些船员竟然紧张得真的穿着救生衣才睡得着觉。领导之间意见相左，又迟迟难以统一，加上技术层面、航线选择上的失误、船的配载重心上提也影响了船的稳定性，这些一连串错综复杂的问题，几乎到了积重难返的地步。

要在规定的时间内将这些问题一一解决，顺利地“牵回”雪龙，真够陈德鸿将军折腾的。

但他自有办法，牵牛先牵牛鼻子。对两个没有远洋航行经验又意见相左的船长，他没有指责和追究任何一方，而是原谅了他们。此时此刻，他没有时间也没有必要去听他们的争论不休。当务之急是如何尽快地完成任务，在上级规定的时间内将“雪龙”号安全地“牵”回祖国。

在全体船员大会上，他以一贯简洁明了的讲话风格，郑重地宣布了三点干脆利落的要求，也可以称之为大刀阔斧式的“陈氏约法三章”：

> 第一，以往航行中出现的争论和矛盾，一律到此为止，不许再纠缠什么你是我非了；
>
> 第二，船上物资重新调整配载，所需6万美元费用算是国家海洋局交的学费；
>
> 第三，从现在起，按我指定的航线走。
>
> 同意以上三点的，一块行动；不同意的，请马上下船。

全场鸦雀无声，唯有海浪的哗哗声。有领导张了张嘴，欲言又止。

头儿们没吱声，船员们抑制不住了，顿时欢腾起来，吼成了一条声：“好，好！我们听陈局长的！”

这些日子，他们苦恼啊委屈呀，头儿们各唱各的调，各吹各的号。让我们听谁的？现在好了，陈局长咯嘣脆地拿出了解危之法，我们可以满怀信心地开着“雪龙”号回祖国了！

“前几天‘雪龙’号陷入绝境，几乎到了不可收拾的地步。我认为，最主要的原因是选错了航线。你们以为开着‘雪龙’号沿着印度洋的北岸航行最安全，遇到风险随时可以就近躲进沿途的港口。错了，其实这样最不安全。为什么呢？你们想想：从高纬度西风带掀起的特大涌浪必然扑向印度洋北岸，撞击岸边的礁石后所产生的回击浪那可是又猛又烈，势必对附近的航船造成极大威胁。你们看，抛锚以后的‘雪龙’还这样不稳，道理就在这里。”

陈德鸿找船上头儿们促膝谈心，似丝丝绵雨入土一般语重心长。他指着海图循循诱导：“我们将‘雪龙’号开出芒格乐尔港后，进入赤道，经新加坡回国。这是最佳的航道。因为赤道属无风带，水波不兴，一平如镜。你们想想，没有了风，‘雪龙’号就是再想闹腾——它也甭想闹腾起来！”

噢——船上头儿们恍然大悟，一个个打心眼里服了。

在从印度洋返回祖国的航线上，在陈德鸿亲自指挥下，“雪龙”号变得十分温驯，被乖乖地“牵回”了上海黄浦江码头。

回眸一笑南极翁

这回是陈德鸿第三次出征南极了。虽说由性能良好的“雪龙”号船担任运输和破冰任务，探险队的安全相应有了保障。但是，作为再次挂帅出征担起总指挥的陈老心里比谁都明白：海上航行的不确定因素，随时会发生变化，尤其是海洋气候变化更是瞬息万变。这艘破冰船至少有两点让人一下子难以摸透它的脾性。一是新船部件的磨合需要一个较长的过程。一旦出现什么故障，能不能有效排除，化险为夷？二是我国还没有驾驶破冰船的经验，“雪龙”号能否在1.5节的航速下连续破开1.2米厚的坚冰？

除了船新难以驾驭外，这次下南极的任务非常紧迫。前些日子，开赴南极的船因为诸多错综复杂的缘故没有及时派出，长年坚持科学考察的中山站科技人员已经发生补给断档的严重情况。

还有什么事情比雪中送炭更紧迫？陈德鸿必须尽快地指挥“雪龙”号迈上征程，把所需的物资运往中山站，以解燃眉之急。

陈德鸿第三次挑战南极已经能够驾轻就熟、得心应手了。他巧妙地利用和紧紧抓住一个气旋即将结束、另一个气旋刚刚生成、稍纵即逝的当口，仅用了短短的4天时间就顺利地通过了风暴肆虐的西风带，“雪龙”号首航南极成功在望！

在普里兹湾，陈德鸿又遇到了那可怕得令人胆寒的一幕：漫天的浮冰占据了海面六至十成！面对这一曾让“极地”号撞出大洞、无法动弹的严重冰情，“雪龙”号却显示了其强大的威力，以每小时8至13节的航速傲然昂首向前，连续破冰斩浪安全航行了1096海里。

当然，再好的破冰船也要靠人去指挥、去驾驶。有谁能算得清，这1096海里中的每一海里，浸透了陈德鸿多少汗水，多少心血？凝聚了陈德鸿多少运筹帷幄，智慧果敢？

12月5日，“雪龙”号开始接近中山站的陆缘冰。陆缘冰，即连接南极大陆的中间没有水面空隙的宽达11.55海里的坚冰带。陈德鸿赶紧让考察队员们踏冰上岸，将急需的食品运往中山站。他留下来进行破冰试验，详细记录有关数据。他要让自己确定的试验破冰、寻机破冰、全力破冰的“三段论”接受严酷实践的检验。

前面介绍过，“雪龙”号的设计能力，在1.5节航速的情况下，可以连续破厚度为1.2米的冰及覆盖在冰上的0.2米厚的雪。而眼面前的陆缘冰厚达1.26—1.6米，积雪达0.4—0.6米。

陈德鸿打算借加速马力的冲击力破冰。当他指挥“雪龙”号开到16200马力时，用了1小时50分钟才爬行了0.14海里。第二次，用同样的马力，花费了4小时35分钟的时间，仅向前走了0.15海里。

原因何在？冰上的雪实在太厚了。“雪龙”号船首插进雪里，犹如钻进了棉花堆，愣是有劲使不上。人家以柔克刚，你一点儿脾气也没有。陈德鸿岂能轻易服输？决定将“雪龙”号退后，然后开足马力冲刺破冰。一连试了好几次，结果还是因为冰雪太厚以失败告终。

人们说，人定胜天。人确实有胜天的本领，但又确实有至今胜不了天的地方，就是说，至少在目前来说，人在某些领域还是胜不了天。

陈德鸿一计算，这样破冰，每前进1米需耗油1吨。就是把船上的油耗光了也靠不了岸，更别想返回远在天涯的祖国了。他不得不下令：“暂停。”

暂停令易下，何时结束？下一步怎么办？

陈德鸿仿佛《三国演义》中“借东风”里的诸葛孔明，依据经验和有关数据，要求大家耐心地等到阴历一月十八日，趁涨大潮时落差达到数米、冰体有所松动和积雪减少的时候再全力破冰。

行吗？当了总指挥就能料事如神？远水岂能解得了近渴？中山站燃油已经告急，如果不能及时输油，一旦停电，考察仪器就将停止运转，尤其是站内人员将被活活冻死。原计划在普里滋湾破冰后，要去300海里外的南大洋进行的海洋调查，岂不随之泡汤。小艇无法靠近已被坚冰封死的海湾，一些物资只能靠直升机吊运。南极风大，能见度又低，万一发生危险……再者说，万一阴历一月十八日没有涨大潮……

大家心焦如焚。

“积极不要着急，等待不要消极”。陈德鸿不动声色，劝慰大家。实际上他心里比谁都急都忧。为排除胸中的烦恼，打发难熬的时光，或许是有感而发吧，在遥远的异国他乡的“雪龙”号上，陈德鸿挥毫当起了词人，写起了《调寄如梦令》：

“雪龙”破冰何早？
履薄马力多少，
坎坷路迢迢。
冰山风雪相扰，
难熬难熬，
拼搏豪杰知晓。

他在词尾专门作了这样的注：为“雪龙”号船破冰难进等待难熬，中山站燃油食品告急，科考房待料，心急如焚，作诗留念。陈德鸿，1994年12月16日于南极普里兹湾。

不过，陈德鸿急归急，阵脚一点儿不乱，更有主见，认定“等待，是为了抓住最佳机会；难熬，也要熬到胜利”。他和战友们在度日如年中熬过了10多个日日夜夜。

老天爷真给陈德鸿露脸。如他所预料的那样，大潮果然在阴历正月十八涨起，冰体松动和积雪减少，落差竟然高达好几米！

“马上破冰！”这一次，“雪龙”号在陈德鸿的指挥下全力冲击，一路势如破竹……

“停——！”“雪龙”号前进到离陆岸1海里处，陈德鸿突然下达命令。

“陈总，怎么不靠岸近一点儿？”

他扫了扫大家疑惑的目光，解释道：“这一段冰面要用来铺设输油管。‘雪龙’号靠岸太近就很难铺管输油了。”

陈德鸿将军在“雪龙”号前留影（陈德鸿提供）

“生姜还是老的辣，陈总指挥考虑周密，指挥有方！”大家紧张地忙碌起来，300多吨油料仅用了24个小时就全部卸完。

“痛快，真是痛快！”陈德鸿在一片欢呼声中开怀大笑。

陈德鸿作为总指挥三赴南极，开创了我国极地探险三个首次：首次西南极探险、首次东南极探险、首次南极破冰探险。

在这“三个首次”中，他的决策高达上千次！智者千虑必有一失。他竟然做到了零失误，圆满地完成了各项任务！

真是太神奇了！

谁能说这不是奇迹？

简直是不可思议的事情！

一个个科考队员、航海家佩服得就差五体投地，三磕九拜了！一个个几乎不可逾越的任务，居然在他的手里变成活生生的现实。想想看，在那样错综复杂的险境之下，哪怕只要有一次疏忽或失误，都无法挽回的啊！作为考察队员、中央戏剧学院金乃千副教授有感而发，给这位共和国功臣写下了这样的诗句：

极地南行越西风，
指挥若定破冰凌。
红旗插上丘陵日，
回眸一笑南极翁。

好一个“回眸一笑南极翁”！不过，我们在赞美“南极翁”的诸多品格和才华时，我们在赞叹他冒死三闯南极的功绩时，不要忘记了他在花甲之年为国家培养了一批极地探险的英才。这是任何一座名牌大学所难企及的，其意义远远超过了他的三闯南极！

我们完全有理由相信，陈德鸿将军为我国开拓的极地探险事业必将后继有人，蒸蒸日上！

国家栋梁

栋梁，南朝·宋·刘义庆《世说新语·赏誉》:“庾子嵩目和峤，森森如千丈松，虽磊砢有节目，施之大厦，有栋梁之用。”栋梁指脊檩，正梁。能做房屋大梁的木材。比喻能担当国家重任的人才。

论起栋梁，感慨良多。回首当年，多少莘莘学子豪情满怀，做着一个个多彩的理想之梦:“我们今天桃李满园，明天将成为祖国的栋梁。”然而，不少青年学子无可指责的多彩理想和凌云壮志往往被中途而废，有的上了山，有的进了村，往往心甘情愿、别无选择地成为一颗任人拧的发光的螺丝钉，一块任人搬的砖。其结局，螺丝钉成堆，砖头堆成山，而堪称国家栋梁之材者，凤毛麟角，寥若晨星，无不令人扼腕唏嘘。

也许有读者以为，写一个人用这样一个大题目，言过其实吧？其实，笔者起初也有同感，不敢轻易断言“国家栋梁”。但是，当笔者在上海与本文主人公陈吉余院士做了一番倾心交谈，尤其是倾听了有关人士洋溢着深深敬意，列数其一桩桩具有战略眼光的卓越成就和突出贡献的时候，方对这位堪称国宝级的老科学家渐渐形成了这一不移的结论。

陈吉余院士

陈先生，华东师范大学河口海岸研究所名誉所长、世界著名的河口海岸学家，我国河口海岸理论应用于工程实践的一位主要开拓者、知识经济的代表人物。

他发展了以动力、沉积与地貌相结合的我国河口海岸学科体系；他组建了我国唯一的河口海岸动力沉积与动力地貌综合国家重点实验室。

他在我国河口治理、沿海港口发展、海岸工程、洪涝灾害防治、水资源利用等领域做出了杰出贡献，解决了国家经济建设中的许多实际问题，一次又一次地为国家创造了上百万上千万乃至几亿几十亿的经济效益。

他多年来承担国家多项重大科研任务和生产建设项目，先后获国家科技进步一等奖一项，省部级科技进步一、二等奖15项。

他多年来担任社会工作、国内外学术团体多项兼职，发挥余热。1996年当选为国际欧亚科学院院士。时任上海市市长徐匡迪曾出自内心地对身边工作人员赞扬陈先生是“我国顶尖的科学家”，并叮嘱他们：“有关上海的重大项目和基础设施建设，你们要多向陈先生请教。”

陈先生岂止对上海，在我国江河大川，万里海疆，同样留下了陈先生一篇篇为国为民、造福子孙的传世杰作，一个个撼人心魄、叹为观止的故事！

他的将浦东国际机场东移《建议》，为国家创造社会经济效益无法估量

阳春三月，笔者伫立在长江口东眺，既不见日出江花红胜火，也不见春来江水绿如蓝，不绝于耳的是呜咽的寒风，映入眼帘的是浊浪排空。然而，在我的身后却傲然挺立着一只羽毛渐丰、跃跃欲飞的大鸟——占地面积32平方公里，仅一期工程就投资130个亿的上海浦东国际机场！

迅猛发展的经济呼唤新的现代化空港。建设一个与上海国际大都市相匹配的大型现代化国际机场——浦东国际机场，不仅是从根本上缓解上海地区航空运输供需矛盾刻不容缓的任务，也是进一步发挥浦东开发开放的龙头作用、推动上海和长江三角洲经济社会发展、确立上海国际地位的需要。据上海市政府部门的规划，浦东国际机场拟建在川沙城厢东境，濒临长江的海堤之内。

按说，上边已选定了场址，与你陈先生毕生致力的河口海岸事业压根儿不搭界，晓得有这么回事就可以了。生性忧国忧民的他，想到建立在海滨沼泽的纽约肯尼迪机场、日本成田机场……顿时坐卧不安，心潮难平：上海的东边有那么多的滩涂可供开发啊！为什么还要大片大片地征用寸土

寸金的熟地？

他奋笔疾书，于1990年12月20日向上海市科协郑重地送上《将上海国际机场建造在海堤之外潮滩上的建议》：主张在川沙、南汇交界的海堤之外，选择潮滩适当地点建造机场，据理力陈四大优点："一、可以节约熟地几千，乃至万余亩；二、可以预留滩涂，作为机场发展之用，可与长江口的整治相结合；三、海堤之外没有高层建筑或人工设施的干扰，确保航行安全；四、可以减少城市噪音。"

"在海堤建机场，小心龙卷风啊！"

"海堤外的雾大呀！"

……

面对种种议论和担忧，陈先生没有动摇。1991年2月，在他的提议下，上海市科协高级顾问委员会将这份《建议》上报市有关部门。鉴于建设机场尚处于酝酿阶段，他的《建议》也就难有下文。

转眼到了1995年，也就是到了浦东国际机场从设想走向现实的时候。他从报上看到市有关部门仍然将机场场址放在江堤以内。这就是说，将有数千亩乃至上万亩十分珍贵的熟地要被占用，这位被助手们笑称"戆徒"的老知识分子忧心如焚，夜不能寐。他思来想去，再书《关于浦东国际机场建造在沿海滩涂上的建议》，把最后的希望寄托在上海市市长徐匡迪身上。

"原报告（指1990年《建议》）所举实例和数据都有新的发展，如澳门、香港机场都在海上填筑，上海客运也已骤增，特别是浦东沿海滩涂辽阔，零米以上滩涂面积达28万亩之多，诚为丰富的土地资源。在该处建造机场除将适应上海经济发展的需要外，它还带动上海滩涂资源的开发，所以收益是很大的。"1995年8月30日，陈先生在《建议》中作了以上陈述。

"担心再无下文？没有。徐市长会批的，我有这个信心！"

结果，如陈先生所料，9月10日，他就接到徐匡迪市长采纳其建议的电话，机场建设指挥部专门请他前去指导。最后商定：机场规划范围向海边平移700米，节约耕地5.6平方公里。通过围海促淤可形成18.8平方公里土地用于机场后期工程的建设。如今，那座建筑设计风格独特、充分体现了21世纪人与自然完美结合、面积达28万平方米的旅客航站楼就耸立在已拆除的上海市重点防汛工程——人民塘之上。

机场建设指挥部陈振纲顾问谈到陈先生的《建议》时，禁不住神采飞扬：太了不起了！机场东移700米，一期工程仅耕地一项就节约7480亩！且不论上海耕地之宝贵，单是从直接经济效益来讲，以当时征地每亩11

万元计，扣除围江促淤经费，陈先生的一个建议就为机场节约投资3.6个亿！而征地地价早在上世纪末就已涨至一亩18万元！再算一笔，机场东移700米后，一条居住着3000多户、10000多人口的望海路被保存下来。这3000多户居室，大多数是两三层楼房，人均好几十甚至上百平方米。要是拆迁，这笔经费也相当惊人！

机场场址解决了，接踵而来的是，江堤外一望无垠的芦苇是候鸟得天独厚的栖息地。保存下来？

“鸟撞飞机”并非天方夜谭，比如：1990年4月1日中午12时许，这天北方航空公司从哈尔滨飞往广州的2327号客机，与一只小山鹰在高空相撞，机头雷达罩被撞出一个大窟窿，重约两公斤的小家伙钻入机头夹在雷达旁，幸亏未撞坏雷达，否则后果不堪设想。即使这样，该航班延误了约9个小时。这就是震惊国人的“小山鹰高空撞穿大客机”事件。

烧毁芦荡？候鸟无处存身，生态平衡将遭破坏。机场建设指挥部吴祥明总指挥提出，可否在离机场十多公里的江心滩——九段沙种青引鸟？

这一很具前瞻的思路与陈先生的思考一拍即合，一个《浦东国际机场东移和九段沙生态工程研究》的项目已在陈先生胸中形成。

陈先生不顾年事已高，带领助手们对九段沙等地的沉积地貌、水文气象、植被、鸟类饵料及生态工程等多学科，进行了大量的内外业调查研究和分析，在九段沙实施了0.9平方公里的种青工程，取得比预计的还要理想的效果。种青第一年，鸟类增加了16种，6万多羽。由种青而促淤固沙，九段沙每年可长高0.3米。今日九段沙，一望无际的互花米草、芦苇崭新娇绿，迎风荡漾，仿佛被铺上硕大无朋的绿色地毯，让人以为何方神力将北国美丽的草原移到了长江口，成了候鸟的天堂。

陈先生的《建议》相继受到上海航道勘察设计研究院，长江口航道建设公司，上海市滩涂管理处和中国鸟类学会副理事长许继枢等专家、权威部门的高度评价，集中到一点：贡献巨大，功德无量。正如对陈先生伟大精神和辉煌业绩极为崇敬和感激的广州国际华侨投资公司的一位老总所说：

“新闻媒体报道这一《建议》的价值，有的称60个亿，有的称30个亿。我以为都欠准确。《建议》的首要着眼点是节约了大量熟地，避免了大量拆迁和安置。‘土地是财富之母’。单就节省的7000多亩土地效益而言，仅以现时地价、仅用货币作尺度估算，也难说妥当。

“从长远看，除有利于长江口的治理和沿海滩涂资源的开发利用外，还有利于飞机起飞降落的安全，有利于原定场址周边一定范围内大面积土地得到充分开发等等，无一不是‘功在当代、利在千秋’！今日论说《建议》的社会、经济效益为时过早，有的一时很难以金钱计算，有的根本不能以金钱计算。应该说，机场场址东移后的社会、经济效益无法估量！”

这里，我们不应忘记的重要一点是，如果没有徐市长的从善如流，科学家再执著的坚持，其建议即使价值连城，也会是一纸空文。这样的事，我们在现实生活中见得还少吗？

“我从中获得多少经济收入？1996年，市委书记发给我500元，再就是上海市有关部门发了5000元奖金。”他神情平静地回答笔者的提问。

我惊愕地睁大了双眼，心说，一个歌星唱首歌，尚能以数千数万及数十万元计，而这《建议》，凝聚了先生毕生的心血和积累啊？！

“作为知识分子，看重的是研究成果得到承认，对国家对人民发挥了作用。这，再多的奖金也抵不上。”他依然是一脸的平静随和。

不料，有人对陈先生的《建议》评头论足了：“这算什么研究成果？也就是条意见嘛！”

就是条意见？陈先生的助手们开口了——

“你也到过河口，到过海滩，到过纽约机场，你怎么提不出这条意见？”

“陈先生知识渊博，对经济和社会问题都有独到的见解，自然科学与经济交叉问题，先生能够一一讲清楚。”

“陈先生是难得的帅才！”

其实，那位评头论足者失算了。你想想，陈先生一条意见，就能为国家节省了天文数字的投资，说明什么呢？只能说明他是中国科学界的一位巨子！

治理开发长江口，中国科学家大手笔，
振兴中华传世之作！他为此呕心沥血

长江口的治理和开发，是中国科学家们的大手笔，一个振兴上海、振兴中华的传世之作。陈先生为此呕心沥血。他为长江河口治理、深水航道而建言。

他高瞻远瞩，雄心勃勃地提出：“干净水源何处寻？长江河口江心求。”他提出应该在崇明岛与江苏海门间的长江口筑坝建立一座巨型水库，不仅给上海，而且能给南通、无锡、苏州广大地区数千万百姓及其子孙们，留下一盆取之不尽、用之不竭的“净水”。

他提出“上海港不是上海的，是中国的、世界的”。他志在改善上海港口航道和水运条件，建深水大港，至少要与日本大阪港、韩国釜山港论长道短，平起平坐。

他提出建设一个由新崇明、新南汇和新宝山组成、占地150万亩的“新上海”战略设想，给上海这颗璀璨的东方明珠以更大空间的回旋余地和丰厚的物质基础。

他提出通过桥隧越江工程将上海（浦东）、“三岛（崇明、长兴、横沙）”和苏北广袤浩渺的平原贯通一气，让长江三角洲的经济建设真正插上腾飞的翅膀！

他要……

神采飞扬，生气勃勃。陈先生那声色，那气势，让笔者不禁想起曹操诗中的“烈士暮年，壮心不已”！

陈先生的一个个宏伟筹划，既非热昏的胡话，更不是痴人说梦。他早在40多年前就开始了长江口的调查研究，对陆上、水下数千年的历史演变和现实状况，可以说了如指掌，烂熟于心；他魂牵梦绕的是如何把长江口切实地治理好、开发好；他种种构想无一不是其深思熟虑的成果，智慧的结晶，往往极少有失误之处，体现了陈先生建立在科学论证基础之上、具有精益求精的科学态度，远见卓识的雄才方略。

崇明县城西施翘河江岸，大概是潮流年深日久的冲刷缘故，有段江岸出现了一个骇人的深55米、长10多公里、宽2公里的巨大深潭。

这一情况发生在1969年。令人震惊胆寒的消息很快传遍县城大街小巷，路人皆知，成千上万的百姓惊慌到几乎谈潭色变的地步。流言蜚语接踵而来，末了成了：哇，这个深不见底的潭里有只好大好大的老鳖啊！它要是那么翻一下身子，天哪，楼房要倒，电厂要塌，停水停电，整个崇明县城也要塌掉，变成巨大无比的垃圾场！

陈先生被请来了，百姓们视若神仙啊！他不动声色，镇定自如，依据他潜心研究的动力地貌学原理，分析巨大深潭变化的实际情况，得出“水流冲刷已经到了极限”的结论性意见，平静地断言：“深潭不可能再扩展，只要对原有的几条丁坝加固，用不了多久就可以治理好它。”

这么简单，儿戏吧？陈老先生，这可是人命关天的大事啊！人们将信将疑，可陈先生的话言之凿凿，有根有据。唉，试试看吧！

哎，陈老先生一语中的，奇迹出现了！仅仅花了40多万元加固了丁坝，没过几年，那个巨大的深潭就被日积月累的泥沙填得无影无踪。惊喜不已的百姓虽然一时弄不清是何方神仙施加的何种魔力，却对陈先生的预言折服得五体投地！

1989年5月25日，在上海市科委高级顾问委员会成立会上，委员们开门见山就谈“水”。陈先生经过大量调研，极力主张开辟长江水源，对引水口向黄浦江上移的二期工程提出不同意见。理由只有一个：黄浦江上游水口已经受到污染。

在另一次专家见面会上，他面对面向一位专家兼官员发问：“1989年4月，你发表文章说，太湖流域水少了水脏了。不久，你把上海人大的委员们请到太湖，对他们讲：太湖水多了，干净了。半年之内，太湖水果真有这么大变化？请你给我们介绍介绍，说一说太湖水是怎么治理的？”

不用说，那位专家兼官员只有哑口无言。

不料这一来，“不识时务”的陈先生成了某些干部不受欢迎的人，可他是专家组成员，又确有真知灼见，逢事又确实离不了他，还得请他去参加。

这天，上海锦江饭店小礼堂，来自社会各界商讨引水问题的500人聚集一堂。蹊跷的是，在国际河口海岸领域颇有影响、已是古稀之年的陈先生，被安排在紧挨礼堂门口，前面放着一张类似小学生的课桌的凳子上，与他一道的还有号称“少数派”的上海交通大学翁史烈校长、上海图书馆马远良馆长。这也罢了，居然不许他们带幻灯片、投影仪，只给15分钟的讲话时间。

陈先生心中明镜一般，这是冷落、寒碜我们这些少数派啊！想气跑我们？做——梦！陈先生不管这一套，大义凛然，亮起洪亮的嗓门道：“为了上海1000多万人民，应该到长江口取水！”

他的呐喊，是要把他们的呼声、主张，清清楚楚地送进每一位与会者的耳朵里。哪想到，他那苍天可鉴的耿耿忠心，一没有巴掌，二没有赞语，招来的有人往桌子上愤愤地掼皮包、“嗵嗵”拍桌子的回报。

意见分歧，僵持不下。会议决定由一家投资咨询公司进行咨询。这家公司又找专家论证，陈先生匆忙从北京赶到上海的会场，开场就说：“我刚下飞机，没有吃饭，但我要讲两个小时，十个问题。”他依然坚持“开辟长江水源。否则，我不签字！”

“陈教授，您不签字，我们不好上报。”这家公司一位副总经理亲自登上陈先生的家门，一脸为难之色：“您看这样行不行？您签上字，再把反对的意见写上去，总可以吧？”

不会害人也不懂得防人的陈先生一听，觉得有理，郑重其事地写了三条反对意见后，签上了名。结果，陈先生竟听到这样的议论：“反对的人也赞成了！”气得他直呼：“上当，上当……”

不久，出了个令谁也难高兴的事：太湖流域干旱，上海污水又回荡到黄浦江上游引水口，河蚬死了，鱼也挺着白白的肚皮漂浮在水面上。

上海市科协召集七个学会专家解决水资源问题。陈先生依然提出那个《干净水源何处寻，长江河口江中求》的题目，建议在长兴岛青草沙建设江心水库，把长兴岛建成上海市的水源岛。

就有这样的干部：不撞南墙心不死。直到这时，形势才急转直下。上海市水务局也提出了与陈先生相同的方略。那个在会议上冲着陈先生掼皮包拍桌子、反对从长江引水的人，竟急煎煎地跑到上海市市长那里争功诿过，信誓旦旦道："在长兴岛青草沙取水——最好！"呜呼！大千世界，无奇不有。

敢碰硬的专家们不干了，要请这位先生正本清源："谁最先提出在长兴岛青草沙取水的？"

治理钱塘江、长江、中国海岸带调查……
他半个世纪在中国版图上撰文篇篇精彩，章章称奇

人们一提起钱塘江，往往被那潮头壁立、波涛汹涌，有如万马奔腾的钱塘潮而惊叹、而陶醉，往往忘记或忽略了它世世代代对周边数千万生灵的肆虐和祸害。乾隆皇帝六下江南，四次到海宁，为什么？除了江南是财富之源、人才荟萃外，皇帝佬儿也关心治理祸害百姓的涌潮啊！

你瞅那涌潮，奔腾澎湃，潮流忽南忽北，肆无忌惮。江道涨得快，塌得快，这边的江岸冲塌了，那边的顿时淤积；那边的江岸冲塌了，这边的被淤沙堵塞。河槽就这么被涌潮推来搡去、来回折腾，一天冲塌100多米，老百姓苦不堪言，拆房子都来不及啊！

1946年11月，陈先生还在浙江大学读书时，就怀着救百姓于水火的赤子之心，与考察研究和治理钱塘江结下不解之缘。1947年3月，年仅26岁的他在《浙江学报》上发表论文《杭州湾的地形述要》，首次运用动力地貌学观点，将钱塘江河口科学地划分为动力条件各异的河段，为以后的研究打下特性各异范畴的基础。

20世纪50年代后期至60年代初期，陈先生的足迹遍布杭州湾的河口海岸、山山水水，对钱塘江河口的动力地貌特征、泥沙运移与河槽变形、沙坎的形成及历史演变等问题，进行了综合分析，作出了开创性的科学探讨。他作为钱塘江河口治理研究组的一名成员，1963年完成了3篇研究报告，不仅对钱塘江河口沙坎的形成及历史演变作出了科学的概括，还提出

了河口今后演变趋势。

陈先生利用对钱塘江河口泥沙运移河槽变形的研究，科学地提出了结合围垦进行江槽整治的河口治理方针。这一方针是研究者共同的理念，并一直沿用至今，从根本上解决了历代没有能够解决的钱塘江河口治理问题。

每当回首陈先生对杭嘉湖人民的贡献，浙江省水利厅原厅长徐洽时总是激动之情溢于言表：

“在对钱塘江河口与杭州湾的历史和现状有了上述正确认识的基础上和治理方针的指引之下，我们制订了治理规划，通过30多年的实施、调整，迄今已将杭州闸口至海宁十堡段60余公里的游荡性河道整治完成，稳定了河势，结合围垦土地110余万亩，形成了新的工农业生产基地和经济开发区，取得了巨大的经济效益和社会效益。”

说起来令人难以置信，一些例如建港口水库、处置险情一类重点工程项目，对陈先生来说，胜券在握，决策果断，且经受住时间的考验。

浩渺的杭州湾北岸蒲山湾，流急，浪高，沙多，被视为建港禁区。1973年，经国家负责建港顶层领导人的同意，上海金山石油化工总厂准备在这里建原油码头。当时，上海工交组把陈先生请去，承担负责察看水文地质、周边自然环境等工作。

陈先生以临战姿态，率领多艘船只在杭州湾进行水文测验、沉积物取样，地貌调查，系统分析，发现蒲山湾水流混乱，有6条水流口相互窜来窜去，特别是进口东侧有个名叫棺材礁的地方，水深40米，漩流汹涌，千吨指挥船到了蒲山湾进口，舵都失灵了，饱经风浪的船长一到这里脸都被吓白了。

陈先生考虑，这样复杂的水文条件，明摆着是不能作为建港之用的。睁眼闭眼稀里糊涂为选为港址推波助澜，出了事，有个子高的顶着；若是——推翻了国家领导人既定了的港址，这一锤子砸下——万一歪了一点点，出了什么闪失，那可是跳进杭州湾也洗不清，风险太大啦，铁定的反革命！

视科学为生命、以尊重科学为人格的陈先生，毅然选择了后者。可是，你把领导定下的推翻了，在哪里选择这港址呢？他不辞辛苦，跋山涉水，最后胸有成竹地提出从陈山伸出引桥，在深水修建码头，利用潮汐冲刷槽的理论，含沙多而潮流强，可以维持码头水深。

几十个寒暑过去，上海石油化工股份有限公司的管理者，凝视着傲然屹立在杭州湾北岸的陈山码头，做出这样的书面赞誉：“陈山码头使用20余年来，前沿水深稳定，运营良好。陈吉余教授对陈山码头作出了显著贡献。”上海港务局也赞不绝口：“陈教授以理论指导实践并在实践中经受检验。他对陈山码头建设作出了重要贡献！”

1991年，长江流域水情异常，加上长江上游乱砍滥伐，水土流失，中下游又一味地围湖造田等一系列问题，心系沿江城市安危和人民生命财产安全的陈先生直书中央。7月10日，向中央领导提出《关于对长江平原河流进行干流河道水下地形全面测量的建议》。并向交通部黄镇东部长提出同样的建议。中央领导批转给有关部门。同年七八月间，他相继收到黄部长和水电部长江流域规划办公室水文局的复信。

陈吉余教授：

……感谢您对长江流域的开发、整治、利用的关心。我认为，长江在经历了建国以来特大洪水以后，对宜昌以下河道进行全面水下地形测量……是很有必要的。

根据国务院1990年9月21日国发[1990]五十六号《国务院批转全国资源与水土保持领导小组关于长江流域规划简要报告审查意见的通知》，水利部和长江水利委员会负责长江流域水资源的统一规划、管理和保护，并实施宏观管理和监督作用。长江干流河道水下全面地形测量工作，应经国务院或国家计委批准后由水利部负责实施。届时我部将在航道测量、演变分析和治理方面积极配合。

黄镇东

1991.7.31

陈吉余教授：

您给总书记的建议函，经有关部门领导阅后转发我委。今年长江流域水情异常，对长江中下游河道的河床演变影响较大。为了解大水后对整个中下游河道河床、河岸、河型的演变可能产生的影响，建议从宜昌——长江口进行一次全面长程水道地形测量是完全必要的。过去我们一般五年左右施测一次，遇特殊大水和特枯水年份应加测一次。近年来，因经费难以解决，工作受到一定的影响。目前我委已多次专题报水利部，一旦经费落实，今明两年进行此项工作是完全可行的。

水利电力部长江流域规划办公室水文局1991.8.12

七年后的1998年，长江流域发生了震惊全球的特大洪灾，使国家建设和人民生命财产蒙受了难以估量的损失。假如，在这长达七年的时间内，有关部门能够按照陈先生的《建议》，对长江平原河流进行干流河道水下地形全面测量，并加以切实可行的综合治理，用较少的投入，避免那极其巨大、极其惨痛的损失，无论是从财力上，还是在时间上，应该说是不难做到的。当然，现在说这些话，为时晚矣！

陈先生堪称我国屈指可数的前瞻型、战略型的科学家。他对国家的功绩和奉献同样无法估量！

改革开放之初的1979年，国务院批准下发了国科发二字465号文《关于开展全国海洋带和海涂资源综合调查的请示》，中国历史上首次大规模的全国海岸带和海涂资源综合调查研究随之展开，截至1986年历时7年完成。

这一由国家科委、国家海洋局、海军司令部、教育部、交通部等18个国家有关部门、沿海10省、市、区所属500个单位19000余人参加的重大调查，查清了海岸带的自然环境特征和社会经济条件，查清了资源数量、质量、空间分布和时间变化，为合理开发海岸带资源，保护海岸带环境提供了可靠的科学依据。

这次调查取得重大科学进展和成果主要有：收集原始数据5800万个，样品标本460万个；资料汇编3900多卷；编写完成的报告约5600万字；在我国黄河、珠江、长江三角洲和东南沿海调查出许多属于填补国家空白的新发现。

这次调查取得了巨大的经济、社会和生态效益。如排除了上海外高桥"危险区"；为天津经济技术开发区选点，为广州—深圳和广州—珠海高速公路选线，为建设东营、胜利油田等，提供了系统科学的资料和依据；为秦山核电站管道工程提供资料，节省了大量工程投资；建立开发了山东、浙江对虾流放，广东沙荒地改造和中小港口整治等试验点42处。据统计，海岸带可统计的经济效益，截止到1988年，高达29个亿！

又是一个天文数字！

最先提出进行这一综合调查巨大工程的，不是别人，正是我们的陈先生。

早在1959年，他和中科院海洋研究所尤芳湖先生就倡议对我国海岸带进行综合调查。改革开放之初，他敏捷地预见到，改革开放将从沿海开始，而我国有相当部分的海岸资料缺乏，有的甚至是空白，如不立即对海岸带进行全面调查，势必拖了改革开放的后腿。1979年2月16日，他以“国家科委海洋专业组成员、海岸河口分组组长”身份向国务院呈上《对于海岸带调查的意见》。

上述那个由五部委呈报国务院的465号文，正是他找到国家科委庞文华局长进行了一番游说，庞局长兴奋地作了“你们打个报告，我们报国务院”，送出这个《意见》后才诞生的。

又是他，亲任浙江温州地区调查试点的队长。他找钱找人找船，4艘登陆艇40个单位400号人，忙得他气喘吁吁，两足生烟，却成天乐哈哈。是呵，多年的夙愿终将成为现实，酷爱的事业将有新的飞跃，足以让一个科学家豁出一切！他和副队长、中科院林业土壤研究所宋达泉等组织策划，亲临指导，跑泥涂，攀陡崖，收集科学资料。经半年时间，完成内业外业任务，就温州296公里海岸、60万亩海涂制定出统筹规划，因地制宜开发利用的设想。

在这一获得省市级特别奖、一等奖，并获得国家科技一等奖的浩大的全国海岸带调查工程中，陈先生有始有终，起着怎样关键的作用，作出了怎样的努力，做出了怎样的奉献，已经一目了然。不过，有一点不得不说：历时7年的综合调查结束后，近2万人回到原单位后，许多人不是获得奖金，就是晋级、涨了工资。陈先生呢？一言以蔽之：奉献。

“重要的是把事情办成，尽到自己对国家的一点责任。别的——都是次要的。”。

笔者望着他依然一脸平静随和的脸庞，双眼禁不住闪着泪光。肩负民族兴盛、不计报酬和待遇、为国为民积累了巨大财富的正直知识分子，较之那些蜕化变质、祸国殃民的大大小小的贪腐者，真是天壤之别！

“为了科学就应该无所畏惧！”他的为人，可以浓缩为八个字：“两袖清风，一身正气！”

有谁会猜到，这样一位指点江山、激扬文字，为国家创造了那么多财富的科学家，是在一个什么样的处境和氛围中奋斗和抗争的？！

他的许多科研成果，是安营扎寨在两间简易房内完成的。校方规定，搞科研的不配电扇。炎热的夏天，他只有在蒸笼一般的简易棚里赤着胳膊！陈先生说到此处眉飞色舞，活泼得像个孩子。

笔者心中却怎么也涌动不起什么激情，却涌起丝丝苦涩。

他是中国第一个搞“动力地貌”，创立了河口海岸、动力、沉积地貌三结合科学体系，却莫名其妙地遭到非议：

“你搞地貌就搞地貌，为什么加上‘动力’？”

“‘动力’是水利方面研究的，你为什么侵占人家的领域？标新立异嘛！”

……

早在1960年，他以上百个不眠之夜撰写的有关海岸动力地貌的讲义，被换掉序言，原封不动地又张冠李戴，变成另一个人的讲义。面对这一现象，他不能不发出这样悲哀的感叹：“作为一个知识分子，千万不能为名为利。不然，真是受不了！”

几十年来，他以学校为家，不论离家十天半月，还是一年半载，只要一下飞机、火车到达上海，他第一站是“河口所”。只要不出差开会，他几乎天天上班，没有星期天、节假日，更没有进过疗养院。相反，凡遇大风大浪，他的岗位不是河口就是海岸，要么就是巨浪滔天的大海，不为别的，为的是抓住在各种气候条件下，取得第一手的科学数据！

陈先生几十年来的这种“一贯制”，搞得他那一代又一代的助手们快跟不上趟了。有助手玩笑地对恩师说：“陈先生，您赶快退休吧！不然，我们的身体早晚得被您拖垮了！”

偏偏有人充耳不闻，睁眼不见陈先生所领导的“河口所”成就斐然，名扬科技界，说他是什么“躺在海滩上指手画脚，要学生又是这样又是那样”。

“在我们学校要削平山头！”一位原校方领导竟然当着陈先生的面，急不可耐地指出。

“河口所”为“华师大”获得一个个科技进步奖，在你的眼里成了“山头”！为什么不能冒尖？陈先生那“憨徒”的脾性呼地窜了上来，针锋相对，斩钉截铁：“依我看，我们学校的山头不是多了，而是少了，应该搞——造山运动！如果我们每个系、每个研究所都成了山头，我们的‘华师大’就是高原！成为高原有什么不好？！”

“‘曲线救国’，少发表不同意见？”

陈先生听着笔者的建言，又望了望两眼，坚决地摇摇头，语气坚定地：

“不行。我三四十年代求学时，辗转在湖北、重庆、贵州，过了整整8年的流亡生活。‘位卑未敢忘忧国’，‘国家兴亡，匹夫有责’。这种责任心，在我脑子里根深蒂固，无法改变。

“抗战时，我在浙江大学读书。‘浙大’的校训仅有两字，但令我刻骨铭心，这就是：‘求是’。思想家马一浮说过：‘昔言求是，实启尔求真’。为了科学，就应该实事求是，无所畏惧！我坚信，科学是不可战胜的！”

笔者久久凝视着陈先生那红润坚毅的脸庞，感叹良多。他在那样的处境下依然初衷不改，义无反顾地为国为民尽职尽责，不是更加显示了这位中国知识分子的傲骨，这位栋梁之材的高风亮节？！

论说他的为人，可以浓缩为八个字：“两袖清风，一身正气”。

他曾是国务院学位委员会学科评议组成员、地理大气海洋学科评议组第一召集人，凡是拉关系的——对不住，他一概高悬免谈牌；对送礼者，一律拒收。陈先生承认：“这样做得罪人，没法子！”

国务院有关部委、一些省市科研院所、高等学府，凡有重点工程、基础建设项目请教他，从来是招之即来，挥之即去。即使是咨询公司，他同样不讲任何条件。有人对咨询公司借助陈先生的“外脑”获取经济效益，颇有微词，反过来埋怨他“太傻”，“傻到连人民币都不认识”。他淡然一笑，大度地：“人家公司不盈利怎么生存，人家也是为了国家建设嘛！我有工资，够用就行了。”

多年来，陈先生利用在国际上的影响，和美国、荷兰、日本等国进行交流，由国外提供奖学金，先后送出去深造的访问学者、研究生达32人。他亲自找杨振宁就送出去5人。但是，他没有给自己留一次深造的机会。

陈吉余院士和夫人（陈吉余院士提供）

这32年中，有“文革”中审查他的专案组长。人们既为他的宽容感动，又有些不解，他的回答是：“不应追究个人的责任。在那样的气氛下，他也是执行的嘛！”

当有报纸说，陈先生的《建议》为浦东国际机场节省投资30个亿甚至是60个亿时，邻居对陈夫人说：“这下你家可发财了！”陈夫人哭笑不得：“是发了，都在镜框里（指报刊报道）呢！”

陈先生有位在北京办公司的舅子，几年前来上海，见他家地板、粉墙，陈旧、简单。他要姐姐把房子好好装修一下，像个样子。陈夫人这才不得不告诉他：“早就想过了，可是没有钱，拿什么装修？”他又数叨姐夫：名气很大，口袋空空；不能只讲奉献，不讲效益。只要你的脑子稍微活络点，用不了多久就会富起来，哪至于没钱装修房子。陈先生“不甘示弱”，说了句通俗得不能再通俗，却令人振聋发聩、无不动情的话：“人和人的活法不一样。”

末了，他靠舅子送的10万元，才将住房粉饰一新。

一位为国家创造了巨大财富的老科学家，寒碜得连装修居室都那么费力，难说是正常现象？记得邓小平说过，要让一部分人先富起来。这里，不妨引申一下，先富起来的应该是哪一部分人？是投机钻营者，损公肥私者，贪赃枉法者，以权谋私者，还是国家的栋梁，民族的脊梁和工农兵、知识分子？

在我们这样一个以“科教兴国”为基本国策的国度里，难道不应该首先让科学家们先富起来！但现实又是严酷的，在一些地方一些部门，该富的人没有富起来，不该富的却富得流油。这种状况如果不改变，谁来担当支撑共和国的栋梁？！我们应该理直气壮地让堪称国家栋梁的人物尽快地富起来，让那些为共和国添砖加瓦、流血流汗的劳动者、知识分子们尽快地富起来，让他们能够得到全社会的尊重和崇敬，让他们名垂青史，流芳百世！只有这样，国家急需的栋梁之材，才有希望一天天多起来；只有这样，“位卑未敢忘忧国”的人，才有希望一天天多起来。想想看，是不是这个理？！

（原载《羊城晚报》）

“洁如雪霜”董寿平

提起董寿平先生（1904—1997），我的脑海里油然升起初次相识的那一幕……

“你要——写我？”董老不等我回答，接着劈头就问：“我问你，你读过几遍曹雪芹的《红楼梦》？”

我开始一愣，转而不以为然：嗨，写您老跟读几遍《红楼梦》有什么必然的关联？觉得这位老人家有点儿怪怪的。转念一想，大家嘛，既为大家总会有点儿与众人不同的个性。

“我的老家在山西省洪洞县杜戍村。洪洞县就是京剧《玉堂春》也就是《苏三起解》里的那个地方。我的家是个大家族，可以说富甲一方，远近闻名。你要想写好我，至少要读上三遍《红楼梦》。要想写好我，还有个难点是，当年国民党说我像共产党；共产党呢，说我像什么国民党……”董老说到这儿，禁不住忘情地嘿嘿大笑起来，双眸里闪烁着些微泪光。

我一时不知如何应对，一声没吭，感叹地摇摇头。

董老接着解释道：“其实呢，我就是我，谁也不像。我既不像共产党，也不像什么国民党。因为我年轻——热血青年嘛，对政治还是关心的。后来就兴趣不大了。”

董老绝非等闲之辈。在现代画界，他被中外人士誉为“书画巨擘”、“艺术巨匠”、“一代宗师”。他同时又是美术评论家和鉴赏家。生前任全国政协委员、中国人民对外友好协会理事、北京人民对外友好协会副会长、北京中国画研究会名誉会长等职。

书画作品及艺术交往,在海内外享有很高的声誉。原中共中央政治局常委、全国人大常委会委员长乔石赞其“寿平风骨”、“艺苑瑰宝”。董寿平先生于1997年7月在北京病逝，乔石亲往吊唁。原中共中央政治局常

董寿平与本书作者陈贻林在一起（孙振宇摄影）

委、全国政协主席李瑞环等领导人送了花圈。

在当今社会，他的为人，他的情操，他的修养，他的境界，用“清如水碧，洁如雪霜”来评说，应该说并非虚誉。

打小时起，董寿平时常扪心自问：“为什么同样是人，有的很穷，我家就这么有钱？”

董老出身书香门第，诗书世家。他的高祖董霁堂在清朝中期就是著名的书法家。其祖父董之焕为清朝翰林，也以诗书著称于世。董家收藏的大量书画文物更是声名远播。使他打小儿就受到中华民族传统伦理道德的浸染和熏陶，渐渐养成了善良、正直、助人、淡泊乃至仗义疏财的情怀。

他对穷人或遇到难事的人，总是富有一颗质朴的同情心。他习惯思考一些与其年龄并不相称的问题，青年时期就时常扪心自问：“为什么同样是人，有的就很穷，我家就这么有钱？”他常常自觉不自觉地接济一些需要帮助的人。

1923年快放暑假的时候，在北京世界语学校就读的董寿平先生，满怀兴奋之情收拾好行装，准备回晋探亲。他临行前到燕京大学看望一位江苏籍姓张的朋友。

那时，燕京大学校址还在位于北京盔甲厂的汇文大学内，也就是后来北京火车站一带。董寿平先生的这位朋友宿舍里住着两个人。有一位是四川人，姓胡名寄窗。

董寿平先生与他虽说萍水相逢，想到同是赴京求学的学生，特别是看到他躺在床上，满面愁容的样子，禁不住主动打了声招呼，关切地问："怎么啦，看你的样子好像心绪不佳？"

胡寄窗长叹一声："想趁放暑假回老家看看，可是……唉，连30块钱的路费都没得。"

最看不得别人遇到难事的心绪涌上董寿平先生的心头。他连忙安慰道："不要急，不要急。我这儿正有点路费准备回家哩！这样吧，我就不回去了，30块钱借给你吧。"

胡寄窗一听喜出望外，年轻学生一激动哪想到那么多，也没摆什么虚套子，拿钱买票回了四川。

董寿平呢？那时山西人在京做买卖的很多，认识董家的人比较多。只要他张张口，立马会有人把钱送上门。他就是不吱一声，默默地留在校内读书绘画，思念双亲。

待胡寄窗得知这一实情后，再三自责，悔恨不已之余，十分钦佩董寿平为人的品格和情操，为有这样的朋友而感到欣慰。而董寿平认为，胡寄窗当时虽是燕京大学一年级学生，但聪颖过人，才情很高。再后来，他极为欣赏胡寄窗强调的"立德、立言、立行"，"对学术追求永无止境"的学术精神。欣赏胡寄窗的"我一生治学,无论在理论上或方法上，从来不迷信任何框框，思想深处经常有个攀高峰的强烈意愿"，肝胆相照，情同手足，数十年如一日。

1926年3月18日，北京学生掀起了声势浩大的反对日本帝国主义倒行逆施，反对段祺瑞政府签订丧权辱国不平等条约的游行示威运动。当学生游行队伍前进到位于今天西城宽街的执政府前时，反动军警面对手无寸铁的青年学生悍然开枪进行血腥屠杀，刘和珍、杨德群等47名爱国青年不幸饮弹牺牲，150名示威者受伤。史称"三一八"惨案。

随后，执政府又对青年爱国学生实行全城大搜捕。勇敢地站在游行示威行列中的董寿平被列入搜捕通缉的黑名单。他得知消息后不敢贸然返校自投罗网。出城是不行了。何处是藏身之地？他想到在京城的同乡。

前面写道，董家是大户人家，十分富有，交际甚广。在京城众多的山西人掩护一个董寿平易如反掌。他匆匆跑到菜市口，来到山西同乡开的"洪兴纸店"，扮作店铺的伙计避风。直到两个月后风声渐渐平息，才侥幸逃过劫难。

这年冬天，董寿平先生的父亲在老家辞世。他奔丧回到故里料理父亲的后事。多少回，他追忆起“三一八”事件中那一幕幕惨烈场景：游行示威、喊口号撒传单；开枪的警察、中弹的学生……他直到晚年仍真切地记得鲁迅先生饱含痛悼愤慨之情，连夜草就的《记念刘和珍君》，仍清楚地记得在北京西城原女师大学校现改为鲁迅中学的校园内刘和珍、杨德群二烈士的墓地……多少回，他在哀痛失去慈父之余，挑灯孤坐，苦思冥想，一次次疏理纷乱、彷徨的心绪，今后向何处去？他走到了人生的十字路口，再三思量，最终做出此生的抉择：以绘画为业，做一名自食其力，用画笔讨生活的“穷画家”！

他为明己志，毅然将父亲为他起的名字“董揆”，改为董寿平。对此，他在进入中、老年后曾不止一次地做过这样的表述：“我父亲最初给我起名‘揆’，查字典，是‘掌管’的意思，后引申为宰相，意思是让我好好读书，长大了修、齐、治、平。我有自己的想法没有听父亲的。我没有当宰相的本事。我从很小的时候起就学习绘画，也写字。画画主要是临摹，画得很不好，但我很用心，很有兴趣。画画、写字没有几十年的功夫是不行的，不能急功近利，名利之心也不可太重。要静不下心来，不练好基本功夫，想当名家、大师也就是梦话了。我看还得多读书，先读书，文学、历史、哲学都要涉猎，然后再提画画的事。”

“我已决心专搞绘画，这一年慕恽寿平的画和他的为人，因改今名！”

噢，董老是因仰慕恽寿平而将“董揆”更名为董寿平的。恽寿平哪来这么大的魅力让董寿平这样的人物改名？他是何许人？

清朝初期，画界出了个颇具盛名的“六大家”。有人称为“四王吴恽”。所谓“四王”，即王时敏、王鉴、王翚、王原祁；“吴”，乃吴历；“恽”，就是恽寿平（1633—1690），初名格，字寿平。江苏武进人。生于明末，时运不济，一生坎坷饱经磨难。

恽寿平系清代康熙年间著名书画家，创常州派，为清朝“一代之冠”。他不仅画作出众，风格独具，而且兼工诗书，题句清丽流畅，诗格脱俗超逸，为“昆陵六逸”之冠。恽寿平诗词清新、书法俊秀、画笔生动，时称“三绝”，名盛一时。由于恽寿平一洗前习，独辟蹊径、别开生面，因而四海之内争学南园画风、诗意和书艺，对后世影响很大，被世人称为“作山水，秀润天成；自学花卉，赋色之妙，为古今绝艺”。其传世作品丰富，主要有《红梅山茶图》、《梅竹图》、《玉堂富贵图》、《桃花图》、《三友图》、《梧轩图》、《蓼汀渔藻图》、《林居高士图》等。

恽寿平的绘画、书法和诗文对董寿平艺术人生的心路历程，可以说是照耀其前行的一盏明灯。我们还可以从已是岁至暮年的董寿平对恽寿平依然赞不绝口的言语中得到证实："恽寿平的画能入逸品，这是很高的。他在画史上享大名，其山水、花鸟在当时都是第一流的，和四王及吴历，一起被誉称'清初六大家'。而在这六人之中，恽寿平又是出类拔萃的。如山水画在传统绘画观念中享有画科中的首席……在当时所谓的正宗画中，还无人能和他平起平坐。"

所以说，恽寿平的绘画、书法和诗文对董寿平以极深的影响。恽寿平的性格、心地，恽寿平的身世、遭际，对董寿平的震撼和影响同样贯穿了他的一生。董寿平终生崇拜恽寿平，敬仰其画其人品。恽寿平成为董寿平崇拜、敬仰的偶像。

恽寿平原本出生在书香世家，自幼就很有才气又肯用功。他崇尚气节，誓不应试科举。为了生计，就是变卖书画也从不向权贵低头。"才自清明志更高,生于乱世运偏消"。战乱、贫困及种种不幸，导致他一生凄苦，与忧愁为伍。58岁就匆匆走完了劳碌、贫寒、悲凉的一生。最为凄惨的是，这位清朝初期最享盛名的花鸟画家虽然身后留下了价值连城的财富，家人竟穷得无力举丧，幸得王翚等几位老友出面相助才得以安葬。

董寿平先生不止一次地感叹道："一辈子不贪图富贵名利，心地温和纯正，淡泊其志，雅逸其画。所以，他的画，尤其是花卉秀丽、清润的风格和他的品格、气质是统一的。画如其人啊！"

1927年夏天，北伐成功，南北统一。蒋介石在上海悍然发动了"四一二"大屠杀，大批共产党人被杀戮。这股屠杀逆流很快波及全国。国民党在北方各省疯狂进行清党的同时，抓紧扩大势力直至在各县组织县党部。

洪洞董府那是巨富，自然是国民党争取拉拢的对象，三番五次地登门请董寿平参加。心如古井的他一没有迟疑，二没有商量，断然道："我就是个以画画为业，用画笔讨生活的'穷画家'，对党派活动没有兴趣！"

"没有兴趣？你这位董家阔少连学生运动都参加过啊！"

"你何止参加过学生运动，你的事儿大啦，是共——产——党！"

董寿平一笑置之，心说，你们想说什么就说什么吧，你们爱怎么处理就怎么处理吧。我在家里等着，懒得跟你们争辩！

从那一天开始，他索性闭门不出，不问世事，埋头读书、绘画。其实，他从一开始就志存高远，以延续和发扬中华民族文化艺术为己任，如饥似渴地吸吮着古今中外一切文化知识。

虽说董家藏书丰富，收藏的字画也相当可观。但是，这些对终年徜徉在知识海洋里的董寿平来说仍然显得不够。他似吸纳百川的大海不安分起来，何处是安身立命之处呢？

他想到了北京。此时，国民党政府虽然已经定都南京。可是，已被改名为北平的北京，有董寿平日夜思念珍藏着无数字画古玩宝库的故宫、琉璃厂……这里云集着他志同道合的学者、名家。北平仍然焕发着浓郁的文化气息，仍然是自己施展才华最理想的舞台。他权衡再三，于1928年5月重返北京，并很快回洪洞接出母亲，在西城文昌胡同五号租下房子安了家。

这一天，正沉浸在绘画之中的董寿平意外地收到两份委任状，内容大同小异：请他出来做官。先当科员，每月薪水120块银元，满一年就可以直接升任县太爷。

这是哪儿跟哪儿？他看着两份委任状一头雾水……他哪里知道，就在他二进北京这一年成立的河北省政府，其重要官员几乎是清一色的山西帮。比如，河北建设厅厅长温寿泉是洪洞人、辛亥革命时山西的副都督；又如，民政厅厅长孙涣仑曾任洪洞县知事，跟董寿平的父亲关系甚密。他收到的委任状就是由这两位厅长大人所发。

如此美差，对许多人来说求之不得了，简直是天上掉下的馅饼。然而，董寿平拒不接受委任，三句话不离本行，坚称此生要以画画、收藏和鉴定为业。

"唉，这个有钱的读书人，有官不做，最让人瞧不起！"

"有条件做官为啥不做？偏偏要搞那捞什子字画！"

"他那个路子走得不对嘛，没出息，败家子！"

"家世富有显赫的董家对我们不错，挺积德的，怎么就出了个这样不成器的！"

"人家有钱，不在乎这区区120块小钱。"

董寿平拒官一事，在山西同乡圈子里成了爆炸性新闻。惋惜的、遗憾的，讽刺的、挖苦的，说什么话的人都有。

董寿平不为所动，我行我素，自我排解道：我就是要干我想干的事情。至于将来是非成败——那是我自己的事，与别人何干，谁管得了？笑骂由他笑骂，距离远一点不就行了？

人们见他油盐不进，也就随他去了。他呢，落得耳根清净。从此，官也好，商也好，都与他再不相干。他说："搞政治、做官，我不擅长，也没兴趣。"

董寿平学无常师，广采博记，吸取精华，自成一家
“我平生画画曾得力于王国维、马一浮和朱光潜三位老先生”

起初，董寿平也与众多画家一样，曾有拜名师学艺的愿望。当他经过一番观察了解，觉得当时很负盛名的汤涤（字定之）的画文人气重，有书卷气，萌生拜其学艺的冲动。

汤定之见到年轻的董寿平后，一没了解他受过的教育和熏陶，也没了解他的绘画水平和基础，就自作主张地指点道：“你要多看看《芥子园画谱》。”

就这么教我？董寿平大失所望，心想：我七八岁就把《芥子园画谱》翻烂了。事实上，他连该书里边讲的怎么作色都记得清清楚楚，更不用说还看了许多名人字画。他想到这儿，心中涌起一股失落之情：我何必要拜你为师？

从此，董寿平打消了拜师的念头，广采博取古今中外书画艺术。他在家庭诗文书画的熏陶下，学无常师，实地采风，自学书画。1926年，他从北京东方大学毕业后，开始潜心研习诸多名家作品，继承传统，走出传统，吸取精华，独具风格，自成一家，在中国画坛独树一帜。董寿平清醒地领悟到，不经过漫长的广采众家之长的磨炼，就很难有成功的把握。正如他所言：“我平生画画曾得力于王国维、马一浮和朱光潜三位老先生。第一位就是王国维。他的美学思想，他的《人间词话》，特别是他的‘境界’说，讲的是诗词，但也是画理！”

王国维，近代享有国际盛誉的学者，英年早逝，仅活了50个春秋。他中过秀才，习过英语、日语，研究过哲学、文学，深受康德、叔本华和尼采等德国唯心主义哲学和文艺思想的濡染，在近代诸多学术领域建树卓越。他先是在小说戏曲，后又转治经史之学、古文字学、古器物学和古史地学等领域，开创一代学风。1925年在清华研究院任教授，与梁启超、陈寅恪和赵元任并称“清华四大导师”。他的学术著作以史学最丰富，文学最精深。他的《人间词话》可谓文学史上、美学史上的旷世杰作，享誉欧美各国学界，影响深远。

“王国维先生说：‘词以境界为最上。有境界则自成高格……’‘言气质，言神韵，不如言境界’。‘境非独谓景物也，感情亦人心中之境界。故能写真景物、真感情者谓之有境界，否则谓之无境界’。王国维主张写真景物、写真感情。除了境界，还有气质，还有神韵。我以为，气质靠读

书，神韵是从笔墨功夫里来，从悟性里来。一幅画，境界最重要，是根本！”董寿平先生这席话道出了，王国维先生对其艺术生涯的影响是多么巨大和深刻！

第二位当属一生致力于研究和弘扬中国传统文化，致力于振兴儒、道诸学并卓有建树的马一浮先生。当年，他被周恩来赞誉为“我国当代理学大师”。梁漱溟先生评价他是“千年国粹，一代儒宗”。弘一法师李叔同对马先生更是佩服至极，说他“是生而知之的人”。马一浮先生更让人钦仰的是，品格高洁，孤标独步，从不求名逐利，也无心仕途。

民国初年，蔡元培先生任首届国民政府教育总长时，特聘马一浮先生出任秘书长。他碍于蔡先生的殷切之情而赴任。不料，三个星期不到，官场险恶，小人倾轧，使他心烦气躁，忍无可忍：“蔡先生：我这个人不爱做官，也不会做官，只会读书，不如还是让我回西湖去读书吧。”他面对蔡元培的再三挽留，依然去意已决。

杭州西子湖畔，他隐迹陋巷，粗茶淡饭，闭门潜心读书做学问。“孤山萧寺忆谈玄，云卧林栖到暮年。”他为好友、大学问家熊十力70诞辰所题贺词，道出了他处世的一贯心绪和情结。

董寿平数次回忆道：“马先生比我年长近20岁，可算是两辈人。他的学问、人品要比我高好多倍。我在四川见他时，他已经闻名海内外了。他的胡子留得很长，有大儒之风。他的儒学研究水平极高，他是用了一生的功夫，在中国是数一数二的。至于马先生的书法，被丰子恺先生誉为‘中国书法界的泰斗’！马先生还是一位爱国主义的收藏大家。早在上世纪60年代初，马先生就把自己所藏的350多件古代书画作品献给了政府，当时是亲交周总理的。”

董寿平每当追忆马一浮，总是念念不忘这一点：“马先生对我的思想、书画的影响是很大的。我在四川那些年认识了许多师友，马先生是‘蜀中第一人’！”

对于美学大师朱光潜先生，董寿平同样深为钦仰：“我从朱先生的书里了解到西方美学原理，就常常用他和我们中国的美学思想进行比较，然后融会贯通，化作我的营养，指导我画画。看朱先生的书不能只看一次，得经常看看、想想，更重要的是要有自己的思考。比如，朱先生提倡的‘以出世的精神做入世的事情’。就应该把这句话举一反三地想想。又如，朱先生提倡的‘不通一艺莫谈艺’之论，就很有见地。有的谈书论画写什么理论文章的人，这些人其实读书太少，甚至没读书，也根本不懂画。你写文章，得先知‘笔墨’在中国画里是什么意义才行。画画，先从读书开始。一定得了解中华文化的发展才行。”

台湾故宫博物院收藏的我国历代书画珍品，他早在上世纪二三十年代就仔细观摩过

其实，董寿平从呱呱坠地来到人世就受到了书香家庭的熏陶，被“浸泡”在书海字画中了。

董家系诗书世家。董寿平的高祖董霁堂是清中叶著名书法家，祖父董文焕为清咸丰翰林，著名诗人、书法家。其父董维藩亦善书画。他的外祖父书画也很好。舅父陈风标的书法在当地更是名声很高。幼年董寿平见得最多的不是字就是画，不是画就是字。这种几乎是与生俱来的机遇，养育成的情愫，可谓根深蒂固。

那时山西用于书法的麻纸，产量低，价格高，加上我国传统将纸和字都与孔老夫子相联系，学书画者都以惜纸为美德。尽管董家当时家境已开始中落，但供董寿平画画写字的纸是完全供得起的。董寿平还是采用“湿写”、“干写”和“心写”。“湿写”是用泥土调水当墨，然后在光滑的油漆木板或墓砖上写。写起字来龙飞凤舞，也挺流畅。“干写”，则是用木棍当笔，沙地为纸。这种写法既可以练习写字的间架，把握字的结构，又可以练习手劲、臂力、功力。至于“心写”，就是时时刻刻眼中有字，用心写字，心心念念的是笔道，笔形，字与字之间的布局构架……

我们知道，书画艺术的传世珍品，不单是画家的技法问题，很大程度取决于画家扎实而深厚的知识积累和文人气质的养成。董家珍藏的堪称“‘汗牛充栋’，高达10余万卷的藏书”，加上近似严酷的治学方法，为董寿平的卓越成功提供了得天独厚的优势。

据史书记载，自清中叶以来论及藏书，山西介休白氏、曹氏，祁县孙氏，太谷曹氏、孙氏等诸家，洪洞董氏首屈一指。董家5座藏书楼、院分别珍藏着经书、史书、《说文》、《资治通鉴》、《汉魏丛书》、《册府元龟》、《文苑英华》、《连筠移丛书》、《元六十种曲》、《纳书楹曲谱》、《司空图圣文集》等等。

尤其难得的是，数以10万计的藏书大都是非常珍贵的版本。在董家“观阜三房”和“梦树萱堂”的堂房里收藏的都是字画。碑帖那更是应有尽有。宋拓本雁塔《圣教序》以及三体石经就占了一个大厅的两面墙壁。金石字画藏品尤为珍贵。在金石方面，董氏有拓荒之功。三晋金石前人著录，就始于洪洞董氏。

可以说，董寿平还在少儿时代就已经饱读诗书了。他年方五六岁时，就跟着母亲听三祖母冯婉林讲《世说新语》中的故事。7岁便入家塾，由两三个亲邻娃娃伴读听先生讲课。他的学业负担很重，私塾必读的《三字经》要读，私塾里不读的《朱子小学》、《诗经》、《考经》、《论语》、《孟子》、《大学》、《中庸》等，不但要背熟，而且要能够讲解。否则，先生的板子就会抡将下来，多则要挨上二三十下。董寿平虽挨得不多，但每遭遇一次印象会极其深刻。他曾因背不下“天将降大任于斯人也，必先苦其心志，劳其筋骨，饿其体肤，空乏其身……”被“苦其皮肉”了，哪儿还敢不熟背弄懂？

所以，他12岁时就开始听讲《四书》、《春秋左传》、《诗经》、《战国策》、《史记》、《汉书》、《后汉书》、《三国志》，接着是《尚书》、《易经》等。儿时的董寿平就是这样“浸泡”在诗文书画之中，潜移默化地熏陶着，吸吮着，升华着……

他没有止步，像一个坚韧不拔的登山者那样向人类知识、华夏艺术的高峰攀登。乾隆年代宫内府的字画藏品最为丰富，清末军阀混战使这些珍藏得以公开。董寿平抓住这一良机，从1925年到1933年长达8年，着了魔似地“迷”上了故宫里的字画。他不存门户之见，用心来收藏。

他每星期要去故宫钟粹宫、文华殿三趟。故宫的字画每半年换一次，每次几百幅作品。他就一位画家一位画家地研究琢磨，一幅一幅地细细品赏。从特色到风格，从笔法变化到线条着墨，一枝一叶，一深一浅，一招一式，不厌其烦地反复观摩，直到对某位画家的技艺确实研究透了，记在心中，方研究下一位画家。

今日台湾故宫博物院里收藏的那些我国历代书画珍品，他早在上世纪二三十年代就一一仔细观摩过。多少回，董寿平面对寂寞、枯燥、饥渴……义无反顾，无怨无悔，探索自己的绘画道路，造就了他不仅对中国传统哲学有着深厚的功底，而且对中国书画中的哲学与美学也颇有建树，尤其对近现代美学思想、文艺心理学很有研究。

抗日战争爆发后，他携家眷从北京去山西临汾、运城抵达西安，又辗转到四川，一路艰难跋涉，忍饥挨饿，丢了行囊又断了财路，最令其痛心的是丢失了300余件家藏古代书画……一个富家子弟最后被折腾得狼狈不堪，穷得连锅都揭不开了。

然而，那壮丽的都江堰、险要的剑门关，那奔腾咆哮的内江、仙雾缭绕的青城山……这山这水令他忘情痴迷，忘记了一贫如洗，无时无刻不在滋润、激荡着胸中那磅礴的艺术天分和才气！

董寿平寓居在川西青城山麓的灌县，潜心徜徉在山光水色、雾罩云迷、明晦风雨的万千气象之间。他在最后的岁月回首这段日子时，曾这样说过："单是静静地观察窗外的梅花，我连续5年没有间断过。"他"畅写山水之神情"，创作了数千幅高水准的画作，在成都举办了个人画展。结识了于右任、马一浮、张大千、谢天量、沈尹默、徐悲鸿、赵少昂、黄君璧、赵望云等。诗人沈尹默于1940年作诗相赠，称赞他："……君今年少笔已志，才堪绿叶述同襟。自是君家有根底，不比寻常称画师……"

他居川12载，对其非凡的艺术才华实践和发挥，为他在中国画坛独树一帜，铸就了坚实的根基。

他的画凝聚了东方艺术精华之大成，将我国文人画推向极致，堪称中国画坛一代宗师

董寿平一生以画梅、竹、松乃至黄山等著称于世，享有"董梅"、"寿平竹"、"寿平松"和"黄山巨擘"之美誉。他的画、文在几十年沧桑风雨中保持着一贯的风格，往往是寥寥几笔，就勾画出一种意境，追求的是一种崇高而绚烂的美。其间，不乏哲思和诗意的韵味。

他的画清新典雅，苍劲古朴、笔墨精到，既有传统技法，又流溢出清芬沁人的书卷气息、诗词意境；既有哲理思想，又有音乐旋律；既富有中国传统笔墨神韵，又富有时代进取精神，可谓抒浩然之气，传造化之神。他的卓越成就达到历代中国画家所共同追求的新的艺术境界。他的画风苍劲古朴，清新典雅，神形兼备，气度豪放，显示出他高尚的精神境界、渊博的知识和刚正不阿、胸怀坦荡的品德。

他笔下的梅，繁简相宜，繁而不乱，简之在理。若数他的粉梅，墨枝粉蕊，红霞朵朵；要说他的"朱砂红梅"堪称绝技，繁枝密萼，绚丽多姿；谈及他的墨梅，飘逸幽香，沁人心脾；至于他的雪梅，更是冰骨傲霜，香气袭人。1930年，他的《墨梅》在"杨仁雅集"画扇展上首次露面，就引起京华画界轰动，时年仅27岁。于右任心悦诚服地作诗盛赞：

寒梅雪里香浓，
仙境人间自永；
犹余故国青山梦，
画得神州一统。

他笔下的竹，将古人称画竹为“写竹”的技艺发挥到尽善尽美的境地。他“写竹”以书法为之，立意新颖，构图空灵，浑厚古朴，高骨秀硬，润色柔和，一个“力”字穿透纸背，漫溢整个画面。无论是长竿还是末节枝梢都充溢着力度。他笔墨简练，行笔如飞，一气呵成。通常先用浓墨画出竹叶数丛，稍加干燥后画竿，则在笔端凝聚适量水分的淡墨，一侧着墨稍重，一侧稍轻。一笔过去，很自然地显出竹竿栩栩如生、极富立体感的圆形。他即使是用淡墨勾勒出的嫩枝梢，也是英姿勃发，挺拔劲健，显出超然的功力。

在他的笔下，竹子在风、晴、雨、雪中的姿态显得惟妙惟肖，生趣盎然。风中之竹，迎风婀娜，婆娑起舞；晴日之竹，枝叶挺拔，欣欣向荣；雨中之竹，枝梢低垂，苍翠欲滴；雪中之竹，银装素裹，绿叶相衬，令观者领略其傲雪不屈的性格。正如他所言：“我的竹自信是前无古人的。”

尤其是，他的“写竹”蕴含着深邃的东方传统哲学理念，将诸如干与湿、疏与密、长与短及浓与淡等种种相互对立的矛盾有机地协调，将画竹的过程变为将具象美与抽象美和谐统一、画家与笔下之竹融为一体的过程。做到人画竹、竹化人。正是这种朴素的哲学思想和美学理念融为董寿平作品鲜明的特征，他笔下的竹总是洋溢着一股股纯阳、隽永的“书卷气”，还能让观者品味出一缕缕谦逊而醇厚的儒士风范。

他笔下的松，着墨淋漓，笔力遒劲，苍劲古朴，华盖亭亭，郁郁葱葱，秀丽挺拔，风韵万种，或拔地擎天，或横斜如虹，或如苍龙探海，又似大鹏凌空，扶摇直上。他用墨块去表现松针，补以枯笔，以增加层次感。使用颇具厚重感的墨块恰如其分地表达出松针蓬松的质感。这是董寿平的绝技。这些旁逸斜出、姿态各异的老松极大地丰富了画面。这一株株高洁挺拔的青松，好似在静观世事沧桑，那飘忽在青松间似有似无的烟霞，仿佛述说着人间盛衰的幻化……一幅幅画面中的奇峰、怪松无不在显现着董老超凡脱俗的博大胸怀。

他笔下的黄山，既是真实的黄山，更是艺术的黄山，画面中的奇峰、老松和云雾天衣无缝地融为一体，无尽意蕴尽在山水之间。他并非实写黄山景致，奇峰、怪松和乱云呈现万千姿态，意境浩渺，似曾相识，又难以指认。一层山一层雾，山形迤逦蜿蜒，云雾缥缈迷蒙，着墨不多而画面厚实丰满。他用焦墨渴笔，山石勾勒用重墨，皴擦用渴笔，渴笔皴擦出飞白的笔触苍润空蒙。

正如董老所言：“我观察的时间比写生多。黄山的奇妙之处取决于云。这里的云雾一日千变万变，神鬼莫测。你刚一下笔它又变了。黄山云雾的变化，把静止的黄山变成了飘动的黄山。所以，我画的就是动态的黄山。我画黄山紧紧抓住它的整体精神，要概括出黄山的意境来，看了也许按图索不到骥，但一看就知道是黄山。”

令人称奇而又不得不服的是，董老一生中只去过一次黄山，不像有的画家七上八下、九上十下，甚至能够几年、十几年住在黄山。但是，能够直抒胸臆，以跌宕排琦的笔墨，将新安画派那干裂秋风、润含春雨的笔情墨趣，倾诉在黄山层峦叠嶂之上，且发挥得淋漓尽致的恐怕唯有董寿平先生这样的一代宗师了。

“黄山巨擘”这一美誉自然也就非他莫属了！

还有他笔下的兰，既有别于哀叹国运蹇促的郑所南之兰，又不同于寄意幽谷清风的郑板桥之兰，自有独到之处。他笔下的兰，或摇曳多姿，长袖善舞，却绵里藏针，充满坚韧不屈的力度，真正花中君子。他笔下的兰，或芬芳于平地之上，或蜿蜒于山坡之上，颇得屈子楚韵骚风之深旨。

董寿平的书法同样精湛，富有个性，苍劲刚健、古朴潇洒、神形兼备、气度豪放，势若游龙，翩若惊鸿。书法大家赵朴初赞他的书法艺术为“平原书法东坡画，龙马精神海鹤姿”。

正因为董老是当代中国画坛具有书卷、文学和美学气质，兼具当之无愧的哲学家、美学家的大师级人物，范曾这样撰文道：“只有那些学养丰富、内质卓绝的人物，才能当得起文人画之雅号。每每面对董寿平先生的作品，无论是崔嵬的黄山、碧翠的修竹、清幽的慈兰和傲骨的寒梅，我都能感受到心灵的颤动，在陶醉之中，我们分明悟到了文人画的真髓。”

作家苏叔阳曾这样深情地评论过：董老寿平作画吝于着色，大部分画只用水墨，但那黑与白中却流动着生命的旋律，跳动着脉搏的节奏，蕴含着青春的韵味。我想，这是因为他首先把自己的心、自己的思绪、自己的意趣、自己的风骨融于水与墨，才使那黑不溜秋的黑块线条，白不涩拉的空间变成凝固的诗。不，不是凝固，是流动的诗。我说董老的画不是凝固而是流动的诗……一首有源有流，有出处有去向的活泼泼的诗。那瞬间是纵与横的相交，有悠远的过去长长的未来，又有广阔无垠的天地。

董寿平从1926年誓志以书画为生至1997年逝世，艺术生涯长达70多载。先生一生矢志不渝，为我国书画艺术的发展呕心沥血，锐意创新，取得了举世瞩目的卓越成就——

1977年，文化部成立国画创作组，由董寿平和蒋兆和、李苦禅、李可染、吴作人、黄永玉组成。这些国家重量级画家共同创作了大型巨幅国画作品。

1979年，董寿平为人民大会堂创作巨幅《翠竹图》和《苍松图》。同年冬天，他作为荣宝斋顾问第一次访问日本，所展12幅个人作品全部高价售出。

1987年春，美国纽约出版的中文杂志《海内外》以显著位置刊登董寿平传略并介绍其作品。同年初夏，董先生第5次赴日本参加“亚细亚美术交流会”展览，并进行学术交流，荣获“富士美术奖章”。

1989年9月，他参加在东京举行的“中国名人书画展”，被日本媒体赞誉为“人间国宝”、“书画巨匠”。

1991年，88岁高龄的董老与吴昌硕、齐白石、傅抱石、潘天寿、黄宾虹、李可染、吴作人等，被文化部授予“中国书画之国宝人物”。

董先生的作品多次在海内外展览。周恩来等国家领导人多次将他的许多作品作为国礼相赠外国元首、政府首脑。他的巨幅杰作在人民大会堂、毛主席纪念堂、钓鱼台国宾馆、中国人民革命军事博物馆、中国历史博物馆、北京故宫博物院、中国美术馆被悬挂或收藏。同时，他的作品还被国内外美术馆、博物馆收藏。他还有数千幅作品走入寻常百姓家。董寿平，一位当之无愧的人民画家。

驻足他的画前，仿佛看到宗师。因他
和作品化做了那红梅、墨竹、青松和黄山

董寿平经历了清末、民国、抗战、国民党统治和共和国的磨炼和洗礼，始终保持着高尚的人格，即使在市场经济大潮下和物欲横流的世道中，仍然淡泊名利，洁身自处，度过了完美无憾的一生。

董家有一个世代相传的家风。董寿平祖上几辈虽说都是经商的，但却是地地道道的儒商，诗书世家，忠孝传家，处世善良宽厚，仗义疏财，众多乡亲、邻里和穷苦人家都得到过董家的接济。

董寿平的高祖董得昶老年家居，对窃者不打不骂不报官，连姓甚名谁都没问一声就给了人家一个银元宝，语重心长道：去做点小买卖吧，别再胡来了。事后，老人一没有告诉夫人，二没有再提此事。哪知董得昶升仙之时，突然来了一个陌生人，扑通一声，跪在棺材前一边喊着“恩公”，一边嚎啕大哭……原来此人正是当年那个窃者。他是听进了董得昶的劝告，靠那只银元宝发奋发了家致了富。

董寿平的曾祖父董思源也是个“以力善行志于乡”而著称的人。“居乡排难解纷，尤好义举”，“族之贫者，给之田令其自耕，不征其入”。本

村各户的全部田赋，每年都由他家向官府代交。人赞“董公世积善，万世仰家法。身退畏先人，勇为独不怯。里无盗牛事，比屋忘匮乏。县吏不识村，年荒赋早纳”。这种家风，代代相传，直到他的祖父、父母及至本人。

青出于蓝而胜于蓝。董寿平的义举更是不胜枚举，且70多年来乐此不疲，无怨无悔，将自己的艺术献给了祖国和人民。

1941年，董寿平在四川南虹艺专担任美术教员时，将卖画所得的500元银元一块不留地全部捐献给了，坚持在前方抗击日寇的将士及河南的灾民……

1951年，他举家从四川返回北京，适逢北京美术界为抗美援朝义卖书画，他二话没说积极参加，受到政府表彰，人民尊敬。此后，当有同胞遭灾时他感同身受。在安徽、在广西……都留下了他慷慨解囊的义举。

董寿平作画与当下有的画家不同，一不图自己大富大贵，也不想为子孙留下什么财富。终生兑现这样的意愿和承诺：“画图留与人看”。他曾于1952年、1962年、1995年三次将祖传珍品书画捐赠山西省文管会、山西省博物馆。1983年他将个人创作的书画精品200余幅捐赠给家乡晋祠，履行了他的诺言。当人们请教老人作出如此选择的动因时，他平静地做了这样的回答：

“什么也不看成是我的……只要能在世上传就行了。”

“收藏之事，总是聚了又散，散了又聚。好东西捐给国家保存，发挥作用，最保险。我死了后，什么都不要。”

这质朴、原生的答案虽寥寥数语，却不能不令人心颤、回味！似乎更值得那些口口声声“我最大的缺点就是廉洁”，却动不动就数千万、上亿地鲸吞纳税人血汗钱的巨贪们深长思之。

1994年，我国华南地区发生百年不遇的特大水灾，千百万灾民的苦难牵动着董老的心。当香港《大公报》等6个单位向全球华人画家发起名家书画赈灾义卖会时，董寿平不顾已是91岁高龄的老人，立即挥毫画了一幅寓意全民同心抗洪救灾的《风雨劲竹》。这次大型捐献义卖活动共有207位书画家、雕塑家的200件作品参与，义卖款总收入为249万港元。他的这幅《风雨劲竹》由升华服务有限公司主席、包玉刚之女苏包陪庆女士以29万港元认购，创这次捐献义卖纪录之首。

董老直到最后的岁月仍没有放下画笔，锲而不舍地进行创作。当国家有关部门邀请他为钓鱼台国宾馆创作巨画《黄山胜境图》、《青松图》时，尽管他正在住院，又是位90多岁高龄、年老体衰的老人，却义无反顾地走出中日友好医院，红烛一般坚持将艺术留在人间。

几十年来，董寿平参加的各种义务展览、笔会、慈善、赈灾活动，捐献出的字画多得数不胜数。全国侨联副主席陈彬藩，为弘扬茶文化经常请他作画，他从不推辞。陈彬藩多数时候等不及墨迹干就乐呵呵地拿上走了。董寿平望着朋友的背影，没有一点闹心，反而觉得心里头乐滋滋的："我就喜欢他这种风风火火的劲头！"

董老家乡为纪念这位德艺双馨的艺术大家，在太原市有关单位与日本友人的通力合作下，建成了"董寿平美术馆"。这座美术馆坐落在具有悠久历史的晋祠博物馆内，晋溪书院的东侧。馆中珍藏和陈列的有董寿平无偿捐赠的200多幅书画精品。

他为了让这些凝聚了自己一生心血的艺术精品毫发无损地得到保护，用心良苦地在《艺术和书法作品捐赠书》上写下这样一段撼人心魄的独特文字：

> 我的子孙及亲属均不得以任何借口索取或借用、借看；我的子孙和亲属均不得参与"董寿平美术馆"管理工作；凡在"董寿平美术馆"保藏和陈列我的美术和书法作品以及各种艺术品（旧件）任何单位，任何个人均不得以任何借口索取或借用、借看。

这就是人民画家董寿平！将价值连城、本属于自己的私有财产无偿捐给国家，且立下那样不准子孙和亲属动一指头的严厉遗训。这是何等高尚的情怀！而那些厚颜无耻鲸吞本属于国家和人民财富的贪官们，难道连做人的最起码的良知和羞耻心都没有吗？！难道真如人们所愤怒痛斥的那样：还没有进化到人？！

南北山头多墓田，
清明祭扫各纷然。
纸灰飞作白蝴蝶，
血泪染成红杜鹃。

日暮狐狸眠冢上，
夜归儿女笑灯前。
人生有酒须当醉，
一滴何曾到九泉。

这是董老常谈笑自若引用的宋人所作洛阳墓地北邙山的一首诗，劝诫世人不要过于贪财恋物，更为自律。他老人家有个说来挺潇洒的价值观：“既不恋财，也不恋物”。

前面谈及他在缺钱时，照样能乐善好施将仅有的路费送给别人。带着钱来求画的人也往往被他婉拒。这天，有人小心翼翼地捧着一尊珍贵出土文物——彩陶登门求画。他看到后，不容商量地对求画人说：“你若不把这东西抱走，别想我会给你作画！”

董老有个乡亲名叫周国强，在当地征集到他的许多早期画作。若是别的画家见到自己早期作品还不如获至宝？说不定还能卖出个好价钱呢！他不。他一张一张地看罢自己早年的作品后，对这位老乡平静地说道：“谢谢你。拜托你帮我转赠‘寿平美术馆’。”

不久，周国强又征集到一只上面写着“洪洞董氏置”的用于筛面粉的铜锣筛。董老仔细地鉴赏了这只铜锣筛，确实是他家传下来的物件。对他来说也算是一件不可多得的“文物”了，完全可以留在身边。他又是一个“不”字，谢罢周国强的好意，却让这位老乡带回去收藏。

这年，董老为著名收藏家陈丽华女士题词。陈丽华女士为表谢意，要送他一把紫檀木椅子，他婉言谢绝了。北京市一位负责人提出以优惠的价格照顾他一套房子，他同样是婉言谢绝。他说：“近百年来，我家由巨富到赤贫，我都随遇而安。实不相瞒，我的家里连一张椅子也放不下了。”

他家有两室，分别不到14平方米。一间客厅只能放得下一张小餐桌。据说，此前比这更小，连一张画桌也放不下，只好在床板上作画。

1994年，他到钓鱼台国宾馆义务作画。作为这样一位国宝级的老人，吃好点是完全应该的，吃什么生猛海鲜、山珍海味可以随便点。但他一日三餐都很简单。午餐两小碗炸酱面加黄瓜丝；晚餐馒头，鱼香肉丝加冬瓜汤。有一次，保姆给他点了碟海参，他批评说：“咱们这已经给人家增加不少负担了。”

蜗居斗室，粗茶淡饭。就是这位艺术家的生存质量！他有这样一套理论：“我的岁月是有限的。传给子孙，可能吗？佛家的话，自己用的财物，死了以后，天一份，地一份，水火盗贼一份，不肖子孙一份。轮到我个人，今天有的只算是五分之一，那五分之四随时在那儿放着呢。”

鲁迅先生有句名言：“吃的是草，挤出来的是牛奶”。董老这质朴的话语、坦荡的心态和磊落的行为，让我们真正领略到了内中蕴含的深刻内涵。

时下那些靠炒作出名或作画为了卖高价、动不动就以“大家”、“大师”

自诩的人看到这里，不晓得敢不敢站出来与董寿平先生比较一下，比一比与他老人家的艺，比一比与他老人家的德？

1995年9月，他在钓鱼台国宾馆画完画后就病倒了，久卧病床长达21个月，直至1997年6月21日与世长辞。范曾在挽联《寿平大师千古》中痛悼：

从北苑以还，山川烟雨凭谁写，我哭艺坛陨巨擘；
信董公而后，松竹风云暂得闲，应知人世少奇才。

今天，每当我们驻足在董老的杰作梅、竹、松、兰和山的面前时，就仿佛看到了先生的音容笑貌，高风亮节。因为——

他已将自己的灵魂化做了那傲霜的红梅、高洁的墨竹、多姿的幽兰、挺立的青松！

他那渊博的学识、精湛的画艺、高洁的人生德范将似那汾水长流，与那巍巍黄山同在！

非凡的林凡

林凡先生，“人如其名”：中等身材，面色红润，谈吐随和，一头银发梳理得熨帖而自然……俨然一位儒雅斯文、和蔼可亲的平凡人。

然而，论他的才华却是深邃横溢不凡的，原本是：林凡不凡！

林凡的故乡——湖南益阳，洞庭湖畔一颗璀璨的明珠。绿水青山，钟灵毓秀。屈骚遗韵在，世代有雄才。那风采迷人的桃花江，牵动着古往今来的文人墨客；那源远流长的湖湘文化，孕育着一代又一代英才俊杰。从裴休、齐己到汤海秋、陶澍、黄自元、胡林翼，益阳历史上群星灿烂，近代更是风云际会，造就了“三周”周立波、周扬、周谷城一类的文坛大家。林凡正是植根于这片沃土之中，成为当今书坛画界，屈指可数的集诗、书、画三绝于一身者。

画家林凡（林凡提供）

国家文化部高级职称评审委员、中国美术家协会美术理论委员会副主任，炎黄艺术馆艺术委员会主任水中天先生这样评价他的艺术成就：林凡先生的工笔风景画，形成了新的更高的层次。他通过艺术体现对人生的感悟！他的作品深幽、清雅、秀丽，显示出了一种难以名状的生命的感悟！

全国文联副主席、中国美术家协会主席刘大为同样赞不绝口："林凡先生是我国艺术界的全才。他美术、书法成就在全国是非常突出的。……我从他身上学到了许多有价值的东西。"

同林凡先生素昧平生的台湾画家翁大成在海峡那边这样深情地介绍他："充满诗人细胞，文人风雅，画家浪漫，哲学家深隽，集诗书篆画于一身……十足艺术家的典范。"

这些，并非不着边际的廉价夸誉，也非什么曲意逢迎，仅仅是林凡先生其人其才的真实映照。

林凡之画：苦思独创，真力内蕴

林凡先生的画，贵在独创。取材独创，立意独创，造型独创，情调和风格同样坚持独创。他作画的法则是："小格局、低角度、窄视野"，执著于他的所谓"虫鱼事业"。他还将"妙在渺小"作为自己的艺术妙谛。

他以为，虫鱼小，事业大，唯其小更能成其大。2000年，中国美术家协会顾问蔡若虹在91岁高龄时撰文指出："林凡能看见别人看不见的东西，取用别人所不敢取用的生活源泉，能发现别人不能发现的美：小春枯木，

林凡绘画作品《霰影》（林凡提供）

白鹭青萍，荒原独步，以及各种各样的冷门野趣。林凡其所以与众不同地做到这一点，就是因为他的头脑里有一个影影绰绰的理想在为他引路。”

林凡以意入画，摒弃概念，无处不充溢着人生的智慧和难以用语言叙说的美。我们可以从那千缠万绕的山藤、摇曳不定的小草、泠泠如泣的山溜中，领悟到无穷的理趣、至美的真情。我们还可从那素洁优雅的白鹭中，洋溢灵性的漾漾春水中，清宁傲雪的梅花中读出画家的坚韧执著，深情苦意。

在他的笔下，见不到炫目的场面，但有着醉人心田的意境；有的是无妖桃李，花草繁枝；没有登楼舒啸，但有曲径通幽；未见雄鹰展翅，却有黄鸟交交；看不到喷珠般的飞瀑，然可聆听那山溜之泠泠。

在他的笔下，那泉石、那藤根，哪怕是一丝丝草叶，都很有看头，境界很高，没有浮躁气，既迷人又极富野趣且高雅得像古代山水大家的一首首格律诗。

在他的笔下，找不出板桥的竹叶、石涛的兰草、关仝的水流、巨然的山林、潘天寿的鸟禽、齐白石的鱼虫、吴昌硕的花枝……浸润画中的，唯有一位位大师活着的富于个性化的创造精神。

“我无法登临那些高大、伟岸的山峰；却喜欢沿着山藤，下到幽邃的谷底，去谛听那泠泠山溜，瑟瑟山风。我很少画树冠，却喜爱画树根；很少画大山大岭，却总是把眼光投向那布满皱褶的岩石和无名的小草。”

“与其呼喊，莫若微吟；与其高蹈，莫若素处”。

林凡先生独辟蹊径，甘走独木桥，绝非他画奇峰峻岭、画骇浪惊涛、画名花异木、画珍鸟奇葩的才力不逮，迫不得已标奇炫巧，乃是基于他真正想通了为艺术之道后的一种自觉的追求，达到了一种境界。当然也是这位命运多舛备历坎坷的湘中才子人格与画格的一种态势，一种写照。

待到上世纪晚期，这位研究领域宽广的学者型画家，迎来了晚年艺术辉煌的鼎盛时期，他依然不走别人的路，在中西两个板块的磨合中运用自己独特的理念寻求自己的路，用边缘艺术指导自己的创作。在继续拓展他的当行本色、自成一家工笔画的同时，探求写意画的创新，在不弃“妙在渺小”的同时，进行着长帔巨幛的创作。

完成于1997年的《无风的海岸》则是在原有的画风基础上，有了新的展拓，达到又一个高度。这幅画取材于美国西海岸风光：在广袤无垠的海岸上，由于海风长期的吹拂乃至肆虐，本该挺拔的苍松一律斜长，与那碧水、苍松、沙岸浑然天成。海水的湛蓝更加突显沙岸的素洁无尘之境，海风的猛烈反衬了苍松的坚韧不屈。这是一幅将礼赞生命、讴歌力量与追求淡远之境融为一体的艺术杰作！这幅采用中国画大写意的艺术手法、极富东方精神的西方风景画精品，多次被林凡画展的设计者列为画展的主旨作品。招贴、请柬、画册乃至作者简介中，都用它。

10多年前，雄伟壮丽、气势非凡的八一大楼矗立在北京长安街上。而作为迎宾礼仪的宽敞明亮的大厅，需要一幅皇皇巨制的国画与之相偕。

早在上个世纪50年代，傅抱石、关山月两位中国画大师通力合作，为北京人民大会堂创作了《江山如此多娇》。当时，社会各界凡亲眼目睹了此画者，无不叹为观止，公认这幅巨制为我国首屈一指、最大最好的殿堂巨制！

而今，即将落成的八一大楼的巨幅国画的创作，由谁担此重任？

主事者的目光聚集到了虽老骥伏枥，却壮心不已的林凡身上。他凭借深厚的诗文底蕴和敢于创新的扎实的绘画功底，欣然应命，三易其稿，历经5个多月的艰辛劳作，一幅长14.5米、高2.6米，题为《乾坤万里醉寒香》的巨型中国画诞生！论长度，除圆形全景画和少数特大壁画之外，将这幅《乾坤万里醉寒香》称之为大气派、大制作实为当之无愧！今天，只要你站立在它的面前，凝视着那巨幅上的灼灼黄梅、翩翩白鸽，也会为之首肯！

几十年来，他无怨无悔，刻意以求，终成一家，成就斐然，誉满海内外。他从1950年至今作画3000余幅，发表近2000幅。撰写书法近万幅，创作诗文80余万字。他曾参加美国、加拿大、日本、法国、英国、韩国、中国香港和台湾以及大陆许多城市举办的国际国内画展高达上百次，并多次获奖。其中，全国性一等奖3次。作品《微雨引飞泉》获全国工笔画展一等奖，《谷音》获全国工笔山水画一等奖。美国颁发的中美文化交流特别奖一次。曾在中国台北，日本东京、名古屋，美国旧金山等10多个大城市，和北京、深圳、香港、济南、上海举办个展和巡回个展。饱含他满腔心血的《流光》、《山草》、《送饭》、《金秋》等50多幅精品由中国美术馆、国家博物馆、天安门、中南海紫光阁、中央军委新办公大楼和法国、美国、德国、日本、墨西哥，以及中国台湾、香港等地博物馆，墨西哥等多国大使馆、美国IBM公司、香港新鸿基集团等和社会名流收藏。他的画作进入世界著名的拍卖行拍卖。《张骞回京》、《春喧》、《霜晨》、《霜飞》等多幅作品分别以高价在台湾、香港售出，评价颇高。其中，《山藤》由包玉刚爵士珍藏。

1987年，他创建了当代工笔画学会，担任常务副会长，对我国工笔画推进甚力，功不可没。他出版有《林凡画集》、《林凡书画集》、《林凡风景画选》、《林凡艺术》、《林凡现代山水画》、《军旅画家十人集——林凡卷》、《人与梅花一样清》等大型画集和个人专著11种。他是巨型文献《中国历代僧诗全集》等一系列大型画册的主编。《文艺赏析大观》主要撰稿人之一。1996年、1998年先后被美国加州大学、天津南开大学聘为兼职教授。个人专业辞条被中外40多种名人传记、辞典、年鉴收录。

1993年6月，林凡先生身膺重任，率领4位大陆艺术家应邀访台抵花莲，为台湾慈济基金会以约3亿元人民币兴建的慈济纪念堂整体佛教艺术文化把脉，提供创作构想和研拟创作实务。台湾报纸盛赞林凡先生此行："远来的和尚会念经"。

林凡之书：融铸篆隶，古拙朴厚

益阳是诗文之乡，美术之乡，更是书法之乡。

清同治七年榜眼，翰林院编修黄自元的书法《正气歌字帖》、《黄自元间架字帖》是书法家们公认的范本，广为流传，对晚清书法的发展起到不可磨灭的影响。

林凡书法作品（林凡提供）

林凡先生自小生活在这一楚风骚韵十足的文化氛围之中，耳濡目染，潜移默化。他的祖父是家乡颇有名气的秀才。父亲林伯陶先生是位治学严谨的教育家，用亲笔书写的浸透着刚劲笔力的对联“宁蹈沧海去，耻见铁蹄来”，表达宁愿病死也不去日寇占领区医院治病的决心，不久与世长辞。

林父的绝笔对联，带给林凡的震撼和影响是巨大而深远的。既有作为做人的气节和大义，也有父辈的真才实学对爱子一生的熏陶和引领。

林凡先生学书，从颜真卿开始，上攀秦汉礴石碑版之意，下窥明清大家端和肃穆之神。他在《张骞》、《石门》、《二爨》中寻觅到钟爱的古拙朴厚的美，以之含蕴在自己清新柔韧的笔意中，成就了他那既方正又灵活、既清新又古拙的独特的艺术风格。

欣赏他的书作，能使人领悟到字里行间有一种藤葛缠联、泉石流泻之势。笔者有幸多次观其作书，通篇洋溢着一种融铸篆隶、古拙朴厚的格调和意蕴内敛的意度。他时而提笔在纸上镂刻出金属一般劲健的细线。宛如葛藤缠绕在山石之上；时而按下去，浑如卵石，纷落纸上，凝重茁壮，以笔随情，纵横捭阖，提按幅度之大，使转通变之奇，乃至谋篇布白的成功变化，实在令人叹为观止。书界有专家称道他的书法“畅爽颖奇”，是很确切的。

中国书法从上至下首尾相连，布白谋篇横幅较易。林凡先生却多作竖幅，甘苦自尝，乐此不疲。草书《春江花月夜》长逾五米，字近半尺，洋洋洒洒，赏心悦目，令人叫绝。林凡先生告诉笔者，仅《春江花月夜》，所书不下百件。每出一遍，废纸盈筐，直至精疲力竭而后可。《淡墨画王维诗》更是变化诡异，奇正相得益彰。《李白五绝二十首》则让人强烈地感受到一种灵动飘逸之势，成为又一件不可多得的艺术珍品。

自1950年至今，林凡先生创作多种书法作品近万幅。其中有200多幅刊刻陈列于北京、辽宁、河南、山东、四川、陕西和湖南等数十处碑林、纪念馆和风景点。在日本东京、仙台、在中国台北和香港等地的博物馆里和知名人士寓中。

当年，林凡送给冰心老人一副刻字对联，联文是齐已的诗句：“万古千秋里，空山明月中。”冰心老人爱不释手，一直挂在自己的书房里直到去世。冰心老人的亲属又将这副刻字对联悬挂在老人的遗像两旁。林凡为了表达对老人知遇之恩的感激之情，写下的藏名挽联更是别具一格，匠心独运：“冰魂已历三千劫，心月常圆一百年。”

尤其难得的是，林凡先生的书法雅俗共赏，广受青睐。在北京、上海，在西安、太原，在开封、洛阳，在广州、济南等众多城市的一家家商号和饭店里无不留下林凡先生一件件墨宝。

林凡之诗文：清新隽雅，诡谲雄奇

林凡先生不仅丹青精湛、书法造诣颇深，而且作起诗、文来，秀勃清新，诡谲雄奇，达到很高的境地。他的《自书诗三首》，由18件单条组成联屏，是其诗作和书法的珠联璧合，无论由书及诗，或由诗及书，独具特色，使人耳目一新。他的诗作佳句妙语俯拾皆是。如："有酒有诗一摇曳，无叶无花六十年"，"楚天有客夜吟凄，木落青枫碧水湄。歌哭一时忘孔墨，江山满纸任驱驰"。又如："过敏神经难入梦，荒唐故事听来香"……令人禁不住生出种种情趣来。

他的文脉渊流源于楚文化中的湖湘文化。他的诗人气质渊源于对故土文化的爱，爱得如数家珍，如痴如醉。

他的家乡，在历来重文化重教育的洞庭湖畔、资水之滨，自古巫风遍地，情爱与艺术的波涛翻滚，诗社书社画社林立，稍有些文化的乡民都懂得对联的平仄要求。林凡先生多次赞美道：益阳是诗文之邦，文化底蕴深厚，历史文化遗存丰富，南楚文化与湖湘文化脉络清晰，是荆楚蛮夷和衡湘学理的交汇点，是楚文化的源头之一。其杰出代表就是屈原。屈原在桃江凤凰山头叩问苍天，发出170个撼人心魄的诘问，并由此写下不朽的名篇《天问》。经屈原整理润饰的《九歌》，就是沅江流域的巴楚民歌，表现的是女巫与男神之间的争斗、逗引、融合。这种浓郁的楚风直到今天仍能在花鼓戏、渔鼓中领略到它的脉络和痕迹。

林凡对代表益阳现代文化的"三周"（即周谷城、周扬、周立波）非常推崇，力促建立"三周"纪念馆。林凡之父与周立波是表兄弟。周扬与周立波的相识，就是林凡之父介绍的。林凡幼时曾在周立波家中居住过。

20余年的贬谪生涯，河东那艰辛的生活处境，使他的意志和情感，仿佛经历了高温的蒸馏，雪水的浸泡，显得格外的坚韧而挺拔，清纯而明澈。他的睿智使其善于将人生的苦涩悲凉酿成艺术的醇醪，炽热的尘心炼成清明的寒玉，出语吐词流溢着雪山的寒气，以悲凉的笔调提炼河东的艰难岁月："正月河风似剪刀，廿年晋客楚魂销"；"牛衣百结青春酷，走马河东暮色暝"。

他的题画诗，也极具光彩。比如：《高秋》上的两句："摇落万方同一慨，高秋独立恋斜阳"，将画中那只伫立在荒山衰草中引颈西望的鹭鸶，提扬得神情顿异，达到画龙点睛之奇效。他在画作上的即兴所缀之诗又极具艺术意境，总能用“冷月寒星”，“绿萍荒径”，“山风习习”，“山草萧萧”，准确描绘凄清幽冷的艺术意境。比如：“星寒月冷诗魂在，春草池塘引梦归”（题《春草池塘》）；“绿芜零落相思苦，荒径徘徊指顾迷”（《题〈溪风〉》）。

诵罢千经倦不支，
青灯寒雨漏声迟。
朝来自判禅机误，
改课南华习楚辞。

读着这首诗，时值中年饱经忧患已白尽满头秀发的林凡，仿佛在翘首吟哦，似乎看到他终宵不寐笔耕不辍，双眸在昏暗中炯炯有神……很难想象，多少个晨昏，多少个寒暑，他是怎么度过？！

1995年严冬的一天，林凡先生偕夫人王影兴致极佳地来到扬州瘦西湖冒雪冲寒，踏着齐脚脖深的瑞雪探梅。此时梅花只是花蕾新绽，然而，当他们来到廿四桥附近的腊梅旁时，惊喜地发现朵朵腊梅竟在鹅毛大雪中怒放！

哦——嫩黄的朵朵雪腊梅在压雪下，颤巍巍的，通体透明而娇艳，散发出阵阵沁人心脾的冷香。从事电影编导工作的王影情不自禁得叫了起来，仿佛是第一次认识了梅花的真面目，找到了梅花的神韵。林凡更是诗兴勃发，文思泉涌，赋诗一首，记述了这次“探梅”：

瘦西湖上踏琼瑶，
拥雪凭栏廿四桥。
一瞥罗浮惊绝艳，
比肩寒雁顿魂销。

书桡画舫留金郑，
歌板吟囊太寂寥。
伤心湖畔河边柳，
无复迎鸾奏九韶。

从一定意义上说，从事艺术者，无论是书艺还是画艺，如果是一位诗人或具诗人气质者，方为两全其美，相得益彰。

10多年来，这位至今没有一张“科班”文凭却在高等学府执教多年的才子发表过上百篇论文。仅《文艺鉴赏大观》一书就收录其论文达59篇。《并非寂寞之道》、《非“艳科”说》、《意工》、《情与意》等论述工笔画的文章，清丽如诗，表达了他对时代美学观念的独特感悟。尤其是，他平生折服与郑板桥齐名的金农艺术上全方位多变、常变和突变的探险精神，为其著书立说，写下了20多万字的传记。

他以艺为命，坚守“孤吹”，铸就了非凡

林凡曾这样自问过：“金农说他自己‘难谐众耳，唯擅孤吹’。我是不是也是这样的人？”回答是不言自明的。

我国画坛一代宗师蔡若虹曾这样撰文写道：林凡的作品取材独创、造型独创、立意独创、情调和风格也独创。……我认为这两句话必须从根本上修正，应该改成“唯有孤吹，能谐众耳。”林凡的艺术的确是“孤吹”，但是这种“孤吹”很受“众耳”赏识和欢迎，这是铁一般的事实。

林凡的风流，在于其学贯中西、融达古今，承继传统与张扬个性融于一体。他的画是清爽，耐看耐琢磨的，突出了个人气质——自我，让你强烈地感受到一种涤荡尘垢的清虚之境扑面而来！林凡的画，意韵是现代的，而表现手法是属于中华民族古老的传统精神，却又不见泥古不化的旧痕。

林凡胞兄、台北市永和国剧社社长林诚曾经这样评价其胞弟：

“他以别人从未表述过的语言作画，他以别人从未采用过的形式完成每一幅作品，他以与别的画家迥不相类的眼光观察自然。人家强调崇高，他强调渺小；人家爱好华美，他爱好深沉；人家耽于时尚，他却习于质朴。人家画花，他画草；人家画树，他画藤；人家画雄山大水，他却画戋戋泠泠的溪水，浑浑噩噩的山石。……他的确从一条窄小崎岖的山路挤出来了……真正撼动了每一位看画的人，他成功了！

“他每天都要不停地工作、学习，一直到疲惫不堪才止。8岁以前他脑海里留下的对父亲、对祖父的朦胧的记忆，似乎是他力图进取的原动力。……父辈的荣光，激励着他不断努力。因而在诗文、书、画诸多方面他都博得了相当的成就。大陆的许多艺术大师，像吴作人、何海霞都对他深加扬誉。而艺坛的新锐却又对他景仰不已。朝华夕秀，两相濡染。这也应当是他之所以卓然有成的原因。”

伫立在林凡作品的画廊前，那一幅幅或工笔或写意的山水、花鸟、人

物画，仿佛在向你倾诉着这样一个道理：当一位艺术家取得斐然成就之后，更应该一以贯之地保持着艺术的清醒和潜研深磨的科学态度。在攀登新的高峰、新的境界的过程中，都要像海纳百川一般满含对新知识、新境界的渴望，绑紧并踏响见强思超、见贤思齐的铃铛，更新自我，跨越前人的每一步。林凡正是这般生命不息，沥血殚精，独开新境，达到了天工任取、江河任借的自由天地。

绘画格调高雅脱俗的意境创造，源于艺术家的人格涵养与艺术修养。当今画坛，像林凡这样修养十分全面，诗、书、画皆精的通才并不多见。“腹有诗书气自华”。他似乎比时下某些“新文人画家”更多了几分清醒淡定，更多了几分风流儒雅的书卷气。正如他本人所言：“我坚信我自己的观念和艺术理想。所以才感到自己是孤独的，自己说的话，写的文章是‘孤吹’。但孤独的人是最有力量的人，因为一旦感到孤独，才会想到改变这种境况，才需要死生不渝地去奋斗。”

林凡从事绘画艺术创作执意追求空明澄寂的一种禅境，以给人最深的空灵之美、淡远之境的艺术熏陶。这对数十年身处逆境的他来说，是相当艰难的。我们知道，淡远之境通常是艺术家淡泊情怀的一种外化。而他，正当艺术才华崭露头角时，不幸以言见罪，打入另册，放逐河东，在苦雨凄风中度过了漫漫二十载严寒酷暑。他虚怀若谷，对灾难的际遇并不怎么介意，没有消沉，也顾不上怨天尤人，以旷达、大度、超然的态度面对人生的坎坷和折磨。他能以超凡脱俗的思想渡尽劫波，能以极清净、极坦然的心态面对人生，技艺的淬砺能以神遇而不以目即，其艺术创作往往能把读者带往一个脱去尘渣、独存孤迥的淡远境界。比如，我们在欣赏《谷音》和《流光》中的一线阳光，《溪风》中的白鹇，尤其是《寒潭吟》中的白鹭，与整个清冷凝重的画面构成

画家林凡（林凡提供）

强烈的对照，使人感到灵气畅流，仿佛如幽静的空山之中忽见一轮明月，传来一股清香，谛听一曲梵音，使人顿然开悟，进入醍醐境界。

梅花香自苦寒来。林凡取得如此骄人的艺术成就，与他的骨子里承袭了一种常人无法企及的执著，一种常人难以达到的特有毅力和定力。即使在被贬谪山西、成为劳动改造对象的日子里，他都能除躁静心，气定神闲，笔耕不辍。那时，身处逆境的林凡已届70高龄，但他从事艺术创作常常是废寝忘食，阴阳颠倒，直到凌晨三四点钟。正如作家李存葆所说："他始终用童心亲吻湘中的白鹭与竹枝，用血汗浇灌北国的山藤和小草。"

那些日子，他惜时如金，从来不敢有半点懈怠，利用一切能够利用的时间，临摹了山西境内佛光寺、岩山寺、青龙寺、永乐宫等著名寺庙的壁画。这天，林凡来到黄河岸边一个叫河坳的小村庄写生，很快被黄土高坡那独特的景色由震撼而陶醉。他如饥似渴、如痴如狂，一连喝干了七八个军用水壶苦涩的水，啃光了五六个玉米面窝头，换来一幅幅栩栩如生的速写素描跃然纸上。

当代社会，缺少诗意、缺少令人陶醉的田园牧歌和荡人心魄的高尚艺术，多的是浮躁而乏味的环境，多的是对于感官刺激的追求，多的是被激起的拜金主义狂潮，导致某些艺术家轻视了学问，轻视了技艺，将浅薄与轻狂当成时髦。而林凡依然固守一隅，甘守寂寞，默默耕耘。他像其画作中画得最多的在寒潭、古寨、荒野、池塘、芦荡映衬下的白鹭，孤寂、兀傲、凄清。这种坚守，正是艺术家最可宝贵的艺术源泉，最可宝贵的品格。

中央电视台有位刘将军

透着几分憨厚微笑的脸庞上，
山东人那种实在豪爽热情的亲切感一览无余

刘将军，名曰刘效礼，1943年生于山东寿光。1966年进入中央电视台，从事电视纪录片创作。原中国人民解放军电视宣传中心主任、原中央电视台军事部主任。现为中国视协理事、兼职研究员，中国视协电视纪录片学术委员会会长，中国广播电视协会理事、专家组成员，南京政治学院、中国传媒大学、石家庄陆军指挥学院、四川大学广播电视研究所、上海师范大学兼职教授。

刘效礼将军

刘效礼将军不佩一枪一弹，没有指挥过千军万马。他的舞台也就自然一不是战场，二不是军营，而是千家万户的荧屏。他带领一个肩扛摄像机的团队，在中央电视台已经默默耕耘了数十个春秋，风餐露宿，任劳任怨，走遍祖国的边防哨所，大川荒漠，用镜头记录下中华民族一页页历史。

虽说不太经意的人也许对他有点陌生。但是，一提到由他编导的蜚声海内外、获得一个个大奖的大

型电视纪录片，像奠定了中国纪录片新的里程碑的《望长城》，像《孙中山》、《毛泽东》、《邓小平》，开创了历史文献纪录片新形态的三部伟人传记，像创下万人空巷收视神话的《中华之剑》……他在数十年的职业生涯里拍摄了400余部纪录片。代表作品择其要者主要还有：大型电视纪录片《中华之门》；大型文献纪录片《让历史告诉未来》、《解放战争著名战役》、《孙子兵法》等。你会由衷地钦佩他"给红色中国续家谱、书写影像史记"为一生追求的胆识、敏锐和才华，从中不难发出这样的感慨和认知：军人奉献岂止在战场。正如他所说："选择电视，就是选择了一种生活，将军是一个意外的收获。感谢命运，感谢所有帮助过我的人，让我有了今天。

这天，中央电视台大楼的5层。伫立在刘效礼办公室门前的我，不敢相信这就是他的办公室：一间房子里用木板隔开不足5平方米的空间里，一桌一椅一柜外加一张同样显得陈旧的长沙发，把个斗室撑得鼓鼓胀胀的。

这里，见不到什么现代化的办公用品，也不见什么时尚的电气设备，有的却是柜里桌上窗台上一摞摞书籍、打印件。鸟笼一般的斗室简陋而不失朝气，寒碜却显得颇有档次。它无声地提示来访者，这里的主人公是在怎样的工作环境下，给亿万观众奉献上欢乐、捧上甘霖！

初会刘效礼，一米七五的个头，虽无典型山东大汉那样的高大，但那伟岸的身材，自然卷曲的乌发，深邃智慧的双眸，透着几分憨厚、微笑的脸庞上，山东人那种实在、豪爽、热情，一览无余，让你感受到他是从心里往外透出来的亲切感。

落座后，他滔滔不绝地如数家珍：电视纪录片是一门集体投入的艺术，讲他的团队的男军人女军人们，如何战胜一个个艰难险阻，将一部部电视精品奉献给观众的林林总总。就是闭口不谈自己。幸好，我与他同为军人同操新闻行档又同龄，话也就多了点，更不说什么客套了。

他绘声绘色，娓娓道来，我专心致志，静静聆听，那一次次灯下绞尽脑汁、筹划论争的长夜，那一幕幕长途跋涉、艰辛警险的拍摄场景，一场场厚德仁爱、互帮互敬的经历，一番番语重心长、侠骨柔肠的流露……我仿佛置身在一部感人至深的电视纪录片中……

"我是被'骂进'电视圈的"

刘效礼想了想，感叹道：

"从哪说起呢？我从没想过自己会干一辈子电视。我的理想是当兵。记得小学毕业的那年夏天，我12岁，怀里揣着母亲烙的糖火烧、腰上扎着父亲买的红腰带，光着脚走了90里路，到潍坊二中参加中学考试。那次考试的作文，我还清楚地记得题目是《我长大了做什么？》我第一次写下了自己的理想——成为一名光荣的人民解放军战士。哪里想到日后会当一名电视记者。那时候，中国的电视事业还没有诞生哩！

“考上中学没有？考上了。那时，我每天都到村口，一边放驴，一边等消息。记得接到录取通知书的那天，一家人那个欢天喜地哟，母亲迈着小脚东家进，西家出，借钱借粮准备供我去上学。上学没多久，便吃饭定量了，接着又统购统销，粮食供应更紧张了。我是潍坊市少年篮球队的，运动量大、饭量也大，常常填不饱肚子。和我一起考上学校的还有两个已经结婚的女同学就接济我。我不懂事，常常接过窝窝头就吃，连句谢谢的话都没有。上高中时，赶上三年自然灾害，连咸菜都不够吃。在学校里，我有两大爱好，一是打篮球，二是写作文。我的作文常被老师作为范文念给大家听，倒也苦中有乐。

“转眼到了1962年，我领到了两张证书：一张是高中毕业证书，另一张是入伍通知书。在这之前，噢——初中毕业时吧，空军来学校招飞行员，我是人选之一。父亲听说后，高兴得了不得，专门从家里背了5斤大米赶来学校庆贺，最后因为家庭成分落选了。我的同班同学魏光修当上了飞行员。说来也巧，我俩还参加了1984年的国庆大阅兵。那时我与陈汉元、崔屹平一起负责电视实况直播的撰稿；他是歼7飞行编队的长机飞行员，飞过天安门上空，接受党和国家领导人的检阅。两个同窗好友，一个天上，一个地上；一个书写历史，一个记录历史。好多人知道了，都特别羡慕。后来魏光修成了兰州军区空军副司令员。

“当时，班主任把准考证递给我，劝我参加高考，说大学毕业后一到队伍上就是军官了。我有自己的想法：一来响应国家号召，保卫社会主义胜利果实；二来实在是饿怕了，到了部队就有饭吃，就不会拖累家里了，坚决要求入伍。父亲知道后，火冒三丈：‘我供你读了12年书，没想到供来供去，供出了一个兵！如果用这些钱买牛，牛生牛，能养多少头牛？！’”

说到这里，他爽朗地大笑起来。

谈起刘效礼与电视结下的不解之缘，正如一位哲人说过：“机遇能改变一个人的命运，也能改变一个人的一生。”

“1962年夏天，我19岁登上了东去的闷罐车，路上颠簸了一天一夜，这才来到胶东半岛崑嵛山深处的一个新兵连，开始了4年多的军旅生涯。我先是干了40多天的炊事员，先后分到炮兵连、警卫连。除了苦练投弹、射击、刺杀这三大技术外，就是建营房，扛过石头、勾过墙缝、刷过油漆。打篮球、写读书笔记（当成作文来写），仍是我业余时间的爱好。

“1966年5月，‘文革’爆发，我失掉去解放军重庆通信工程学院深造的机会。几个月后机会来了。这天，通讯员跑步通知正在集训的我，带着学习毛主席著作笔记，速回连部。有两位地方同志找我谈话。来人便介绍说，是中央广播事业局的。我听了很迷惑：哪里有个什么中央广播事业局呢？当来人解释说，就是中央人民广播电台。我这才明白就是天天听的广播。他们接着又问了我的爱好、家庭情况，然后逐篇翻看我的学习笔记。最后说明了来意：经周总理批准，中央广播事业局准备从部队选一批编辑、记者，条件是高中毕业、党员、班长以上。符合条件的不少，但你们师只有一个名额，不一定去得成，做个准备吧。

“我觉得希望不大，没把这事放在心上，万万没有想到，20多天后，一个战友悄悄告诉我：刚刚接到军区的电话通知，伙计，你要走了，到北京。下午指导员找我谈话：立即办理退伍手续，给了张纸条，上面写着：‘北京市复兴门外大街2号广播大厦干部处，10月31日前报到’。

“激动？在别人眼里，一个难得的机会。可我想不通，也不情愿。我舍不得脱掉穿了4年4个月的军装，也舍不得离开朝夕相处的战友。这时候，连长发火了，拍着桌子说：‘××的，让我怎么说你，你怎么不明白呢？！到了北京贡献肯定比在这里大！’连里送行时，炊事班专门煮了一只鸡，连长、指导员让我把鸡腿吃了，说路上不饿。我就是这样，是被‘骂进’电视圈的。嗨嗨，与其说是电视选择了我，倒不如说连长为我选择了电视。其实那时不要说连长，就是师长、军长也没有看过电视，一个班长就更不知电视为何物了。”

就这样，电视选择了刘效礼。他懵懵懂懂地“被迫”迈进了时称北京电视台（中央电视台前身）陌生的大门。直到笔者2004年采访他时，他与电视结缘已经整整38个春秋。刘效礼从跨进电视台的那一天起，就抱定万事学为首，从学写新闻片、纪录片、短片直至长篇纪实片的解说词开始，长年累月扛着一台16mm包莱克斯摄影机，奔波在祖国的天南海北，大江大河，拍摄新闻片、纪录片……

1976年4月，他从中央电视台新闻部地方组调到军事组（即今日中央电视台军事部），重新穿上了解放军军装，摇身一变，俨然又成了人民军队的一员。

其实，说来好笑。刘效礼们不属军队的编制，连穿的那身军装还是自己花钱买的。要去野战部队了，或去边防哨卡拍摄军事新闻，军事组的记者摄像们将军装往头上一套就出发了。台里的同行们戏称他们是“装甲（假）兵”。

记得是1979年我人民解放军对越自卫反击战开始后，叶剑英元帅说了这么一句话：“搞军事报道，还是要以现役军人为好。”这年12月，刘效礼第二次入伍，这才成为一名扛摄像机的名副其实的军人，这个已经退伍的老兵第二次穿上了军装，级别为正营。按规定，他的家属可以随军团聚了，一家老小连同14个纸盒装着的行李一起来到了北京，告别了两地分居14年的生活。

几十年来，他不止一次地警示自己、告诫战友：“如果拍摄的电视片对不住观众，只能说明你忘了观众。”他为了把最好的精神食粮奉献给电视观众，废寝忘食，呕心沥血，甚至甘冒生死的考验。

本文篇幅不允许用太多的笔墨去叙述他那一次次惊心动魄的冒险经历，仅撷取拍摄电视巨片《望长城》遭遇“死亡之海”罗布泊的情景，可以说足够了。

一定要创新，决不留后路，
即便生个丑娃子也要丑得吓人一跳

1988年底，中央电视台确定与日本合拍中国第一部纪实性电视纪录片——《望长城》。台里对该片总编导人选，第一次实行招标方式。当时的刘效礼跃跃欲试，心里不摸底，却又挡不住同事们的鼓动，带着几个伙伴一头闯进陈汉元副台长的办公室，你来我往说了几个回合，陈汉元慧眼识珠，立即拍板：“刘效礼，你中标了！但有一点要明确：是你个人中标，不是军事部。”

京城八达岭外，驻军仓库的一家招待所里，《望长城》摄制组一班人马开了锅，分不清是白天还是深夜，你一言，我一语，七嘴八舌，各抒己见，吵吵嚷嚷整整五个通宵……

刘效礼怎能忘记，纪录片大师、荷兰人伊文思来中国讲课时，曾经很不冷静地责问道：“为什么中国的纪录片只张嘴不说话？！”伊文思的指责，对刘效礼的刺激非常大，立下誓言：一定要找到我国电视纪录片的出路！

刘效礼怎能忘记，技术不过关，声音录不进去，只好靠解说词叙述，整个片子显得空洞苍白。

他心里憋着一口气，我们这帮中国军人一定要争气！他苦思冥想，绞

尽脑汁，找准突破口，让纪录片开口说话。他坚定地认为：“创新是纪录片的灵魂，没有创新就没有灵魂！”突破，就从拍摄《望长城》开始——

刘效礼的决心和智慧，给了摄制组全体成员以信心和力量，形成了共同的心声：一定要创新，决不留后路，即便生个丑娃子也要丑得吓人一跳！

刘效礼要求所有编导人员严格遵循“声画合一”的纪实风格拍摄好《望长城》。摄制组采用了前所未有的拍摄模式——摄影师到哪里，录音师必须到哪里；有画面必须有声音；解说词不能贴画面，必须跟着画面走；调音台被搬到了外拍现场……

要知道，打破声画分离的制作传统，大胆采用拍摄时的同期声和现场效果声，与其说是一场尝试，不如说是一场前途未卜的冒险，摄制组里有这种担心的岂止是一人两人？

“没办法。只能是破釜沉舟、孤注一掷了。我希望置之死地而后生。就对大伙说：成功了，是大家的；失败了，算我个人的！”

就这样，刘效礼于1989年冬率领摄制组一行40多名年轻壮实的电视工作者，怀着不肯服输的劲头和揭秘寻根之决心，满怀信心地从京城故宫午门开拍，拉开了拍摄大型纪录片《望长城》的序幕。他们出河北、奔山西、跨陕西、过甘肃、直扑新疆，途经十几个省、市、自治区，行程10多万公里，开始了长达3年的拍摄。1990年深秋，47岁的刘效礼和大家一起翻高山穿荒漠，风餐露宿，沿着古丝绸之路的中路来到罗布泊。

罗布泊，位于塔里木盆地，被喻为“消逝的仙湖”。这里曾经湖清草美，飞鸟成群；这里曾经人声鼎沸，商旅“丝绸”；这里曾经万家灯火，楼兰城立。然而，因为人为的破坏和自然原因导致罗布泊干涸，周围生态环境发生巨变，草本植物全部枯死，防沙卫士胡杨树成片死亡，沙漠也很快和广阔无垠的塔克拉玛干沙漠融为一体。罗布泊从此成为一望无际的戈壁滩，没有一棵草，一条溪，夏季气温高达71℃。天空不见一只鸟，没有任何飞禽敢穿越,只是一片沙漠。成了寸草不生，荒无人烟的冒险之地、“死亡之海”。

古往今来，无数探险者为揭开罗布泊的真面目，舍生忘死深入其中，不乏悲壮的故事，更为罗布泊披上神秘的面纱。有人称罗布泊地区是亚洲大陆上的一块“魔鬼三角区”，古丝绸之路就从中穿过，古往今来很多孤魂野鬼在此游荡，枯骨时有发现。唐代高僧玄奘西行取经路过敦煌时，在《大唐西域记》中曾写道：“沙河中多有恶鬼热风遇者则死，无一全者……”许多人竟渴死在距泉水不远的地方，不可思议的事时有发生。

1990年，哈密有7人乘一辆客货小汽车去罗布泊找水晶矿，一去不返。两年后，人们在一陡坡下发现3具干尸。汽车距离死者30公里，其他人下落不明。

1995年夏，米兰农场职工3人乘一辆北京吉普车去罗布泊探宝而失踪。后来的探险家在距楼兰17公里处发现了其中两人的尸体，死因不明，另一人下落不明。令人不可思议的是他们的汽车完好，水、汽油都不缺。

1996年6月，中国探险家余纯顺在罗布泊孤身徒步探险中迷失方向，由于偏离原定轨迹15公里多，找不到水源，最终干渴而死。他死后，人们发现他的头部朝着上海方向（余是上海人），距自己亲手填埋的水和食品供给地点仅有2公里。

1997年，甘肃敦煌一家3口在父亲的带领下，前往楼兰附近寻宝，结果一去不复返，最后3人尸体被淘金人发现。

1997年，昌吉有4人开着大卡车，到罗布泊南岸的红柳沟找金矿，结果没有了消息。有人后来在红柳沟附近找到了4具尸体和一部烂车。

2005年末，敦煌有人在罗布泊内发现一具无名男性尸体，当时据推测该男子是名“驴友”，法医鉴定其并未遇害。这具尸体被发现后，也引起了国内数十万名“驴友”的关注，更有人在互联网上发出了寻找其身份的倡议。最后在众人的努力下，终于确定了该男子的身份，并最终使其遗骸归回故里。经查明，该男子是2005年自行到罗布泊内探险，但为何死亡，却一直是个谜……

至于发生在1980年6月17日，我国著名科学家彭加木在罗布泊考察时神秘失踪，其情况错综复杂，案情扑朔迷离，最具悬念，最让人震惊，最不可思议，当之无愧地入选20世纪世界十大之谜。国家出动了飞机、军队、警犬，花费了大量人力物力，进行地毯式搜索竟一无所获。

据历史记载，明、汉长城穿越了罗布泊，古丝绸之路也到过罗布泊，并分成了南路、北路有人走过，中路却无人穿越过。面对险象丛生的荒野大漠，退，生；进，随时会画上生命的句号。为了追寻古长城的踪影，刘效礼们义无反顾地向“死亡之海”挑战，成为世界第一支沿中路进入罗布泊的摄影队。

这时候，队友们为安全起见，再次劝刘效礼在此止步。理由还是从北京出发时的那三条：年岁大、肩负重任、环境险恶风险大。他依然不急不躁笑哈哈，依然是那段让你无话可说的话：“在长城面前，我们都是她的子孙，谁都是年轻的！”

刘效礼感慨万千：“这是让我终生难忘的一段经历。摄制组西出阳关第二天，在一个叫马圈弯的地方，这里的长城——说了谁也难以相信，只是一段高仅3厘米、宽50厘米的遗迹，再向西就再也见不到它的踪影了。据专家说，罗布泊向西的长城没有城墙，由散落的烽火台和城堡组成……我们深信，沿着长城的足迹走就不会迷路。”

1990年10月3日中秋节这天，摄制组在寻找古长城遗迹中，追赶拍摄荒漠中的一头野骆驼时，汽车轮胎连爆了4只，可怕的是当晚整个摄制组迷了路，与外界的联系突然中断……

皓月当空，刘效礼望着茫茫无际的古漠大野，真可谓“抬头望明月，低头思出路”。他为队友的安危担忧、焦虑，累得浑身酸痛却彻夜合不上眼。

“中央电视台摄制组一行在罗布泊失踪！”新疆军区所有电台受命全部开通，进行24小时搜寻；空军已做好随时救援准备。

人喝的水，车用的油已经异常紧张。摄制组全体成员立下的‘生死状’，将生死置之度外，争分夺秒地向前开进，苦苦寻找汉长城遗迹，寻找记载中的古楼兰烽火台。

刘效礼为了保存有生力量，避免全军覆没，决定让3名同志留在出发地，自己带着摄制组忍着常人难以想象的饥饿和干渴，深一脚浅一脚地徒步走了10多个小时。也许是上苍有眼，他们闯入1964年我国第一次核爆炸的地方，还看到了张爱萍将军题写的‘中国首次核试验爆心’的石碑，终于在夜色中找到了古楼兰烽火台。

他们10次穿越中国核爆炸试验场，整整18个日日夜夜，刘效礼一行勇敢地冲出了罗布泊。他们从古楼兰北面向楼兰古城开进。这在古楼兰探险史上是第一次。

每当刘效礼回首往事，总是心潮难平：“《望长城》是我投入最大、最喜欢的一部作品。不论是前期采访、拍摄，还是后期制作，都下了大力气去寻求突破。《望长城》解说词不是一个人写的，是摄影、编导一起，根据画面一句句写出来的，很生动。记得当时在咖啡厅，咖啡厅里面是机房，机房过去是厕所，机房录着解说，我们在外面写着解说，写一段录一段，因为咖啡厅晚上没有人，没有灯光，我们就在楼道的灯光下写。由于第一次采用了大量的同期声，所以在片子还是半成品的时候，我就请了几个前辈看看从理论上是否行得通。他们一动不动地整整看了5个小时，很激动，归纳了5个突破：声音的突破、故事的突破、情节的突破等等。当时电视界纪录片大会正在湖南举行，会议主题就是探讨纪录片怎么拍，向何处走。结果《望长城》以全新的面貌出现了，给了大家一个全新的答案。他们觉得很好，后来就形成了大家看到的纪录片模式。”

《望长城》奠定了形式上声画合一、理念上客观纪实的纪录片新模式。有人说，《望长城》颠覆了中国的电视屏幕，纪录片传统的“解说词—拍画面—后期找补”的三步制作程序被抛弃了，“声画合一”营造的现场感展现了电视语言的独特魅力，至今仍被视为中国纪录片的呐喊，视为中国电视屏幕的一场革命。

《望长城》历经三载寒暑1000多个日日夜夜的苦熬，拍摄了近700小时的素材，最后编成总长度为626分钟的大型电视纪录片，获得巨大成功，它的出现让观众眼前一亮，数以亿计的观众由此目睹了长城的风采。

《望长城》不仅是中国纪录片的里程碑，也是时年48岁的刘效礼个人创作的里程碑。刘效礼和他的团队就是这样出生入死，默默地让燃烧的生命在荧屏上发光。

“就电视而言，谁见过一个人完成的电视作品？”刘效礼情怀：重情轻利，侠骨柔肠

1991年12月10日，人民大会堂。

我国中青年新闻工作者优秀成果最高奖——“范长江新闻奖”在这里举行首届颁奖大会。

范长江新闻奖，是以我国杰出的新闻工作者范长江的名字设立的新闻奖项。范长江是我国新闻界的杰出代表，用他的名字设立我国中青年优秀新闻工作者的最高奖，鼓励广大新闻工作者开拓新闻事业的未来，是一件很有意义的事情。范长江是我国记者协会的前身、成立于1937年的“中国青年记者协会”的发起人和领导人之一，曾经担任新华通讯社总编辑、人民日报社社长。

范长江新闻奖，是经中共中央宣传部批准常设的全国性新闻奖。由中华全国新闻工作者协会和“范长江新闻奖”基金会联合举办。是中国记协主办的全国中青年记者的优秀成果最高荣誉奖。

李瑞环同志出席首届颁奖大会并为获奖者颁奖。全国新闻战线仅有9人获此殊荣，电视界仅刘效礼一人。他以一颗平常心，坦然道：“这个奖太高太重了。我个人无法受用，应属于我所在的集体——中央电视台和军事部。就电视而言，谁见过一个人完成的电视作品？我就算做一个领奖的代表吧。”

这就是“刘效礼情怀”：重情轻利，侠骨柔肠。

这一点，如前所述，在我与他的交谈中同样感受颇深。我一再请他谈谈自己，他总是笑笑，用一个个“没啥、没啥”搪塞应付，然后如数家珍般地讲起中央电视台一群穿军装的人为卫星电视军事节目的诞生付出的艰辛和无私奉献。

他讲起，春节放假7天，李鹰大部分时间在机房度过；戴峰连续在特技机房加班4天4夜；负责《军事新闻》的冀惠彦常常一干就是十七八个小时，血压升高靠吃药坚持。

他讲起，由华越、李春凯、卫晨霞承担的每天60分钟“军事节目回顾”的制作、包装、播出，在一无经费、二无设备的情况下靠化缘、拉赞助解决了两台字幕机和栏目片头的动画制作，自己却靠每天吃方便面度日。

他讲起，担负《神州军旅》栏目制片人孙华的儿子在一次作文比赛中，直抒思念之情：最大的心愿就是希望每天能见到妈妈。他还不厌其烦地谈到赵元贵、张华、陈建中、张伟、杨元禄、刘树人……却只字不提电视卫星军事节目诞生前后他承受着怎样的压力、艰难与窘迫：节目播出时间由原来每周80分钟改为1460分钟，增加了18倍多，却缺人、缺经费、缺设备、缺场地和缺经验，而筹备时间只有4个月。他只字不提自己为了保证卫星频道如期播出，忘记了吃饭，忘记了吃药，有时通宵达旦，忘记了自己的存在。

“刘效礼情怀”还有这样一个方面：心地善良，表里如一，感情丰富，乐于助人。只要你同他的战友们接触聊聊，你就会听到这类话：“这人心太善、太直、太慈”。有道是：“男儿有泪不轻弹”。可刘效礼遇到动情处哭得稀里哗啦，跟孩子一般。让你根本不相信他是一位豪爽的山东大汉。

有一天，刘效礼在家里手捧路遥小说《平凡的世界》入神地沉浸在书中的情景之中……读着，读着读着被书中的故事情节感染，泪珠顺着脸颊往下淌。这倒也罢了，淌到后来，抑制不住情感的闸门，又担心家人笑话，索性将自己关在书房里，哭得有声有色，淋漓尽致。他的几个女儿在书房外听到父亲的哭声，好纳闷：“爸爸怎么啦？”

有一年，刘效礼去内蒙古采访边防部队事迹，听到动人处，鼻子一酸，当着一群战士的面，串串泪珠滚下来。一个小战士赶紧递上一条毛巾，小声说：“首长，擦擦脸吧。”刘效礼这时才感觉有些失态。泪眼蒙蒙中，他突然发现卫国戍边的官兵们酷似在那恶劣环境中顽强生长的干枝梅，凌霜傲雪、坚韧不拔地守卫在祖国的边疆。不久，一部脍炙人口的电视片《干枝梅颂》问世，由他作词的《干枝梅啊，干枝梅》也随之唱遍兵

刘效礼将军

营哨卡，大江南北。

1976年7月28日，唐山发生了强烈地震，并严重波及北京。当天下午，刘效礼接到前往拍摄采访的任务："中央急于知道地震的情况，你去完成这个任务。要求是：及时、迅速、准确、快去快回。"他二话没说，和许佑宁同志一道，带着摄影机、胶片，还有刚从食堂领来的一麻袋大米和一包咸菜，坐着吉普车直奔唐山，4个小时后到达灾区，成为1976年唐山大地震后最早赶到灾区的记者。

他俩一到唐山灾区，异常吃惊地发现：唐山毁了！街道两旁，摆着一具具用塑料或棉被裹着的尸体，散发着阵阵腐烂的臭味。活着的人还没有从地震的惊吓中清醒过来，木然地坐在死者身旁，悲伤却极少有啼哭。还有刚刚从废墟中爬出来，满身尘土，一脸惊恐。空中的救灾的飞机盘旋着撒着慰问信和食物，为数不多的解放军医疗队在街头为群众医治伤痛，一辆辆军车拉着食物、药品涌进市内，也有一些汽车拉着尸体开往城外……

刘效礼和许佑宁一进城区，就扛着摄影机，流着热泪，不顾大地频频震荡，冒着生命危险开始了抢拍。大量的移动镜头是在汽车上拍的，强调快而准确，突出重点。当天下午重点拍摄了灾情，详细介绍了车站、新华街、陶瓷厂等市内主要设施的震情。第二天上午，重点拍摄了救灾场面。他们是第一家到达地震灾区新闻媒体中央电视台的代表，是第一批亲眼目堵唐山大地震惨状的记者，也是第一个将震后唐山的全部实况资料录下来的人。

刘效礼和许佑宁拍摄得很艰苦，当看到灾民们家破人亡，无家可归时，顾不上忍饥挨饿，把从北京带来的大米和咸菜统统送给了灾民。渴极了喝不到水，他们就和灾民一样喝游泳池里的污水。夜深时，他们和司机等4人挤在唐山地委大院水泥地上的一张草席上，水电不通，酷热难耐，四周一片漆黑，余震不停，再加上四处弥漫的尸体腐臭味，掺杂着时断时续的哭泣声，更加难以入睡。他们只得就轮着喝口药酒，虽不解渴，但能抵消尸体腐烂的臭味……

两天两夜的突击抢拍，完成了近七千尺的资料片。他们饿着肚子将片子带回北京，同行们看了这些片子，无不感叹地说："这是用泪水浸泡出来的啊！"

短短10年，他在中国电视史上创下3个里程碑，在亿万观众中产生浓烈的"刘效礼现象"

1993年，石家庄陆军参谋学院两位研究生从分析刘效礼创作道路入手，发现在中国电视荧屏史上出现的"刘效礼现象"：

短短10年间，他在中国电视史上创下了3个里程碑，即1987年7月播出的《让历史告诉未来》为第一个里程碑；以1991年11月18日播出的《望长城》为第二个里程碑；第三个里程碑则是1993年12月播出的纪录片《毛泽东》。中国的电视纪实艺术，也由此走向成熟。而1997年元旦推出的17集文献纪录片《邓小平》则创造了中国电视史上一个新的辉煌。

这，颇有见地，也言之有据。

1987年8月，河南开封油机厂马建军在来信中这样写道："《让历史告诉未来》拍出了民族的气魄，拍出了国威、军威。他不仅是纪念历史的一曲颂歌，而且是鼓舞全国人民积极投身改革的进军号。"

鞍山教育学院左刚更是满怀激情地在来信中赞扬《让历史告诉未来》"达到了炉火纯青的地步，熔历史、现实、未来于一炉；它既有宏大场面的概述，又有细腻生动的细节描写，宏大的气魄，壮烈的场面，传神的细节，扣人心弦，催人泪下。感谢摄制组为我们录制了这样一部好的电视片。"

在全国引起强烈反响的《让历史告诉未来》，成为当时中国电视史上拍摄规模最大、时间最短、效果最好的一次，奠定了中国电视片的第一个里程碑。它的意义远远超出了片子的本身，以《让历史告诉未来》模式的纪录片频频出现在中国电视荧屏上。

这是一个值得中国电视庆贺、纪念的日子。

1991年11月18日，北京时间20点整，中央电视台和东京广播公司（TBS电视台）同时、同分、同秒播出《望长城》，两国电视台都创下了纪录片的最高收视率，据不完全统计，全世界至少有6至7亿人目睹了长城风采。直到现在，中国电视界仍评价是《望长城》改变了中国电视屏幕。原广电部副部长兼中央电视台台长王枫赞扬"《望长城》是中国电视界的又一个里程碑"。

起步于1958年的我国电视纪录片，在其发展历程中形成了自己清晰的发展脉络和完整的风格群体，新闻纪录、文化反思也好，平民纪事、生存关照也罢，甚至是人物立传等多种题材内容的纪录片，都得到了较为充分的实践。进入80年代，我国电视事业有了新的发展，以"教化与指导"为创作理念的纪录片面临新的突破，"高高在上俯视大众、众人皆醉我独醒"的文化纪录片走到了边缘，这一体裁的思想主题设定和艺术表现方式都亟须有一个新的突围。

1992年2月，首都电视界举行了一次《望长城》研讨会。会上，刘效礼的老领导、原新闻部主任夏之平说：我是看着刘效礼长大的，长城挡不住他，我相信他还会有大作品问世。正是在这次研讨会上，刘效礼的思绪凝聚着1993年12月26日——毛泽东诞辰100周年的日子上，第一次提出拍摄《毛泽东》的动议，这在当时，拍摄伟人传记片，在中国电视界还不曾有过。刘效礼的动议未获批准似乎也在情理之中。

一年后的1993年初，他再次提出拍摄《毛泽东》的具体设想，杨伟光台长欣然拍板："你们是国家队，要拍出国家队的水平。"此时，距12月26日还不到8个月。中国第一部纪念伟人的电视文献纪录片《毛泽东》就这样提上了拍摄日程，刘效礼出任总编导。

"文献纪录片是利用影视的多种表现手段，对重大的历史事件或一个阶段的历史发展进程进行多角度、多侧面、多层次、多方位的回顾、审视和观照，是对一个国家时代进程的真实记录。在我国，此类纪录片的创作已有几十年的历史。如20世纪50年代的《中国人民的胜利》,60年代的《光辉的历程》，70年代的《星火燎原》，80年代的《让历史告诉未来》等。但使用'文献纪录片'这一称谓的，却是始于1993年摄制的电视文献纪录片《毛泽东》。"

在谈到"文献纪录片与文化纪录片"有什么不同时，他自有独到的见解："真实是纪录片最大的魅力，真实也是纪录片的基本原则，文献纪录片在这方面比文化纪录片要求更高。历史题材文献纪录片的文献本质，决定其终极追求是在屏幕上表现一段最接近真实的历史，由于时间和空间的隔膜变化，对今天的观众而言，历史是支离破碎、模糊迷离的。观众期待的是对真实历史过程的感知。因此，每个严肃有良知的文献纪录片编创者，都在力图通过某一重大历史题材的电视创作，给观众提供一个鲜明的审视历史的角度，使观众了解历史；同时，为接近历史的真实而努力寻找恰如其分的表现手段，多挖掘有价值的文献资料和细节"。

话是这么说，可是，在当时的我国电视界还不曾有过文献纪录片，特别是拍摄伟人的文献纪录片，必须具备体现"独家"、"首次公开"、"带有解密性"并能"切中片子主题"等特点的文献资料的价值上。

说起拍摄文献纪录片《毛泽东》，刘效礼似乎有满肚子话要说：

"也许是因为毛泽东太伟大了，留给人民的印象太深刻，在创作上全面，准确地把握这一伟大人物实在太困难，不能容忍有一点懈怠。那些日子真是苦思冥想，寝食难安，足足有七天七夜的深思熟虑，在'编导阐述'中讲了四条也可以说叫'四点方案'：

"第一，纪念毛泽东诞辰100周年意义非凡，机会难得，我们摄制组的每一个同志都要珍惜这一机遇，一生接受毛泽东思想的哺育，现在该是'还愿'的时候了。

"第二，毛泽东是人不是神，但他决不是一个普通的人，片名就叫《毛泽东》，无需任何修饰，因为毛泽东本身就是一座丰碑。

"第三，我们的任务是：用电视的手法，从12个不同的侧面为毛泽东立传，为20世纪的中国立传。从这个意义上说，我们要用史学家的眼光和正史的笔法，把《毛泽东》拍摄成一部传世之作。人生在世，毁誉各半就是胜利者。对毛泽东晚年的错误，不必回避，但要入情入理。"

刘效礼最后强调："《毛泽东》既要有别于《让历史告诉未来》，又要不同于《望长城》，创意要新，形式上要不落俗套，但纪实主义本质属性不能变。对于这一点，关键是如何突破自己，打倒自己。要站着拍，而不是跪着拍。站着拍，指的是平视；跪着拍，意思是仰视。这不是两种拍摄角度的转变，而是两种拍摄理念的根本改变，是要突破人物高、大、全的程式化表现模式。过去，在纪录片中，我们所看到的领袖人物都是居高临下的。'文革'时期，拍摄领袖形象（包括领袖挂像）时，甚至规定只能由远推近，不能由近拉远，理由是'领袖不能离人民越来越远'。毛泽东是人不是神，拍摄《毛泽东》一定要突破这些条条框框，突破过去对领袖人物的神化，以平视的角度，展现一个历史真实的毛泽东，而不是一个高高在上的神。”

刘效礼在这些基本理念的指导下，凭着排除万难拍好《毛泽东》的一腔激情，率领他的摄制组团队兵分三路，与时间赛跑，沿着毛泽东的足迹，顶着盛夏酷暑，跋山涉水，连续拍摄。在3个月的外拍任务中，他们用史家的眼光和笔法，充分调动电视手段，攻下一道道难关。他们跑遍了全国28个省、市、自治区，采访人数高达276人，其中外国已卸任的首脑人物就有17人。终于完成了中国第一部伟人传记片。

1993年12月26日，《毛泽东》这部长达600分钟的文献纪录片，首次在中央电视台第一套黄金时间播出，覆盖60多个国家和地区的第4套节目和香港亚视、美洲东方卫视也先后播放了这部巨片，在海内外产生了巨大影响，收视率达到了29.8%。这部巨片使亿万观众看到一位走下神坛的毛泽东，人们欢欣鼓舞，有的观众甚至买了这部片子给女儿当嫁妆。一些老同志说，我们要向你们摄制组深深鞠一躬。刘效礼的红色经典创作之路由此开始。正如刘效礼所言：“有人说，纪录片是人类的‘生存之镜’。我说，纪录片就是给国家续家谱，是影像史记。从某种意义上说，我们正在拍摄历史，我们要把历史的内容还给历史。”

刘效礼就是这样，每推出一部电视纪录片，总是在亿万观众心里激起

层层波澜，引起强烈反响。他的名字也随着他的作品传遍大江南北，蜚声海内外，形成了浓烈的“刘效礼现象”，电视界赞誉他是“开先河者”，“为中国电视纪录片创造了新纪元”。

这，同样不是溢美之词，有由他担任总编导而摄制的一部部获得大奖的电视片作为佐证：

《千枝梅颂》获1980年全国电视节目评比一等奖；

《说凤阳》获1980年全国电视节目评比一等奖；

《长征——生命的歌》获全国电视评比一等奖；

《让历史告诉未来》获全国电视评比特等奖；

《望长城》获全国电视节目评比特等奖；

《毛泽东》获全国电视节目评比一等奖，“五个一”工程优秀节目奖、全国电视军事节目评比特等奖；

《中华之门》获全国电视评比一等奖；

《中华之剑》获全军电视节目评比特等奖、全国电视评比一等奖、中国好新闻评比一等奖；

……

1988年，刘效礼被评为中央电视台高级编辑。1992年，刘效礼成为享受政府特殊津贴的专家，北京广播学院、人民解放军南京政治学院、石家庄陆军参谋学院兼职教授，党的十四大代表。1997年7月，中央军委主席签署命令，授予刘效礼少将军衔。

2001年，刘效礼又推出6集文献片《孙中山》，获“五个一”工程奖。

2003年，获中国电视金鹰奖20年突出贡献奖。

2004年，获中国视协特别成就奖。

面对这些荣誉和成就，刘效礼冲我淡然一笑：“片子拍完算是干了一件事，还了一个愿，没想到获什么奖。如果说有点什么成功，总是要把自己否定一次，这很难，但我必须这样做。”

成功，永远属于从容否定自己的勇敢者。今天将自己否定，明天就将成功地站在更高的起点上，为亿万电视观众捧上更多的高格调、高品位、高水平的精神食粮。

这就是我们的“电视将军”！

凌霄云，人生的一部大书

这些年来，笔者写的人物传记不少。但是，今日笔端凝聚的这位85岁的老者，却让我极为感叹与沉重。

因为，他每天要打4针胰岛素对付严重的糖尿病；

因为，他先住在北京医院、后住进广安门中医院，浑身扩散的胰腺癌细胞已经高达5000，完全靠针剂来止那常人难以忍受的疼痛，连春节也不能回家与亲人团聚，共享天伦之乐。

更因为，他4个月前癌细胞达到1000多时，来日无多，朝不保夕，心心念念魂牵梦绕的却是想最后再拼搏一把，最后再看一眼生他养他并为之流汗流血的故土和情同手足的父老乡亲，也好把没有来得及做完的事情有个交代。

就这样，绝症缠身的他，瘦骨嶙峋，步履蹒跚，只身南下，历时一月，在江苏境内奔波了8个县市。他每到一地，会故人，见老乡，忆当年，话家常，日程排得满满当当，加上夜间失眠，累得他一到泰州就怎么也动弹不了了。地方领导、医生再三苦劝他住院。他一想，不行，若是住进去一旦出不来，岂不给地方政府添乱？他咬咬牙，强忍病痛折磨煎熬，硬是坐上火车坚持回到北京。

“凌老，您疯了？癌细胞达到三五百就得住院。您瞧瞧您，都快窜到两千啦，还跟没事人似的满世界跑，让我们怎么

“老革命”凌霄云（凌霄云提供）

说您！”

北京医院医护人员一检查，天哪，他体内的癌细胞一倍、两倍一直升到4倍！急得心疼直埋怨。

他淡然一笑，满脸挂满歉意。

这位将生死置之度外的老者，现名凌霄云。

纵观他的一生，堪称人生的一部大书。也许有读者会说，这年头，除了骗子是真的，其余呀差不多是假的！都是你们这些舞文弄墨者的添枝加叶、胡吹神侃，肯定又是一假货。且慢，容笔者据实叙说，你呢平心静气地细阅，也许能与笔者的认知不谋而合呢。

数年前，凌霄云出版了一部名为《求索集——探索具有中国特色环保道路》书稿，中国科学院生态环境研究中心研究员、国际人类生态学会副主席王如松先生别致地用一首抒情诗《求索——一个老共产党员的生态情怀》作为“后记”，概述了凌老高风亮节、赤胆忠心的一生。这里，不妨撷取几段作为本文的几个小标题。

投身新四军苏北抗校，请缨突击队鏖战黄桥。
稽税抗日征战黄海之滨，智斗寇、汪、顽海陵卧巢

凌霄云出生于1921年8月。他的故乡在长江下游紧挨北岸的江苏省境内泰兴县宣堡区花彭庄。

1940年，正是我新四军抗击日寇到了急需补充兵源的最关键时刻，其父凌玉斋深明大义，在花彭庄扯起一面大旗：除了凌玉斋父子外，还有4个侄儿、两个侄孙，3代8口参加新四军一道去抗日！

这一壮举，岂止在小小的花彭庄，连周围七乡八镇都引起了轰动效应。只见那父送子、妻送夫、妹送哥……在三泰（泰州、泰兴、泰县）大地成为壮大新四军、激励抗日斗志的一道亮丽风景线。最后，由凌玉斋带队，150多名凌霄云家乡的青壮年意气风发地开赴黄桥参军。

时任新四军一支队挺进纵队司令员、共和国诞生后出任江苏省副省长的管文蔚亲切接见了凌玉斋、凌霄云和他的叔伯哥哥。管文蔚司令员兴奋地赞许道：“你们创造了奇迹，3代8口参军，这真是奇迹！”

年轻的凌霄云一米六的小个头，虽然显得“袖珍”一些，但是，我们从他珍藏至今的一张照片中看到他完全够得上一位英俊的帅小伙。他上过3年私塾，相当小学毕业吧，在新四军里头算得上一个小秀才呢！这

不——参军后没摊上扛着机关枪嘟嘟地打鬼子，却干上了待在机关里的税务填票员。这让一心杀敌的凌霄云浑身没了劲、散了架。

1940年11月14日，在从海安县城开往东台县城的一艘汽艇上。“陈军长——”苏北财政经济部部长朱毅把凌霄云往新四军代军长陈毅面前推了推，介绍道：“这是我们的小财神菩萨。”

凌霄云立即叫了声“陈军长”，并向陈毅敬了一个标准的军礼。

陈毅兴致极高地端详着这个小个头，诙谐地笑笑：“好嘛，国民党不给我们发军饷啰，不让抗日，想饿死我们，没有什么了不起。我们自己收税，扩大新四军嘛！”说着，他的目光扫了扫串场河岸边成片的芦苇荡，信心满怀地：“我们要打鬼子，要靠敌人给我们送武器。但是，我们也要有自己的兵工厂！”他拍拍凌霄云的肩头，语重心长地：“小鬼，你可不能饿死我们噢！就靠你们给我们吃饱饭打鬼子啰！”

虽说陈毅的一番话对他有所触动，但心中的结还是没有解开：参军是真枪真刀地跟鬼子干的，怎么让我当起了“税棍子”？

然而，当他到了东台县当上了“税棍子”之后，方知这份差事并不比跟小鬼子面对面拼杀来得简单轻松，同样是在抗战，同样有流血牺牲，还要蒙受不白之冤，甚至成为冤死鬼！

东台县城东南方的黄海边上，有一座停靠渔船300多条、在当地算是不小的渔港。每当4月鱼汛来临，那是渔民们喜获丰收的季节。只见全港300多条渔船竞相扬帆出海捕捞春鱼（即黄花鱼）。

渔民们满载而归却无法喜悦，闹心的事儿就在新四军管辖下的征税手续过于烦琐和死板。单是收个渔业税就需要五道程序。

结果，待到渔民们把一道又一道手续办了下来，辛辛苦苦捕捞上来的一条条新鲜黄花鱼，经那么多的纳税关卡折腾下来，差不多快成了一条条臭鱼。渔民们要全家出动，肩挑车拉把鱼不是运到市场上去卖，而是要运到50里外去完税，时间至少要一天。这样一来，眼看要变质的鱼能卖个好价钱？做梦！能给个仨瓜俩枣就算是烧了高香。渔民们心疼啊，他们实在忍不了了，终于发出“简化手续，承包税收”的强烈呼声！

全港渔民每年完税通常在30万法币左右。这30万法币是个什么概念呢？打个比方吧，相当于150个团一个月的生活费。算算看，老区人民为抗战作出的贡献多么巨大！

刚刚上任的港税务分所所长凌霄云与渔民们心连心。他为了说服上级，先征求当地渔会、商会意见。两会表示全力支持，提出“不让抗日吃亏，保证渔民分文不少地交纳税收，缺多少两会负责补多少”。

两会深明大义，让凌霄云好感动：新四军的税收员就是要想着老百姓，方便老百姓。他为民请命，力主简化手续，由渔民承包税额。遗憾的是，县税务局局长回答他的口气可以斩钉截铁：任何人没有改变税务章程的权利！

多少回，他劝局长听取群众意见；

多少回，他建议局长向上反映……

凌霄云太天真了，堂堂局长能听你这个新兵蛋的？

认准“人民第一”的他，顾不得局长的脸色，毅然越级前往苏北财政经济部所在地——角斜，找到了朱毅部长如实作了汇报。

教条！不赶快地解决这个问题，渔民遭受的损失就太大了。朱部长果断决定连夜和凌霄云一道赶到渔港，并派通信员通知那个从中作梗的局长火速赶来。

在渔港，朱部长、凌霄云和那个局长一道听取渔民意见，论证承包的可能性，最后肯定了军队税收与渔民收入两保证的承包之策——每年春汛交纳30万法币税金。

在部长面前告老子的状！想穿小鞋是吧？老子成全你小子！那个局长不显山不露水地把凌霄云调往东台县毗邻的台北县（今大丰市）大桥乡直属税务分署。

大桥乡，当时比村庄大不了多少的海边小镇，也就百十来户人家，没有什么税源，根本就收不上来什么税。

那个局长明摆着是要给他一个下马威，杀杀他锋芒毕露的气焰，日后在老子面前乖乖的。哪知，宁折不弯的凌霄云不吃这一套。不是没有税源吗？那就想方设法开源节流。他走村串户进东家走西家，调查研究，亲力亲为，见这里盛产棉花，就帮助买台轧花机，办起轧花厂；他劝百姓养鸡养猪发展生产。渐渐地，百姓生活有了改善，开始有了税源，税收也就渐渐增加了。

不久，日寇卷土重来，开始了灭绝人寰的“大扫荡”，税务部门撤所回局，凌霄云出任东台县税务局出纳员。他为了将每一分税收都用到抗战中，没日没夜一心扑在工作上。他哪里知道，一个欲置他于死地的阴谋在暗中涌动。

这一天，那个局长召集局里会计、填票员和凌霄云谈话，披露了“盘账时少两千元”的严重问题。没得命嘞，在那时，别说“少两千元”，就是少200元，给扣上一个“贪污”罪名，立马就能被拉出去吃枪子了！“少两千元”，谁吃了豹子胆？全局上下跟陷在地震中心一般胆战心惊，人人自危。

“局里发生这么大的事情，按规定应该由上级——也就是财经部调查处理。你们3个人走一趟角斜。”那个局长说罢，亲手交给会计一封信。

信里写的什么，难道局长他？会计看看手中的信不免狐疑起来，看看再说吧——啊！

“我局凌霄云工作吊儿郎当，经常下馆子。这次盘账账面上少了两千元，极有可能是他贪……”

那个会计看到这儿，哆嗦的心猛地往下一沉：凌霄云完了！两千元够枪毙10次啊！他倒吸了一口凉气：人命关天的大事，堂堂局长怎么能随便怀疑革命同志呢？他悄悄地告诉了凌霄云并提醒道：局长这是要借财经部的手活活地整死你！

凌霄云听到这里，禁不住震惊万分，很快就哈哈大笑：“借刀杀人？来吧，没得关系。我凌霄云走得正行得正，20年后又是一个顶天立地的小伙子！”

在角斜，正在部署打仗的新四军某团团长看罢来信，用鼻孔哼了一声，一脸不屑地：“贪污两千元？没说的，拉出去毙了！”战争年代，处决一个人大概比掐死一只兔子难不了多少。

这时，已将生死置之度外的凌霄云，脸不变色心不跳，高声喊道：“请转告司令部，我死了不要紧，不能把真正的贪污犯放跑！”

粗中有细的团长望着他的凛然之色，不由得喃喃自语：“这其中是不是有什么隐情？要不，先送财经部弄清楚情况再说。”

朱毅部长指着凌霄云的鼻子，一脸痛惜地责问道：“小鬼，你怎么搞的嘛？”

凌霄云从见到朱部长的第一眼起，心中就升腾一股委屈之情。他眼含热泪，理直气壮道：“朱部长，你到东台去打听打听，只要有3个人能证明我贪污了，你就把我拉出去枪毙！”

数日后，真相终究大白，少的那两千元是会计一时疏忽少记了一笔账。

后来，那个局长因“男女关系问题”，又牵涉到贪污，害怕小命不保，逃之夭夭开了小差。这真是假的真不了，真的假不了。

差点丢掉性命的凌霄云改任东台县税务局分局主任。解放后任上海市委书记的陈国栋又给他加上一职：县局业务主任。这是1941年的事情。他已经是新四军的一名营级干部了。当年，他年方20。

前面写道，凌霄云是他的现名。其实，他有4个名字，按凌氏家谱

“学志成道，百世忠贤”8个字，他属“成”字辈，天亮生的，“五云各晓日”，取名凌成五。不久，觉得此名有点儿俗，改啥好呢？当年，那是风起云涌闹革命的峥嵘岁月，不仅要有“砍头只当风吹帽”的大无畏精神，还要有敢于上九霄“壮志凌云”的气概，于是改名为凌霄云。1943年，他奉三分区敌工委员会之命，以分区独立团名义转入城市，任地下武装核心组组长，独立团团长成了他的部下。这时候，因工作需要又得改名了，干脆借用老家花彭庄的名，以花为姓、彭为名吧。没多久，苏中行政公署专员兼敌工委员会书记朱克清考虑“花彭”易暴露身份，还以花为姓，改名为“国华”，寓“国家精华”之意。朱专员曾风趣地对他说：改为花国华，还是一朵花。不过，现在要插到牛粪堆（指敌占区）上。但你不要忘记自己是国家的精华。

就在日本侵略者奸淫烧杀，惨无人性地践踏祖国大好河山，抗日烽火燃遍长城内外，大江南北的时候，我党高瞻远瞩积极培养干部，准备全面反攻，迎接抗日战争的全面胜利。

在位于黄海之滨苏中平原台北县境内的苏中公学里，聚合着近千名优秀华夏子弟、民族精英。凌霄云便是其中的一员。他和战友们在炮火硝烟中刻苦训练学政治，自力更生搞生产，打击日寇反“扫荡”。他们自编自导自演大型历史剧《甲申记》，极大地教育和感染了苏公学员和老区人民，在广大的苏中、苏北解放区好评如潮。在这近千名军中学子中间诞生了无愧英模称号的“21个火车头”。凌霄云这个“小个头”戴着“大红花”，意气风发地代表这“21名学习模范”在评模大会上作出庄严承诺：“学习老黄忠，为革命干到80岁！”

当年的“火车头”果真能履行这一庄严承诺，成为现代老黄忠吗？待后再叙。

进军都市，顶糖衣炮弹，肃反剿特老公安。接管敌特外企，闯出“颐中道路”

谈及凌霄云进城之初“顶糖衣炮弹，肃反剿特老公安”的传奇故事，颇有可圈可点之处，曾轰动全国的影片《51号兵站》中就有出自他生活原型的细节。

这里单表他如何“接管敌特外商企业”，闯出“颐中道路”，展示我人民军队在艰苦卓绝的战争年代，岂止在战场上英勇善战，所向披靡，就是在陌生的经济战线上也是藏龙卧虎，人才辈出。

“颐中”，好家伙！一个在中国老辈烟民中响当当的名字，英美烟草托拉斯集团公司在华子公司——颐中烟草公司。它垄断我国烟草业经历了漫长的半个世纪。

这家公司原名英美烟草公司。直到1925年五卅惨案后，全国范围掀起了抵制外货热潮的时候，“颐中”觉得在我国的日子不好混了，这才被迫改为颐中烟草公司(简称“颐中”)。早在1902年，英美烟草公司刚刚踏上中国这块土地收购花旗烟商时，仅在上海浦东有一家百余人的小厂，包括原料与存货在内只花去12万两银子，按当时汇率计算约合12万美元。这就是它在中国最初的投资。

几十年间，“颐中”凭借美英对华的炮舰外交，不择手段地进行掠夺，榨取高额利润。加上从清王朝到国民党腐败政府那里享受着多种政治上、经济上的特权，到抗战前夕，“颐中”资产急骤膨胀到28840万元。折合美金约8480万元。35年间的资产总额猛增700余倍，利润总额高达148951万美元，相当于1935年账面资本额46179万元的3倍多。仅颐中运销公司自1935年成立到1941年太平洋战争时止，6年所赚利润等于资本7500百万银元的4倍。

“颐中”在上海、天津、青岛、汉口、沈阳、营口、长春、哈尔滨、香港等地设立了11家卷烟厂，拥有卷烟机466台；在上海、天津、汉口、营口等城市建立了第一流的印刷厂；还在上海、青岛、潍坊、许昌、凤阳等地建立了6个大型烤烟厂；并在各产区购置房地产，向农民发放烟种和贷款，设立烟叶收购站点；销售网点遍布全国2000多个市、县和城镇，成为从原料生产、收购、复烤、印刷、机械、卷制、运输和仓储等无所不包、职工达25000人的庞大的烟草王国，控制着我国卷烟生产和市场60%—70%的份额，上海、天津、青岛、汉口等城市达到70%—80%。

“颐中”疯狂掠夺，高度垄断的胃口，大得恨不得一口吞下整个中国。哪里有利可图，哪里就有它一只只赚取最大利润的黑手。这一黑手肆无忌惮地伸向我国的地产、建筑、房屋、保险、投资、证券、储蓄、影片、广告等行业，几乎无孔不入，无所不包。

在这个独立王国里，颐中烟草公司、花旗烟公司、老巴夺烟草公司等承担制造职能；颐中运销公司、大美烟公司、永太和烟草公司、启东烟公司则专职销售；振兴烟叶公司、花旗烟叶公司、许昌烟草公司等负责原料生产和复烤；至于首善印刷公司、宏安地产公司、昌业房地产公司、中国包装公司、英美证券公司、颐中储金公司、老晋隆洋行、太平洋投资公司、宝塔（浮图）保险公司、阿克美翻砂厂、红印影片公司、腊明打字厂等20多家公司，就更是包罗万象，应有尽有了。

曾任北京大学校长的美国驻蒋介石政府大使司徒雷登曾经自豪地说："英美在中国有'三个伟大的机构'——教会、英美烟草公司、美孚石油公司。"

1951年8月23日，我人民解放军上海市军管会主任陈毅、副主任粟裕命令刚刚担任德昌烟草公司经理的花国华："查本市美商花旗烟公司业经本会决定，加以军事管制，兹任命花国华为该公司军事管制专员，仰迅即到职工作为要。"

对于这样一家垄断了我国烟草业整整半个世纪的英美托拉斯王国，一个纵横交错、超级规模的联合舰队实行军事管制，若是放在今天，怎么也得兴师动众，派上三五个将军，一个团或一个师的兵力，或三五个部级、两位数司局级甚至加上3位数的随行人员，一番番大会小会轮番动员和为期不短的学习集训……可是在共和国建立之初，百废待兴，人才奇缺，没有什么条条框框，清规戒律，更不懂官僚主义为何物，强调的也只能是以一当十当百，快捷和效率。许多事往往是先干起来再说，在干中学，学中干。

凌霄云这样一个只读过小学、不懂外语的"大老粗"，仅让其率4名骨干，外加一个排兵力实施军管，与外商周旋，"舌战群儒"，打一场不见硝烟的战争。他肩头的压力究竟沉重到何种程度？他究竟能将这从未经历过的军管进行到什么程度？他来不及、精力时间也不允许他去细想破解这一个个问号，唯一想到的是祖国和人民的信任和重托，他的肩上纵有千斤重，只能挺直腰杆别趴下，坚决打好攻坚战。

8月24日，即陈毅、粟裕下达命令的第二天，凌霄云就带着一排解放军战士乘军用车到达花旗烟公司。

他们被眼前的一幕惊呆了！公司门口群情欢腾，"欢迎解放军军管花旗"的口号声此起彼伏……工人们热泪盈眶，笑容满面，纷纷把凌霄云抬得高高地抛向空中，其他4名工作人员和两个排长也被抬进会场，邀请到主席台上就座。

工人们望眼欲穿啊，祖国新生了，上海新生了，可工厂还掌握在洋人手中，多么盼望能早一天获得解放当家做主人啊！

会上，凌霄云宣读了人民解放军上海市军管会的命令，严正指出：今后花旗烟公司的业务活动要在军事管制下进行，重大事情要经专员批准。一切美国人必须严守法律，执行军管命令，一切物资没有专员的盖章不得出厂，违抗命令者按军法处置。他要求广大职工协助专员办公室搞好军管，清查物资账册，搞好生产。

军管第二天，凌霄云就雷厉风行、有板有眼地展开工作。他一连串的举措，令美英老板对这位“小个头”军管专员不得不刮目相看。

他面对“花旗”与“颐中”两家企业和由16个国籍组成公司人员等复杂关系，首当其冲是要查清花旗烟公司的庐山真面貌。欲达此目的，突破口是花旗烟公司的董事长克特珍。

凌霄云抓住他急于回国与家人团聚的心情找其谈话，向他交代我国政府的“坦白从宽、抗拒从严”，对美国政府和广大人民区别对待等政策，委婉地动员他交待花旗烟公司的有关问题，争取从宽处理。克特珍听后，脸上露出一丝笑容，表示一定老实交待。

从话语中，凌霄云渐渐弄清了花旗烟公司于1936年在英美烟公司的压力下，将全部股权卖给“特雷克”（Drake）公司。该家公司又将全部股权卖给了中国烟草公司。后来，又经过几次转手，最终卖给了英美烟公司。实质上，“颐中”与花旗公司同为英美烟公司的子公司。对花旗烟公司实行军管的一个重要目的是找准突破口，即弄清“颐中”与英美企业之间的问题，为接收“颐中”创造有利条件。

当凌霄云要求克特珍星期一提交花旗公司人员清册时，这个刚刚表态服从军管命令的美国人却强调“有困难”，理由是：当天下午职工不上班，明日是星期天。凌霄云想想也是。可是，军管专员的话就是命令，关系我国政府和军队的声誉。若收回成命，今后的事还怎么办？就算给他一个下马威，也要让这个美国人见识见识在另一条战线上的我人民军队！

凌霄云的口气不容置疑：星期一交出公司人员名册是本专员下达的命令。至于有什么困难，那是你的事情，应该设法克服。如不能按时交出名册，当按违抗军令依法惩处！克特珍望望一脸威严的凌专员，立马蔫了，连声道：“一定照办，一定照办。”

据说，当天下午，克特珍等人就马不停蹄地分头通知有关职员星期天加班。接着是登记、抄写……逐一将人员名册如期送达专员办公室。

军管，武力固然是必不可少的强大后盾，但大量的是需要军管人员在智慧、机警和毅力的较量中处于强势。

抗日战争的胜利，是无数英雄儿女用鲜血和生命换来的。日本侵略者投降后留下的一切财物理所当然地应该作为战利品归还给中国人民。国民党政府苏、浙、皖经济特派员办公室上演了这么一出双簧滑稽戏：让“颐中”董事、大买办沈昆三代表国民党为接收“颐中”大员。

大员们对日本侵略者在“颐中”公司生产卷烟供日本侵略我国军需之

用，利用印刷厂印制了59830多亿元的6种票面的储备票，以榨取中国人民血汗的一系列罪行，不仅不加以揭露清算，而且将日军军管“颐中”期间增加的收益和向日本“军需物资纳入组合”的借款，以及日海军部香烟订货款中尚未交货、还款部分，竟于1947年1月10日正式通知“颐中”发还产权，将相当于旧法币600亿元、本应交还给中国人民的战利品交给了英美掌管下的“颐中”。

凌霄云经请示后，立即向“颐中”法律部主任柏赉士严正提出：这笔巨额财产应作为战利品归还给中国人民！柏赉士在事实面前不得不低头承认，在“转让”合约中写上：上海烟草公司将承担颐中烟公司在日寇投降时所接收的“战利品”，应归还给中国政府的债务。

600亿旧法币！是前面写到的港春汛渔税30万旧法币的两万倍！30万旧法币是新四军115个团一个月的供给，它的两万倍呢？算算吧，凌霄云在共和国初建之时，为祖国为民族及早医治战争创伤建立了怎样的奇功！

上海当时外商在华企业为数甚多，仅英商用“怡和”行号的就有：怡和纱厂，怡和啤酒厂、怡和轮船公司、怡和肥皂公司、怡和洋行等等。在“颐中”转让给我国政府后，出现了“走颐中道路”的转让热，一方面是“转让”这一做法使外资企业比较容易接受，外资企业纷纷仿效；另一方面，在众多外资企业中程度不同地存在类似“颐中”情况，“走颐中道路”利国利民，日益成为我国政府接收那时外资企业的成熟经验。

凌霄云为了国家利益，祭起的另一撒手锏是：命令“颐中”抢救上万吨烟叶。

当时，上海土产公司有上万担原烟，因水分过高，已经开始霉变。如不及时抢救，将给国家造成很大损失。“颐中”属下的烟叶复烤厂停工，卷烟生产因市场不景气而仅维持每星期开工两天，职工入不敷出，生活困难。工于心计的“颐中”掌权者田克恩打起了如意算盘，要求向政府“转让”几家卷烟厂，其他如印刷厂、机械厂则“暂不转让”。

军管会看得十分清楚，“颐中”所提出的“转让”，实质是想把赔钱的包袱甩给我国政府，而保留能够赚钱的企业继续独立经营。可是，当凌霄云提出让“颐中”加工卷烟和复烤厂复工、抢救上万担原烟时，田克恩竟以“烤厂停工时间过长”，“设备零件不全”，“一时难以找到工人”等借口婉拒，摆出一副爱莫能助的架势。

你打错了算盘！由华东工业部安排，该部轻工业处薛葆鼎处长和凌霄云召见田克恩，命令复烤厂复工。同时，从中华烟草公司拨出6000箱卷烟生产任务交“颐中”加工，维持职工生活。这两项任务由花专员代表我方负责安排。专员办公室立即派专人监督烤厂生产，满负荷运转，顺利完成抢救烟叶的任务，使国家财产免遭损失，也让不可一世的美国老板领教了我军管会的命令是不能讨价还价的。

尤其是，我方人员利用监督执行抢救烟叶的任务，进一步了解和熟悉各厂人员、生产设备、工艺技术、卷烟配方等情况，进一步摸清“颐中”生产全过程，为接受“颐中”后组织生产和经营管理打下坚实基础，更为我国烟草行业掌握在没有美国烟叶原料的情况下，利用国内原料也能生产出高级卷烟的工艺技术。

“转让”，实质上是我国经济生活中的一件大事。对榨取中国人民血汗的外国公司实行军管、“转让”，这可是中国人民多少年来连想都不敢想的事啊，居然成为活生生的现实，而且探索出一条行之有效的“颐中道路”。我们能不为始终坚守“国家和人民的利益高于一切”的凌霄云拍案叫绝？

许昌三年蹲点，他探索育种新路，生产高级卷烟原料。倡导小秋收，他直谏中央……

如果说，凌霄云将外国在华公司军管搞得有声有色，成就斐然，那么，他率国务院烟叶工作组深入“许昌三年蹲点”的作为，那就更加令人肃然起敬，堪称一绝了。

1963年，国家三年困难时期的最后一年，国内工农业生产出现了转机。中央决心不失时机地抓住机遇，打一场农业特别是经济作物的翻身仗，让饥肠辘辘的农民能够衣食无忧。

这年8月，国务院组成庞大的近4000人的棉烟麻工作组，奔赴全国24省、市、自治区，准备用3年时间帮助地方政府把经济作物搞上去。

这次国务院派出的工作组规格之高，人数之多，决心之大，前所未有。

李先念、谭震林两位副总理坐镇北京指挥，从国家各部委抽调了600名干部，省地市派出3000多名干部和技术人员参加，统一由司局长带队。不过，这里也有例外。40岁刚出头的凌霄云被任命为国务院河南省烟叶工作组组长时，是轻工业部烟草公司办公室主任，也就是个正处级干部。这么个老革命的职务为何这么低？容后再叙。

他率领的这一工作组包括省、地区和各县干部共90多人，工作范围许昌专区内的许昌、襄县、郏县、武阳、长葛等9县。来自各单位的90多人聚到一起，初始阶段思想不统一，难免有些人各吹各的调了。从烟厂、烟草公司抽调来的干部私下猜测议论，愤愤不平道：

“依我看，这次工作组下来与整顿烟叶质量有关系。”

“岂止有关系？恐怕是工作重点吧！”

“烟叶质量太差，我准备了意见，这一次真的要好好整顿整顿！”

……

不料，从当地抽来的干部一听，心中老大的不高兴。这不是明摆着冲我们来的嘛！

这还不打紧。要命的是，讲话不会拐弯的凌霄云直抒胸臆：烟叶质量问题不容忽视。这次要抓出成效来。中央对农业生产的方针之一是高产，优质。我要求调换一下位置，改为优质，高产。没有优质就没有价值。对经济作物首先是要抓质量。

天呐！中央方针强调的位置，岂是你一个小小的处长能任意调换的！这在那个举国上下一种思想武装头脑、执行一条路线、同走一条道路的年代，凌霄云的话可犯了大忌了。

“这个工作组不是代表国家来帮助我们的！”

“是来找碴儿，跟我们农民算账的！”

“我们不欢迎这样的工作组！”

顿时，人们的议论声，牢骚话，飘飘洒洒，纷纷扬扬。

没多久，许昌地区9个县联名状告凌霄云的信送到了省政府。信中这样宣布：凌霄云是不受欢迎的工作组组长。他的问题有二：一、代表工厂向农民算账，不是来帮助农民的。二、他胆大妄为，连中央的方针他都要修改。最后要求省政府报告国务院，将他调回北京。当届省政府还真的同意了，并提出了要求。

“老凌，领导问你：河南告你的状了，你知道不知道？”这天，国务院财办副主任朱佩忠打电话给凌霄云。

“知道。”凌霄云平静地答道。他已猜到，朱副主任说的“领导”能是谁，不是李先念，就是谭震林。

“领导还问你，你还能不能接着蹲下去？”

“我不仅能蹲下去，而且我相信，他们三年后会挽留我的！”凌霄云毫不犹豫，话语中溢满自信。

“为什么？”

“很简单。一是我与河南无冤无仇，农民更是我的衣食父母；二是我要把许昌变成全国生产高级烟草原料的基地！”他自信的话语中蕴含着对未来的憧憬。

“你有这么大的信心？”

“有。我就是要帮助他们把经济作物搞上去。”

“你有这么大的信心就好。我马上向领导报告。”

要想蹲下去，关键一条就是要拿出行动来。

凌霄云豁出去了。他要带出一支像人民解放军那样革命化、战斗化的工作组。那时，干部下农村要和农民同吃、同住、同劳动。他带领大伙严格执行这“三同”，一点不能含糊。他们轮流在农户家用餐，一日一换，一天一毛钱的伙食标准几乎是靠红薯、红薯干填肚子。如果说跟农民有啥特殊的话，每个工作组成员比农民每天多了一只鸡蛋。

今天，有人这样嘲讽前几年的下乡干部：“一天一只鸡，三天一头羊……”此调虽有夸张之词，但是，有谁敢拍着胸脯说：“这种情况根本就不存在！”

凌霄云一天农活干下来，虽说累得筋疲力尽，晚上照样要组织学习讨论，解决思想疙瘩。他反复强调在工作组待一天就是一天国务院的干部，要讲大局，讲团结，统一思想，统一行动。那些日子，单是改进工作方法他就研究出数十条，为工作组开展工作立下行之有效的行为准则。

在烟叶秋收过程中，凌霄云敏锐地发现一个相当普遍的问题：秋收没收净。他联想到集腋成裘、聚沙成塔的典故，立即组织30多人进行复收。结果，连辛辛苦苦种烟叶的农民都震惊不已：平均每亩少收一成半！

夜深了，凌霄云的心阵阵发紧，怎么也睡不着。

“这样浪费太可惜啦！复收势在必行，一个县收的就不得了，全许昌地区呢？那可是几万箱卷烟的原料啊，每个农民瘪瘪的口袋里能多好几十元呐！如果能在全国烟叶产地开展小秋收，意义就更大了。我要上书中央，建议在全国展开！”

李先念很快就在他的报告上作出批示：“此件很好，发到生产队，立即进行复收。”凌霄云将此报告同时抄送不欢迎他的许昌专区和省政府，很快得到重视，许昌专区立即行动起来，布置小秋收。

想想看，从生产队长到地区负责人，若干层的大大小小的干部成千上万，为什么没有发现这个问题，而让从北京来的凌霄云察觉了？是心中牵挂农民不如凌霄云那么执著，还是“位卑未敢忘忧国”不如他那么强烈？的确，凌霄云是要和农民算账。但是，他算的不是侵占农民利益的账，算的是要让农民得到真正实惠、日子能够好起来的账。其实，每一位忧国忧民的干部都会这样时时算账的。

凌霄云压根儿就没把省地县视他为“不受欢迎的人”当回事。他顾不上这些，胸中心心念念谋略的是宏伟蓝图——建成5万亩高级烟草原料基地，把许昌变成我国的烟草王国。

“我专门挑来20多名专业技术干部参加工作组，从土壤调查直到培植优质烟叶的技术人才都齐了。目的何在？只有一个，用3年时间在许昌地区搞一座5万亩高级烟草的原料基地！”

这天晚上，他约许昌专区王专员进行一番长谈，用上面这样几句话作为开场白。

“哦——”王专员的双眸惊异得放着光，这个被我们称为“不受欢迎的人”的人，竟有如此的胸襟和胆魄！连忙真诚地说：“凌组长，请你详细说说看——”

“王专员，明人不做暗事。我仍然坚持搞经济作物要把优质放在第一位。这不是什么狂妄问题，更不是什么‘抗上’，而是实事求是、对上负责的科学态度。”

王专员用审视的目光看了看他，探讨道：“我抓了一个生产队做试点，每亩产烟叶达到1000斤，每斤2毛7分钱，一亩收益270元。凌组长，你把抓优质烟叶的效益说给我听听。”

凌霄云不谈客套，直通通地：“王专员，你抓的那个试点赶不上我抓优质烟叶的收益。我说给你听听，优质烟叶亩产500—600斤，每斤收购价在七八毛之间，每亩收益就达到400多元。你算算，一个270元，一个400多元，高出了将近1/3。”

王专员信服地点点头道：“凌组长，前些时候，咱们缺少沟通……”

“不谈这些不谈这些，说开了就到此为止。”凌霄云大度地打断王专员的话。

俩人越谈越投机，越谈兴趣越浓，大有相见恨晚的感触。一晃已经是凌晨3点。王专员提出破例招待他一顿夜餐。

“不吃了。”凌霄云摆摆手，一脸真诚地，“王专员，只要你能批准我的3年规划，剩下的所有工作，由我负责！”

“好，咱们一言为定！”四目相视，真诚一片。

凌霄云将国务院河南烟叶工作组分为11个分组派往各县，整个工作组的点放在襄城县三头店区乔庄。

在接下来的日子里，他一心扑在搞优质烟叶基地上，亲自参与调查土壤结构、改良品种、改善田间管理、改进烤坊、制定评级标准，晴天一身土，雨天一身泥……那些日子，与其说他是一位率领着90多人的国务院工作组组长，莫如说是一个朴实坚毅、饱经风霜的“泥腿子”。

凌霄云就是这样，把官当得不像个官，不显山不露水，平凡得跟平民百姓毫无二致。这才叫素质，这才叫境界。联系一些小小芝麻官或连芝麻官还不如的官，在百姓面前却把个官架子端得大大的，那么耀武扬威，那么不可一世，似乎不如此就不足以像一个官。这种无知、狂妄和浅薄之人，除了可憎，肯定也可怜！

看到这里，有人会问：凌霄云在王专员面前做出的承诺兑现了吗，还是吹了一个硕大的牛皮？

凌霄云没有食言。3年下来，许昌全区的烟叶产量增长了80%，优质烟叶更是声名远播，成为众多烟厂的抢手货。农民得到了实惠，政府增加了财政收入，这在该区历史上是第一回。凌霄云用活生生的事实雄辩证明：抓质量与提高产量并不矛盾。当地干部也由此摆正了产量与质量的辩证关系。

那些日子，慕名而至者纷纷涌来许昌，人数高达10万之众，学习凌霄云体现求真、务实、创新的八条新鲜经验。上海专门派出120多人的队伍来许昌，为特制中华烟挑选原料，首次打破了我国没有美国烟草做原料就不能生产高级卷烟的历史！

这一来，许昌专区上上下下看清了凌霄云既善于运筹帷幄，指挥镇定，又能身先士卒，摸爬滚打，确是一个为民当官的不可多得的干才。人民的眼睛是雪亮的。他们最能识别和需要这样的干部！

这一回，从3年前9个县联名扩大到14个县联名写报告，内容都涉及凌霄云，但内容截然相反：请求批准凌霄云在许昌再干两年！在这次庞大的遍布全国24个省、市、自治区的工作组中被挽留者，他是唯一！

从“不受欢迎”到“再干两年”，我们能体味多少凌霄云在这巨大的反差中，炼狱一般的日子里，付出了多少常人难以想象的孤立无助、心灵煎熬和艰辛折磨！

1965年12月的一天，中南海怀仁堂。国务院棉烟麻办公室主任牛佩忠主持大会。接着讲话的仅有3位：副总理李先念作工作报告，副总理谭震林作工作总结，处级干部凌霄云作工作组经验介绍。

台下坐着除了工作组全体成员600多人外，还有国务院各部部长、副部长。让一个名叫凌霄云的“七品芝麻官”介绍经验，不要说令到会者感到意外，就连他自己都不敢做这个梦！但是，他还是被请上了台。

“文革”中，凌霄云被诬为“野心家”。也是，一个小小处长怎么能混进中南海，那么多的部长没有讲话的份儿，倒也罢了，还要坐在台下听他堂而皇之地“说三道四”。这顶“野心家”的大帽子扣到他的小脑瓜上似乎不太合适，但是，从政治上看问题，那是再合适不过了。

凌霄云谈起这段往事，淡然道：“我这人有个毛病，或者叫别的什么，不管做什么事，也不管是司局长参加，还是部长副部长参加，我都要把我的工作做得超过别人。”

俗话说，枪打出头鸟。超过别人往往会得罪别人。幸好百姓心中有杆秤，凡是为百姓奔走呼号、做了好事的人，百姓会永远记住他。今日，在许昌大地上，在一些老人的心中，依然记得这样一个富有诗意的响亮名字：凌—霄—云！

满头白发，一颗童心，气冲霄汉，壮志凌云。
忠于理想，勇于求索，心潜生态，情系黎民。
这，就是凌—霄—云，一个老布尔什维克的革命胸襟

在接下来的日子里，他进了干校，长达10个寒暑。日子难熬还得过。他不气馁，更不消沉，照样扑下身子加深与大地与农民兄弟的情怀，开过荒、插过秧、研究过品种杂交……在穷乡僻壤愣是让水稻亩产达到1500斤，老革命也被磨炼成了水稻专家！

“文革”结束后，凌霄云改行搞起了环境保护，任国家轻工业部环保办公室正处级主任。前面写道，早在上个世纪40年代初，这位在东台税务局就享受团级待遇，随后从事地下工作，独立团团长成了他的下属，直到50年代初担任军管会专员，60年代初担任国务院近百人的工作组组长，开赴河南许昌，为国为民出生入死，劳苦功高，两袖清风，一身正气。

令人捉摸不透的是，他根正苗红，清清白白；他要文有文，要武会武；他有才干，会管理。可是，漫漫30个寒暑过去，仍然在县团职岗位上“一二一”，原地踏步！更让人捉摸不透的是：这用人的标准是什么？究竟是怎么掌握的？

凌霄云去轻工业部环保办公室上任前，陶铸夫人、时任中组部干部局局长曾志当面对他说：“你要是觉得工作分配有什么不合理的地方，可以随时来找我。”

凌霄云心头不免腾地一热，很是温暖，心说——也是时代调教出来的千篇一律之言：“干什么工作，调什么级别，那是组织上考虑的事情。作为个人，考虑的是如何尽快地把自己从外行变成内行，干出一流的工作来！”

他在环保专业上虽是外行，文化程度也不高。但，他有韧性，更有自

凌霄云在为国家环保事业献计献策（陈贻林摄影）

信。用他的话说："我有一个好动的脑筋，动得快成了精神病；我有一颗想为人民效力的赤子之心和一双不知疲惫的老腿，我还有一副很厚的老脸皮。"他透彻领悟了"整体、协调、循环、再生"的真谛，寓环境保护于经济建设之中，开创了"一低（低运转费用）、二高（高经济效益和环境效益）、三省（省投资、土地和设备）"的环保机制。正如王如松诗中对他所赞誉的那样：

四十年综合利用，
二十载自费环保。
他是华夏NGO最执著的环境卫士，
他是中国轻工业最杰出的生态先导。

数年后，当曾志见到凌霄云，了解到他仍然在轻工业部环保办公室正处级主任位置上停滞不前时，问道："你为什么不来找我？"

他笑笑，语气平缓地道出了3个字："可以了"。他这3个字，是由其终生不移的比较法支撑的：

一块儿从泰兴出来打鬼子的36人，一个个生龙活虎的战友啊，一年不到仅剩下4个人！这些为国捐躯的先烈得到了什么？

再比比普天下的老百姓，又有多少比我这个正处级强的？差老辈子啦！

做人——还是知足一点好。一想到全国轻工系统那么多的厂子要搞环保，我就是豁上吃饭、睡觉的时间，一辈子也干不完啊！哪有闲功夫去纠缠这些小肚鸡肠！

凌霄云的战友乃至部下，一个个纷纷从副局长、局长擢升至副部长乃至部长的位子而弹冠相庆时，被遗忘在一边的他心平气和，不动声色。他自有道理：为国为民干出第一流的工作，那才叫作为，才叫水平，才能问心无愧，对得起先烈，对得起百姓！

他的工作从来都是干得有声有色，为何往往被遗忘？主要不外乎这样两点：

一、有领导见这老头儿对晋职晋级没怎么在乎，大概是没开窍。就是说，你不提拔他，他不会去怎么计较，更不会去闹腾什么、纠缠什么，笃定是顺民一个。提意见闹事？嘿嘿，他连半句微言都不会有。所以，当晋职晋级碰上僧多粥少时，还是先让会叫的和尚进吧，将这老头儿晾在一边凉快凉快——照样干出一流的活儿来。呜呼，还是会哭的孩子就是有奶吃！

二、凌霄云几十年为人做事从来是眼里揉不进沙子。凡是有损国家、人民和环保的事情，他不管你是顶头上司也好，还是高他多少级的领导也罢，丝毫不马虎，针锋相对认死理，就是刀搁在脖子上，也得分清楚子丑寅卯。前面写到的上个世纪60年代中央对农业生产有条方针是：高产，优质。他硬是要求在抓烟叶生产上掉换个位置。执意强调“没有优质就没有价值。对经济作物首先是要抓质量”。说实话，他要是有一丝一毫的私欲，也不会有这个胆。无欲则刚嘛！他是幸运的。若不是遇上开明的领导人，敢把那四个字颠了个个儿，判上几年也是有可能的。

从某种意义上说，性格即命运。凌霄云的犟牛脾气确实让个别领导“有点烦”。提拔？看在你是老资格的份儿上，不挑你的刺儿就算是开恩了。于是乎，他从上个世纪40年代新四军的团职干部，熬过了青年、中年，直到进入老年，工作超前，政绩显著，家庭负担增加，物价上涨，唯独这待遇高度稳定，原封不动，他没半句怨言，不讲任何条件，前后有40年啊！到了10亿人民9亿商、举国上下挣钱忙的1982年，他到了离休的关口了，他还是怨言没半句，条件没丝毫，顺顺当当办了相关手续，其官阶——嘿嘿，仍然是七品芝麻——芝麻七品！

儿女们想不开。他振振有理，反问道：提拔别的人，那是革命的需要。我去闹腾，你们给我想过没有，什么影响？我不能晚节不保！鸣呼，没法子，老头子受的就是那样的熏陶和教育，面子比性命还重要，儿女们只能叹息一声，两手一摊，随老爷子去吧。

有同事看不下去了，要他找领导讲讲理。

他反过来劝人家："算啦，都一大把年纪了，还争什么，还不都是身外之物。"

"该你的嘛，为什么就不争一争？"

"想想讨欠工钱的农民工，城里下岗的工人，他们对国家的贡献比我小？他们什么待遇？我这样挺好，求个心安理得吧，也省去被老百姓戳脊梁骨。"

凌霄云虽为处级离休干部，"位卑未敢忘忧国"，心中想的、装的却是应该由更高级别领导想的、装的天下大事。君不信？说给你听听。老人"未敢忘忧国"的是这样两件关乎国家、民族生死存亡的大事。一是祖国城乡的环境保护问题；二是屡禁不止的党的干部腐败问题。

他站得高，看得远，忧到了要害上。他1982年退休至今20多个春秋，不顾年事已高，重病缠身，义无反顾地为国家的环保、反腐，掏空了本来就少得可怜的家当，操碎了年迈的心。王如松在诗中这样称赞老人：

> 二十年离休生涯，
> 是他潜心环保、体验生态的黄金年华。
> 六下南阳，
> 酒精厂综合利用废水变沼气，
> 三万户城乡居民因祸得福；
> 十进大丰，
> 生态县持续发展旧貌变新颜，
> 里下河生态经济如火如荼。

河南省南阳酒精总厂，我国利用工业沼气的先行者，全国工业沼气样板基地。早在上个世纪后期，就建成了两座容积为两千立方米的发酵池，取得"20立方米厌氧发酵罐"的中试成果。同时为当地民用沼气取得良好效果。南阳人从中看到了挖掘资源、保护环境的曙光，大胆地提出：建设一个"不用煤的城市"。

口号是响亮的，实践却是艰辛的。南阳人粗略测算，以两个5万吨酒精厂的废液生产的沼气，可供16万人口城市的使用。可是，从20立方米中试上升到5000立方米罐式生产及相应的配套装置，根本没有经验可以借鉴。在困难面前，南阳酒精总厂的领导和员工们不屈不挠，一直在为这不移的目标探索、奋进。

南阳人的壮举与以凌霄云为主任的原轻工业部环保办不谋而合。不料，当凌霄云提出同样的设想时，立即招来非议："没听说过一个城市能离开煤！"凌老一听，不信这个邪，非要搞出名堂让你们瞧瞧！

不过，他还算冷静，以学会名义向国家经委报告，很快得到袁宝华主任的关注和支持，亲自去南阳进行了一番调查研究，认为可行。并提出由地方集资与国家经委支持相结合，使项目尽快上了马。

从1981年到1992年11年间，1982年离休的凌霄云六下南阳，并请去了年高八旬的原轻工业部科学院副院长葛春霖教授等多位专家，帮助研究解决技术问题。他还3次在南阳组织了全国性的工业沼气研讨会、技术经验交流会，有力推动了南阳人开发民用沼气的进程。

前面写道，大丰市（今属盐城市）。解放初期归扬州市管辖，称为"台北县"，凌老的第二故乡，也是笔者出生之地。笔者曾写过一篇用于镇纸之上的小文，题曰《故乡赋》，描述了这片热土：

在烟波浩渺的太平洋西岸，有一片神奇的土地——"中国新大陆"。这里是全国首家生态建设示范市，全国四大湿地之一，世界最大的麋鹿自然保护区；这里人杰地灵，文化底蕴深厚，范仲淹筑堤捍海，张士诚率民起义，施耐庵著书《水浒》，郑板桥题诗作画…… 她，东濒滔滔黄海，南倚长江，西邻四大湖泊，北望黄河。这颗镶嵌在河海之滨的璀璨明珠，就是哺育了我们无数在京乡友，令我们魂牵梦绕并为之自豪的故土——江苏大丰。

虽说，这片热土曾被当年来自上海、南京、无锡等城市的知青们赞为"金大丰"，但她与富庶的江南相较，还是要落后好大一截。她是以农业、渔业为主的县级市，地下无矿产，土地低洼，几乎十年九淹。好在当时借助地处东部地区的优势，乡镇企业已经起步，农民尚无温饱之忧。但是，振兴这片热土的出路究竟在何方，依然是凌老日思夜想的问题。

1986年，离休后的凌老领命进行国家科委关于"乡镇企业发展与农村生态环境问题对策"的调研。调查中，他发现乡镇企业模式五花八门，层出不穷。江苏泰、海、丰（泰州、泰县、泰兴，海安，东台、大丰等地）采取种植业、养殖业和加工业“三业”走联合发展，良性循环的道路模式值得称道。它避免了重工轻农，污染严重，依赖大城市等一系列问题。

凌老参照当今世界人口、粮食、资源、环境等情况，根据我国著名生态学家马世骏教授提出的“整体、协调、循环、再生”的生态学原理和“以人为中心”的社会—经济—自然复合生态系统理论，海安、大丰等地从一定程度上已经具备了这样的基础。他和国务院环境保护办公室副主任陈西平一道，向国家科委提出了一个大胆设想，并很快形成报告：建议在大丰县进行生态规划试点。即应用现代科学技术，以建设生态农业为基础，生态型工业为主导，寓环境建设于经济建设之中，以科学灵敏的社会调控为保障，以强国富民为目标，建立高效、协调、持续发展的大丰生态系统。

在一个县的范围内进行多学科配合的生态系统工程试点是超前的，国内是首例，世界也无先例。这将为我国广大平原地区，尤其是东南沿海地区发展经济，妥善解决人口、粮食、资源、环境等一系列问题，走出一条较为理想的路子。

1987年，国家环保局批准规划试点，中科院生态中心组织了农、林、副、牧、水产、水利、能源、气象、生物等学科，工业以无锡轻工业学院为主，集中食品、粮油、饲料、纺织、服装、包装、机械、电子、自动化等专业人才，加上县里各部门共37门学科、140余人的队伍，统一在大丰县规划领导小组指导下进行。陈西平和凌老是这项工程的发起人、组织者，被聘为顾问。

顾问顾问，顾名思义，有顾就问。今日中国顾问多如牛毛，往往是既不顾又不问。谁都明白，多数顾问挂个虚名，拿装钱的“信封”而已。凌霄云当这顾问当得独特，当得另类，简直到了让人“有点烦心”的地步。

就以其书信集《一位新四军老战士对第二故乡的情怀》来说，凌老在20年间为建设大丰生态县，先后向中央、省委领导人，中央国家机关、省委、省政府，盐城市、大丰县（市）的相关部门写信，今日能找到原稿的就高达100多封、近20万字！

他肚里的墨水有限，且不论近20万字对第二故乡情怀需凝聚笔端，遣词造句，单是将近20万个汉字堆砌起来，对于重病缠身的老人来说也绝非易事。我们从这一字字一行行中不难领悟到人世间最可宝贵的情操和精神！

他先后十进大丰，好几次是只身前往。每次去时的第一餐，考虑盛情难却这才接受有关领导的招待。余者不论三五日、七八日，还是10天半月，他总是谢绝公款吃喝。通常，他每逢就餐时打一个提前量，悄悄来到街上，今儿这家街边小铺一碗盖浇面，明儿那家街边小铺一份盒饭，就将肚子的问题解决了。他这么做，还有个副产品：一竿子扎到底接接地气，听听乡亲们心窝里的话，与县里的领导交谈沟通时，也就“心中有数办法多”了。

他先后十进大丰，既没有高高在上，从听汇报开始到听汇报结束，也极少蜻蜓点水，浅尝辄止，总是深入第一线，扎扎实实取得第一手材料。在棉花地里、水稻田边，在猪圈鸡舍、在车间工地，无不留下他心系第二故乡的单薄身影。

他先后十进大丰，对第二故乡的熟悉程度令一些土生土长的干部惊叹。他从全县生态建设的远景蓝图到具体的规划了如指掌，如数家珍。他对每个项目的开发，能根据当地实际，强调良性发展。比如建造纸厂，他坚持大丰还是先上小厂，利于练兵与筹划；他主张先以棉秆为原料，发展芦苇基地，亚铵法生产，再以芦苇为原料发展制浆造纸、印刷加工体系，不与大厂争原料。

具体到全县几十个乡镇的远景规划，布局谋篇，他同样成竹在胸。比如县城东南方有座名叫小海的集镇。据传是“扬州八怪”郑板桥外婆的故乡。他就建议：

“以小海温泉为点，建立以疗养、旅游与食品、旅游产品生产为中心，建立相应的蔬菜副食品基地。利用附近100多亩鱼塘，发展多种鱼类，既提供疗养、旅游食品，又供休养、旅游人员垂钓。从小海到温泉河道两旁种植葡萄、黄桃、酥梨等果树；以兔种场为基础发展肉兔生产，为小海罐头厂提供原料，扩大生产；小海地毯厂可在旅游点建立以生产家庭装饰为主、地毯便于携带的分厂；发展小海相思鸟和鸟笼的生产，以及花木苗圃、盆景金鱼、温泉设施，招徕各方游人，有医有疗，有吃有玩，临走还可携带一些地方特产。”

凌霄云就是这样呕心沥血，绞尽脑汁，细数入微，造福一方！

其实，凌老心系环保远非是在河南省南阳、江苏大丰等少数几个地区。他凭着一个中国人的良知，以一个仍然是当年以解救劳苦大众为己任的共产党员、新四军老战士的责任心，时刻关注着、思考着祖国的大好河山究竟还有多少青山与绿水！

他离休后曾立下这样的誓言：“学习老黄忠，为党再工作20年！”他对自己的工资实行严格的“三三制”：1/3解决温饱，1/3用作车旅费，1/3用作办公费。“离休后不是没有工作可做，而是大有作为”，是他的口头禅。他还有“跟自己过不去，施加压力”的奋斗目标：“奋斗10年赶上30年的成果。”

离休后的他，从事原国家轻工业部环境保护学会理事长工作。在一无编制、二无经费的情况下，他创办了3个刊物，出了二十几本书。这些书不是闭门造车写出来的，而是科技理论与生产试点实践结合的产物。

他领导下的轻工业部环保学会承担了“轻工资源综合利用与环境保护研究”，组织9个单位、130余人参加（实际参加该课题讨论者达数万人次），实现官民并举，朝野（即学会与行政，在职与离退休干部）结合，并以离退休干部为主进行系统工程研究，完成了“轻工资源综合利用与环境保护技术经济政策建议”50条，“关于开展区域资源综合利用与综合防治的研究”11种模式、12条对策，《轻工资源综合利用选集》共7集。有关课题研究成果和背景材料共217份。拍摄了38集《抢救资源，造福人类》电视系列片，荣获“中国轻工科技进步一等奖”，这在我国轻工科研史上是第一次！

那么，上述成果花费了多少科研经费呢？说出来没有人会相信，但绝对是真真切切的事实，那就是部里拨的5万元。5万元就能完成如此浩大的系统工程研究？当然，这当中也少不了参与者无私奉献和热爱环保事业的

凌霄云用几根木条自制的简易书架陪伴其终生

精神。凌老为了录制38集大型电视系列片《抢救资源，造福人类》，把自己本来就不多的工资也搭了进去。

我国环保界专家对上述科研成果给予很高评价。中国农业生态环境协会副会长张文庆教授明确指出：

> 长期以来，只考虑发展经济，对合理地开发利用自然资源考虑不够，以致产生一系列生态环境问题，不得不进入恶性循环的怪圈。现在这个问题已成为我国经济社会能否持续发展的突出矛盾。轻工环保学会组织的“轻工业资源综合利用及环境保护的研究”提出的有关《技术经济政策建议》为解决这个问题指出了一条新路子。
>
> 《技术经济政策建议》提出的综合利用从资源抓起，治理污染从源头抓起，改尾部治理为头部利用，将废弃物资源化，化害为利、变废为宝等政策措施，观点明确，针对性强，很有现实意义。
>
> 这项课题研究和30多集《抢救资源造福人类》电视系列片，内容极为丰富，实属一项庞大的系统工程，是一项重大研究成果。如果各行各业都能开展推广，必将对我国经济的发展和环保的改善产生极大的作用。

凌霄云离休当年的8月，国家科委发现还有他这样一个自费工作的老同志，特地请他参加国家科委、计委、经委组织的“国家12个领域技术政策研究”，并让他担任了由陈西平为组长的“国家环境保护技术政策研究组”副组长。

凌霄云先后获得了“国家科学技术进步一等奖”、“突出贡献奖”、“全球奖”，原轻工业部“老有所为精英奖”等多种奖励，国家轻工局机关党委授予他“优秀共产党员”称号。在他80寿辰时，苏中公学北京校友联络组专门派代表登门祝贺，并在《苏公校友通讯》上以《当年“火车头”，今日“老黄忠”》为题赞扬了这位高风亮节的战友。

没有任何单位和个人向他下达过任务，也没有任何报刊约他撰写什么文章。凌老他心系国家环保事业，自定任务，自加压力，可谓使出了浑身解数。他拿起那算不上生花之笔，一字字一行行写了一篇篇呼吁改善环境，渴望生态平衡的激情文章。他关心着当时全国高达800万家企业的环保状况。在充分调研的基础上，写出心系人类生存环境，心系祖国和人民安危的一篇又一篇“关于”，比如——

《关于景德镇陶瓷工业对城市大气污染的情况反映》（1980.9）；

《关于开创电镀环境保护新局面的几个问题》（1983.4）；

《关于轻工业防治污染的途径问题》（1983.8）；

《关于轻工业环境保护技术政策建议》（1983.12）；

《关于如何有效控制当前工业污染的建议》（1989.3）；

《关于兴办绿色产业的建议》（1992.10）；

……

他还从理论和实践的结合上讲清问题，提出一系列独到见解。比如——

《关于奉化县4个轻工业（3个为食品工业）集中治污情况调查》（1986.11）；

《从我国乡镇企业的特点出发，制定乡镇企业环境保护政策》（1989.3）；

《探讨在山东枣庄建立绿色食品的可能与合作》（1992.11）；

……

退下来的凌老就是这样饱蘸激情，白天调查研究，深夜伏案疾书，几乎没有松懈过一天。20多个寒暑过去，高达数百万言的建议、意见跃然纸上。

浸透着这位老革命心血和胆识的文稿一摞一摞地“长高”，老人本来就没有平静过的心潮越发澎湃起来，禁不住萌生了在有生之年将心系祖国环保的文稿，分门别类编印成集的大胆设想——《求索集》、《求真集》、《求实集》、《建议录》等8部系列丛书，目的只有一个：留给领导机关和有关部门去研究、做参考，让一个环保的中国屹立在世界的东方！

2002年1月，由中国轻工业出版社出版的长达55万字的《求索集——探索具有中国特色的环保道路》一书，受到国家有关部门的重视和赞扬。原轻工业部部长杨波题写书名，原贵州省委书记、国家轻工业局局长陈士能等近十名省部级干部为该书题词。原江苏省委书记韩培信在题词中这样写道：“凌霄云同志为环保事业无私奉献，造福人类。”这，无疑是对凌老辛勤付出的一种高度肯定。

特别令他终生难忘的是，中国科学技术协会主席周光召看了这部凝聚凌老几十载心血、颇具独到见解的《求索集》后，感叹不已，抑制不住心头的激动，破天荒地从主席基金中拨出1万元作为凌老的生活补助费。

由没什么文化水平和专业知识的机关干部，写出这么一本《求索集》，引起中国科学技术协会主席周光召如此看重和关怀，固然是出于周主席尊重人才、尊重科学，但是，也说明这部书确实闪烁着真知灼见，反映了凌宵云“为环保事业无私奉献，造福人类”的精神。

那么，周光召是何许人？周光召，1929年5月15日生于湖南长沙，1947年便以优异成绩转入清华大学物理系，是一位德高望重的国家重量级科学家，我国“两弹一星”的元勋之一。早在1958年，周光召就在世界上首先提出粒子的螺旋态振幅，并建立了相应的数学方法，是世界公认的赝矢量流部分守恒定理的奠基人之一。参加领导了爆炸物理、幅射流力学、高温高压物理、计算力学等研究工作。在中国第一颗原子弹和氢弹的理论设计中作出突出贡献。

周光召1964年获国家自然科学奖一等奖。他与合作者一起，获1982年国家自然科学奖一等奖。1985年获两项国家科技进步奖特等奖。1987年获中国科学院重大科技成果奖一等奖。1994年3月被意大利政府授予“意大利共和国爵士勋章”，同月被授予蒙古国科学院外籍院士称号和荣誉证书。1994年8月获香港求是科技基金会“中国杰出科学家”奖。先后被美国科学院、第三世界科学院、俄罗斯科学院、保加利亚科学院、欧洲科学院、蒙古国科学院等11个国家和地区的科学院选为外籍院士。1995年10月，以他的名字命名的湖南周光召科学技术基金会在长沙成立。1999年，中共中央、国务院、中央军委决定，授予他“两弹一星”功勋奖章。鉴于周光召先生是我国“两弹一星”元勋之一，是中国新一代科技领军人物，所以说他是我国科学界一笔宝贵的精神财富。

1980年，周光召当选为中国科学院学部委员。1984年4月，升任中国科学院副院长。1992年4月，当选为中科院学部主席团执行主席。1996年6月，在第8次院士大会上当选为中科院学部主席团执行主席。1999年被授予“两弹一星”功勋奖章。2001年6月，当选为第6届中国科学技术协会主席。

当中科协宋秘书长将这1万元送到凌老家时，说了句很质朴却沉甸甸的话“钱虽不多，科协史上没有”时，一股暖流涌遍凌霄云老人全身，热泪在眼眶里打转，他连声道谢：“谢谢周主席，有科协同志这句话就足够了。”

国家计委、经委、中国科协和国家环保总局也先后派员登门看望这位环保老战士。原轻工业部88岁老教授肖家捷看了《求索集》，感触颇深地说：“这是我所见图书中罕见的……对今后环保事业将发生重大作用。”

毛泽东有句名言：“正确路线确定之后，干部就是决定因素。”凌霄云深信不疑，将搞好环保的希望寄托在手握实权的各级领导干部身上。他一身正气，无私无畏，不怕打击报复穿小鞋；他诤言进谏，针砭症结，讲真话，痛恨说假话和违心的话。还是让我们看看他是怎样在一页页白纸上写下的那些铿锵有力的诤言和发出的呐喊吧——

现在2000年过去了，我国经济及其他计划都超额完成，唯环境保护计划除个别地区有所改善，就总体来说，不仅没有完成，还在继续恶化，并向农村蔓延。由于照搬国外做法，大搞厂外净化处理，不仅浪费资源，浪费投资和设备，使上万个装置不能投产或正常运转，上百亿资金浪费，使国家财产蒙受重大损失，能不令人痛心？

环保部门想用10年时间解决我国历史形成的环境问题，其想法是好的，并经中央转发，也是全国人民所共同希望的。问题在于急于求成，不从中国实际情况出发，满足于上多少万治理装置。

很希望我们环保部门的同志特别是领导同志能深入下去，对数以万计的环保装置不能投产或正常运转的原因，做些实际调研，上百亿元的资金扔到水里，这可是人民的血汗钱啊！

我从1990年初到1996年为录制资源综合利用电视系列片，走了12个省市、80多个市县，还没有见到一个没有受到污染的河流水系。而且有的污染还在加剧，向农村蔓延……环保部门该做的事很多，把不该管的都拉到自己身上，出了事又不承担责任，而以“谁污染谁治理”搪塞一切。

环保部门坚持大搞厂外治理，大量的装置不能正常运转和报废，造成资源、设备、投资的大量浪费，谁来承担责任呢？执法者不能以身作则，特别是领导者任意否定前任领导、部门批准法律许可的文件，又如何以法立国，以德立国？

在发展中的中国，存在“工业还不发达，污染却很严重”的状况。

改变不适合中国环境体制是时候了！

这是凌老从垂泪的心底发出的疾呼啊！每位有良知的中国人不难从这

凄凄呼声中听到当年鲁迅先生“救救孩子”的呐喊！

黄海之滨，集合着一群，中华民族优秀的子孙，
人类解放，救国的责任，全靠我们自己来担承。

是贪官们大肆鲸吞国家财富、人民血汗，与支撑共和国大厦的广大建设者们形成的强烈反差？还是贪官们的倒行逆施与党的宗旨和奋斗目标水火不容？

数十年来，凌霄云视贪官为从革命队伍内部搞垮国家和民族的心腹大患、窃国大盗。每想到此，他耳畔总是响起这首苏中公学校歌，眼前闪现出艰苦岁月中的一幕幕——

1940年，黄桥决战开辟了苏北大片根据地，我新四军北上盐城重建军部，同时建立了“中国抗日军政大学第5分校”、“中国抗日军政大学第9分校”，后改称由粟裕任校长的“苏中公学”。这所诞生在炮火纷飞中的学校，既不是高等学府，也不是什么象牙之塔，而是人才辈出的熔炉。先后办了5期共54个队，为军队和地方培养、输送了4000多名干部。

苏中公学存世两载，校址更换数次。最后的校址、也是时间最长的是在大丰境内，历时5个半月。这里的土地田园、河沟港汊，到处都留下苏中公学校友们的足迹，更留下了苏中公学的历史文化遗产和不朽的传统文化精神财富。

1943年，郭沫若所著、发表在国民党大后方重庆的《甲申三百年祭》，远在延安窑洞里的毛泽东，分析并预见彻底打败日本侵略者的时机已经来临，号召根据地党政干部进行整风，推荐《甲申三百年祭》为必读文件，倡导大家切实记取李闯王的教训。

1945年春夏之交，在粟裕、黄克诚、张爱萍的支持下，新四军一师和苏中公学在十分艰苦的环境中，将《甲申三百年祭》改编成五幕古装话剧《甲申记》进行公演。军民们披星戴月从四面八方步行数十里赶来看戏，成为苏中地区政治文化生活中空前的盛事。一年巡演3次，掀起3次高潮，累计演出50多场次，观众数万人，盛况空前，在苏中地区产生了极大的反响和轰动效应。

“将军，将军，妾是风里落花任飘泊，你是日出东方莫被乌云遮。”

“只怕他，听说我被将军掳，他就要冲冠一怒，六军缟素，勾结满洲胡奴。”

在湖荡中，稻田里，到处都能听到村姑或牧童在漫唱这扣人心弦，令人震撼的《迎闯王》、《征潼关》、《圆圆曲》……

闯王进京后文恬武嬉、自我陶醉招致失败的历史教训更是妇孺皆知。“决不当刘宗敏！”成为苏北军民广泛流传的坚定誓言。

岁月流逝虽说无情，但硝烟中台上台下、台前台后的音容神貌，仍在历史长河中沉浮，在老同志们心中荡漾，像警钟长鸣，似号角声声——

“我们1949年进城，所以能保持清醒的头脑，就是闯王进京的教训和毛主席‘两个务必’的教导刻骨铭心，在我们这一代人头脑中打下了深深的烙印。”

凌老思昔抚今，不禁扼腕三叹：“历览前贤国与家，成由勤俭破由奢”；“生于忧患，死于安乐”，古今皆然。千万不能忘记历史。每一个干部在胜利面前切不可被冲昏头脑，应该警钟长鸣啊！

他想到，《甲申记》公演距今已有半个多世纪，大概李自成的失败已经逐渐被人们遗忘。现在党内存在的腐败现象，已经向我们敲响了警钟。腐败不除，历史的悲剧就一定会重演。愿《甲申记》能为反腐倡廉提供苦口良药，使我们永远警惕蜕化变质。

他想到，历史是奔腾不息、永不枯竭的长河，更是一面镜子。明天是昨天和今天的继续和发展。以史为鉴，自省自励，可以知兴替、得教益。

让《甲申记》警钟长鸣，成为凌霄云难以忘却的心愿。数年来，他四处奔走呼号，直书中央：“看过《甲申记》的苏中公学校友发誓：‘进城不当李自成，不做刘宗敏！’现在北京校友130多人（多为部局级、军师级干部），解放以来没有因贪污腐败开除党籍判刑坐牢的，足见其熏陶影响。

“建议将‘《甲申记》演出纪念集’作为‘新四军苏中公学文史陈列馆’的主要内容，作为反腐倡廉综合教育基地之一。出版毛泽东关于‘进京赶考’，‘我们不当李自成’的论述、《甲申三百年祭》及古装话剧《甲申记》剧本等为主要内容的小册子，用党费发给全党人手一册，进行深入的反腐教育。同时也解决了建立‘苏公文史馆’的经费问题。如还不足，我作为离休后的‘三无’（无职、无权、无钱）干部，可充当革命的‘老和尚’，化缘寻找赞助单位。总之，只求有朝一日我党干部的腐败问题得到清除，能睡上安稳觉，也就心愿足矣！”

满头白发，一颗童心，
气冲霄汉，壮志凌云。
忠于理想，勇于求索，
心潜生态，情系黎民。

这，就是凌—霄—云，
一个老共产党员的生态情怀，革命胸襟！

王如松先生在诗中的表述很是贴切、到位。

常言道："民以食为天"。今日黎民的天，以衣、食、住、行，更为妥帖。就是贪官，也照样与这四字息息相关。他们与黎民不同的是，除了和一个"色"字扯不断外，不是锦衣、玉食，就是豪宅和名车了。

凌霄云心系党和国家生死存亡的诸如反腐倡廉一类大事外，一生淡泊名利，安于俭朴清贫。"进城不当李自成"警钟长鸣耳畔，从未止息过，始终保持着当年共产党人的本色。这里，仅用一个数字和一件不起眼的小事，看看这位老共产党员是怎样看待"衣"的。

他从1982年离休后，如果说他25年没有添置过一件衣服那是假话。他添过，但只有一件，既不是什么"金利来"、"皮尔卡丹"，也不是什么"FAPAI"、"BURBERRY"，说来实在寒碜：一件售价仅有25元的棉毛裤！

这年，他到泰州帮助家乡办点事，市委书记要到招待所迎接这位老革命。他连声婉谢："不用不用，你给招待所打个电话，我自己去登下记就行了。"

招待所工作人员接到书记的电话后，不敢怠慢，在前厅左转右转转了好几圈，就是看不到市委书记通知他们要接待的老革命。再找找看，这才发现一位白发零乱、身上皱巴巴旧得泛白的蓝色中山装小个子老头，静静地坐在沙发上。

哪想到凌老这位来自京城的"京官"，竟然寒碜到身上的行头也就充其量"胡同串儿下乡吧"，顶了面谁认识谁呀，难识老革命的真面目了！

难道会是他？不像不像。北京来的老干部难道是这副模样？那会是谁呢？还是问问吧——兴许……

"我就是。"凌老朗声答道，一脸平静。

谈到他的"食"，用"粗茶淡饭"四字就可概括。他跟儿子一道生活，每月交儿子1000元生活费。其实，他哪里吃得了，有心多少帮衬孩子罢了。儿子儿媳做什么他就吃什么，从来没有要另外加过菜。你想想，身为儿子儿媳即使不差钱，可要上班、要带孩子，终日忙得脚底生烟，能做出什么美味佳肴来！

早先的京官有句口头禅："改善生活到下面去。"前面提到，凌霄云每逢出差只接受一顿招待。接下来，完全可以嘴巴一抹签下单的他，总是到街边小饭摊花上三五块钱解决肚子问题。有人相劝，他说，这样好，提醒自己不要忘本、不搞特殊。他没有白吃过老百姓一顿饭。

他的“住”——就更加寒碜了。说起来一家老小也就七八十平方米。应该说可以了。可是，三代同堂就显得拥挤了。况且这房子还是上个世纪50年代盖的，没有装修过，水泥地板，裂缝随处可见。墙壁、天花板同样斑驳破旧，往下掉渣儿。

京城这些年盖了多少新房？几千万、上亿平方米不算吹牛吧？唯独没有这位从枪林弹雨中闯过来的老革命一块砖。他心平气和，没有微言，淡然处之。

按说，他出差到外地最不济也能弄上个标准间住住，也宽松那么几日，舒坦舒坦。他不，不是说中国讲究个什么特色吗？“隔涩不合群”则是他的特色。他尽量投亲靠友，凑合几宿。若无亲友可投，就住二三十元的小旅馆，费用自理。如实在盛情难却时，他才不得不住几天招待所。

他住的那间是多年没粉刷过的卧室兼书房。这间斗室，与豪华和奢侈根本不搭界，但能让你读懂什么叫“家徒四壁”。一床、一桌、一架、一柜和一椅的“五个一”摆设，简陋得既让人心酸得不忍目睹，又令人难以置信，一头雾水。

一床，木板床，1956年由公家配发、后花了几十元价买了下来。凌老离世前，该床床龄整整半个世纪。他睡得踏实滋润，自得其乐：“上年纪了睡硬板床——舒服，可以长寿。”床上的薄棉被还是30年前的旧棉絮。

一桌，三个抽斗褪了色，四条腿歪歪斜斜，弱不禁风，大有一碰就垮的架势。桌面上堆满了材料和书籍，空着的一块比巴掌大一点的地方用于伏案笔耕。

一架，几根旧木条钉就的书架。这是他当年在五七干校劳动时，从劈柴堆中择优选拔、亲自动手做的。材料太差刨不光，他就用白纸糊上算是“新四军糊弄老革命”。儿子嫌寒碜，一气之下给他扔到楼顶上。没几天，又被他恭请回来，糊上彩色纸，正面蒙着一块说不清啥颜色的旧布做的帘子，继续强迫这书架发挥最后的余热。

一柜，是个旧书柜。同事淘汰送给他的。一副什么尊容呢？这么说吧，你就是当破烂卖，收破烂的肯定直摆手懒得要。若拉下老脸冲人家说几句好话，估计能发发慈悲给张5块钱。如运气好点兴许能再加一两块钱。

一椅，被他绑着绳子、当作“宝贝”一直用着的木椅。就这样，依然令人悬心，它能不能承受得了靠几根骨头支撑、几十斤重的凌老而散架。

整个屋内，如果不是有台具有时代气息的彩电，真的会让人感到一下子又回到了解放前。今天就是将这5件“宝贝”卖给收破烂的，只能有两种可能：要么人家冷冷地瞅两眼，摇摇头，吐出“不要”俩字。要么说出大天来，撑死了就是给上20元，再多一个子儿也没门！

这，就是没有一分钱存款的老革命凌霄云的全部家当！联系从贪官们家中搜出成吨成吨“老人家”的严酷现实，是凌老窝囊，太没有能耐呢，还是贪官们太有能耐？

其实，尽管凌霄云资格很老、待遇不高，但他完全有条件把自己的小日子安排得滋润点，穿得有模有样，想吃啥就做点啥，家中的小环境弄得温馨些，出行舒适点，不要苦了自己。何至于穷酸到这个份儿上，是不是太小气、太抠门，比葛朗台还葛朗台？

平心而论，凌老的确太小气、太抠门，比葛朗台还吝啬。不过，他只局限于自己。要说对别人，他却很大方慷慨，一掷数万元的事也是有的。这己与人，仅一字之差那可是分水岭、试金石。

他离休后，每次外出都是自担往返旅差费用。那时，群众团体的兼职没有限制。他相继受聘担任多家学会顾问等职达10多个。凌老坚持两袖清风，分文不取。他算了一笔账：只要一个职务沾上了钱，哪怕是拿1分钱，就等于你拿了10多个，跳进黄河也洗不清了，干起事来也就失去了主动权。一年后，国务院环办副主任陈西平知道了，批评他：就你一个人革命！一个月50元茶水费，一年也就600元。算什么呀？他这才不得不从命。

他在农村调查，发现有的地方赌博成风，迷信抬头；有些人急于致富，却缺乏知识；有些人忙着赚钱，顾不上读书……“提高国民素质和开发人才资源任重而道远！”忧心忡忡的凌老决定为老区人民办一个农村图书馆，帮助乡亲们提高思想文化素质，掌握兴乡致富的知识和本领。

想法虽好，经费从何而来？他想到了准备为纪念母亲诞辰百年出书的两万多元。他的母亲陈淑兰，当年为新四军购买枪支弹药，掩护地下党员，用生命保守党的机密、珍藏机密文件……他怀着一腔深情，撰写了一部10万字的书稿——《我的母亲》，准备出版。

咋办呢？两万多元给母亲出书？只能出一本书。如果用来办图书馆呢？可以买几千册图书啊！作为儿子，应当孝敬、纪念母亲。作为共产党员呢？应该时刻想着人民。孰轻孰重？母亲的在天之灵也会支持我选择后者！

1997年，适逢新四军成立60周年、迎接香港回归和庆祝党的十五大召开等4件大事，他将原计划建1个农村图书馆改为建4个，用“迎归”、“奋发”作为馆名纪念这4件大事。分建在4市，象征四军，表示发扬新四军前赴后继、百折不挠的革命精神。

他自费考察选点，在姜堰市张甸镇，他建起了“张甸迎归图书馆”；在泰兴市张桥乡，他建起了“张桥奋发图书馆”；建在东台市新街镇的则为“新街庆回归图书馆”；建在大丰市三龙镇的叫“三龙奋发图书馆”。他向地方政府保证：两三年内为每个图书馆提供图书一万册。

谈何容易！4万册图书是什么概念？要装满几卡车啊！对于年近八旬的老人来说，难呵！他拿出本人的藏书，又几次自费购买了农林牧副渔涉及科技方面的新书近7000册，总计9822册。加上其他开销，他为4个图书馆花去了近10万元！

他还挖空心思分别给老领导、老战友、老同事发出1000多封征书信，不顾年老体弱，挤公共汽车，奔走于原轻工部、中纪委、冶金部、外交部等30多个国家部、委、局和驻京部队的一些同志家中，讲明来意，促膝交谈……

覆水难收。他做好了最坏的打算：如果4万册图书凑不齐，就是借债、贷款也要保证兑现。

凌宵云的真情得到了热诚的回报。来自北京、天津、吉林、湖北、浙江、上海、江苏等地凌老的293位老领导、老战友、老同事和24个单位先后为4个图书馆捐赠了56961册图书，连同凌老个人的捐赠，平均每家图书馆能分到近17000册图书。

书是多了，差点儿把凌老压扒下来。那些日子，他乘公共汽车一家一家地登门取书，瘦弱的身影穿行在京城的大小胡同里。书少时，他提着挤公共汽车还马马虎虎；书多时，只得“打的”往回运。一趟又一趟，一连折腾了好几个月。有时一天包辆“面的”运书，单车费就是300元。全部是他自掏腰包。几个月下来，花去的“的费”就有近两千元！待到一捆捆图书运回院内楼前，还得把大捆分成小捆，再抱着一捆捆书气喘吁吁地爬上位于4楼的斗室。

一位已经重病缠身的年近八旬的老人，在数月之内将能装满几卡车的5万多册书一个台阶一个台阶地搬上楼，这是凭借一种什么样的毅力、信念和精神？！

那些日子，凌家已经是家不成家了。图书堆得一人多高，沙发、茶几、书桌、床头、窗台上满世界统统堆满了书，难以插足。

令人至今想起来还不免发怵的是，他还不厌其烦地将一捆捆图书解开，一册册地分门别类，登记注册，数量尽量均匀地分成4份，再包装、捆扎，累得老人浑身跟散了架似的。家人不让他干，不行；家人要帮他一把，也不干，他担心添乱。他为了把书及时发出，常常加班加点干到凌晨，双手裂开了血口子，起了泡，磨起老茧，贴上一块块胶布接着干……

一个“小气”得用几根劈柴做书架的老人，就是这样小气与大方同步，抠门和慷慨交错，散尽财力和精力为第二故乡尽快致富，为下一代健康成长建立了4个图书馆。这样的情操，这样的境界，你见过多少？不是说把困难留给自己，将幸福送给别人吗？如果你还没有见到过，那就请看看我们的凌老吧！

2007年3月4日，一年一度的元宵节。

笔者正埋头写凌老对身后事的交代以便结束本文时，电话铃响了。

“你是陈老师吧？我是凌霄云的儿子。我父亲有话要跟你讲。”打电话的是凌老的二儿子。

以往都是凌老亲自打电话给我呀！我好生奇怪，忙问道：“你父亲不是回泰州老家过春节了吗？”凌老自我感觉不错，想再回故乡和曾经战斗过的地方，最后再看一眼众乡亲，最后再看一眼家乡的土地家乡的水。

本文开头提到凌老曾只身南下，行前曾给笔者来过电话说：“我要回趟泰州，把该办的事情赶快办了，我欠乡亲们的太多太多，这次回去有心请大家吃顿像样的饭。没办法，囊中羞涩，别说鲍鱼海参，生猛海鲜，就是荤素搭配的‘六大碗’（当年苏中人请客通常是六菜一汤）也请不起。唉，只能请乡亲们吃顿‘水包皮’，喝顿早茶，吃点生姜丝、肉包子，算是自己的一番心意吧。”

笔者听到这里禁不住鼻子发酸。让凌老感激涕零的是，乡亲们听到这消息，反过来劝他说，您老人家年纪轻轻就冒着枪林弹雨参加革命，多少年啦？心里还装着我们，这比您老请我们吃什么山珍海味都强！哪能让您老破费？这情这味，凌老直觉得滋润心田，回味无穷。

“没有走得成。春节前病情又加重了，住进了广安门中医院。医生一个劲地说，没见过老人的生命力这么强，一般人早挺不过去了。医生让我们做好准备，老人会随时大出血……”

凌老已经危在旦夕！他的生命之灯……

这位危在旦夕的老人在电话那头说话了，声音明显地没了往日的底气。但是，头脑清醒，口齿清楚，说得最多的是告诉我一个好消息：浸透他半生心血的《求真集》、《求实集》，有人正在张罗出版。这两本集子的主要内容是环保与反腐。就是说，老人在生命垂危之际，考虑的既不是子女的住房和生活，更不是自己的级别和待遇，萦绕在他脑际久久挥之不去的仍是在他走后，祖国的天空能不能更蓝，山岳能不能更绿，河水能不能更清，人民能不能更加安居乐业？党风能不能根本好转，各级领导干部能不能真正勤政为民？

电话中，他要我代表他谢谢朱树宏小老乡。这位小老乡是北京西城区卫生局信息中心主任，当听说垂危的老人出版《求真集》、《求实集》等著作经费有困难时，二话没说，答应资助1万元。凌老要我帮助落实一下。我告诉老人，手头赶写的稿子（即《凌霄云，人生的一部大书》）已经完成，准备从头至尾再改一遍，用不了几天就请他过目。他连声道谢："让你费心了。"

对于其身后事电话里只字未提。因为他在与同事的交谈中，在上书中央领导的信中，不止一次地安排了他的身后事："后事一切从简，既不上八宝山，也不要举行告别仪式。我为家乡人民办事不多，作为环保战士愿将骨灰撒在家乡的泰山、凤凰墩和烈士纪念碑前，为烈士们看守大门，为种树、栽花，美化城市，发挥最后一点点余热。"

8天后的3月12日，我如释重负，准备将这篇传记送到凌老的病床前……

"我父亲已经去世了。"

"什么？这么快就……什么时候去世的？"

"我父亲自从和你通电话后没几天就昏迷了，昨天也就是3月11日走的。你要来见上一面？这样吧，原来按父亲生前的安排不举行任何仪式。可是，父亲的同事、战友不干，说可以不举行任何仪式，但必须最后再见一面，送我父亲一程。我和我哥商量了，请父亲的同事、战友明天上午9时在八宝山向父亲告别，然后火化。"

13日上午，我怀揣朱树宏捐赠的1万元出书款，与中央美院的教师陈跃一道还提前了5分钟赶到八宝山。不料，凌老遗体已被推进去火化了。老人的儿子一再表示歉意并作了解释。原来，凌老的同事、战友多为年老体弱之人，一路风寒，又来得太早，眼见一个鲜活的战友转眼作古，悲痛交加，再等下去恐怕体力不支发生意外，只得提前举行告别仪式——也就是大家三鞠躬后围绕凌老遗体走了一周算是永诀。

我凝视着八宝山广场上默默涌动的人潮，一个劲地自责：晚了，晚了，一切都晚了！要是能早动笔10天半月，凌老就能看到稿子了；要是今天路上不堵车，我们提前半小时到达八宝山，就能见上凌老最后一面了。凌老，如今只能请您老人家多多恕罪了。

凌老就这样走了。他为民族、为他人，轰轰烈烈地活着；为自己、为亲友，静静地走了，几乎没有留下什么痕迹。但是，在他的身后，留下了那不朽的一床、一桌、一柜、一椅……留下了那忧国忧民、未竟的遗著《求真集》、《求实集》……更留下了对“伟大”二字真正内涵最具说服力和震撼力的诠释！

凌霄云，一部人生的大书。他用60多年的革命生涯，在这部大书上写下了8个闪光的大字：“鞠躬尽瘁，死而后已！”

凌老生前同意在他的书信集《一位新四军老战士对第二故乡的情怀》前面放上这篇传记，作为序。如今，凌老又匆匆离去，同时也作为对他老人家的一篇祭文吧。

2007年3月于北京

泥腿子·市长·麋鹿摄影家

一组组令人折服的数字，一道道耀眼的光环

写杨国美的这些事，虽说不上驾轻就熟，但还不算太费事，因为耳濡目染，因为相知多年。

先说说这么一件权当题外的趣事吧——

记得是20多年前的一天，他在北京初见我的夫人，见她长得比实际年龄年轻些，并得知其与他是本家，张口就以“大哥”自居。且慢，我的那个她比他到这个地球上早了两个月——应为“姐”。不用说，水涨船高，这“姐夫”嘛也就顺理成章地非我莫属了。哈哈！

这本来是个逢场作戏的玩笑而已，过去了也就过去了。哪想到了2006年，这位（市）“长”字后边又跟着（摄影）“家”的杨国美，拍麋鹿拍大发了，拍出了一个奇迹：我国乃至世界第一部介绍麋鹿的大型画册《中国麋鹿——杨国美摄影作品集》公开问世。

他耿耿于怀记住了我这个“姐夫”，在这部画册的扉页上满像回事儿地写下“陈贻林大姐夫雅正”，字写得很有力道，也很张扬，着实让我感叹了好一阵子。这老弟办事中规中矩不含糊！你说说，写这样一位自己有诸多了解的人，还能不省些劲，讨点巧？

杨国美，一个纯正的靠从土坷垃里刨食的农民，经历了七折腾八折腾终于升腾到大丰县（市）副县（市）长兼县（市）委常委的领导岗位上。成了全县（市）少说也有50万农民中的佼佼者。1/500000！这命运，这机遇，令多少人心驰神往，称羡不已！

他处之泰然。为了生存，为了养家糊口，为了对农民、对社会的那份责任，对于组织上的分工，他无话可说，义不容辞。但是，人生在世总得

杨国美在大丰麋鹿保护区（杨国美提供）

干点儿自己喜欢干的事儿。做自己喜欢的事儿，可以说是一种追求，一种境界吧。他钟情摄影，要把镜头对准默默无闻又饱受风霜的农民兄弟。再后来，镜头开始对准饱受劫难、回归故里的麋鹿。

2010年5月2日，我们相约在大丰市的一家饭店聊聊，也就是我访他谈。不料，距约定没多少时间时，我的手机响了。原来，天刚麻麻亮，他就背着相机、扛着三脚架拍麋鹿去了，得晚半小时方能到。心说：离古稀之年不远的他活得如此紧凑，如此充实，眼前陡然出现这样一幅诗画配："莫道桑榆晚，为霞尚满天"！比起那些退下来后终日凝视着往日车水马龙变为车马稀疏的冷落门庭，哀怨世态炎凉、人走茶凉者，谁活得更滋润、更有质量呢？

难得的是，杨国美将这部本属业余的追求和境界，玩得风生水起、酣畅淋漓，玩出了专业摄影的水平。这里有一组组令人折服的数字和一道道耀眼的光环足以佐证。

1996年，为纪念麋鹿回归祖国10周年，中国摄影出版社出版了世界上第一部野生麋鹿摄影集——《杨国美麋鹿摄影集》。

1997年、1999年，杨国美为纪念香港、澳门回归祖国，将其摄影精品《百鹿归乡》、《九九归一》和《杨国美麋鹿摄影集》相继赠送给董建华、何厚铧先生，两位特首均致函感谢，作品收藏于港、澳特别行政区档案馆。

1999年，邮政部门发行了由他拍摄的1套12幅麋鹿（有奖）贺年片，受到了海内外摄影界、环保界的关注和赞誉。

2001年10月，中国美术馆隆重举办“百年沧桑·麋鹿回家——杨国美摄影作品展”。有位香港同胞驻足在一幅幅精美的展品前，情不自禁地惊叹道：“大陆竟然有这么漂亮的地方！”

2002年12月，江苏省文联、江苏省摄影家协会授予杨国美江苏省摄影金瞬奖。

2003年9月，中国摄影家协会授予杨国美“德艺双馨优秀会员”称号。

2005年12月，江苏省文联、江苏省摄影家协会授予杨国美江苏省第3届摄影金瞬奖。

2006年5月，中国摄影出版社出版《中国麋鹿——杨国美摄影作品集》。同年10月，时任联合国秘书长的安南先生致函杨国美：“……对艺术有如此深的造诣和深远影响表示赞赏”。

2008年5月，香港举办“中华神兽·麋鹿——杨国美摄影作品展”。

多年来，杨国美的麋鹿摄影作品先后在国内外上百家报刊上发表，在全国和国际影赛中上百次获奖。其中《盛世麋鹿》、《欢腾》、《踏浪》、《九九归一》、《湿地精灵》、《林中“林”》、《初次下海》等摄影作品，相继在英、

湿地精灵（杨国美摄影）

湿地彩虹（杨国美摄影）

怡然自得（杨国美摄影）

梦幻故土（杨国美摄影）

故土情结（杨国美摄影）

冬至森林（杨国美摄影）

黎明静悄悄（杨国美摄影）

美、法、俄、韩、泰、日、越、菲、马来西亚、澳大利亚和葡萄牙等国和港、澳、台等地区获奖或展出。

中央电视台第1、3、4、6、7、10等6个频道、江苏卫视、浙江卫视,《人民日报》、《农民日报》、《新华日报》、《新民晚报》、《北京晚报》、《中国摄影报》、《人民摄影》报和《盐城晚报》等以“咱农民的摄影师”、“镜头对准吾乡吾土”、“功夫不负有心人”、“追求从政从艺和谐统一”、“摄影家的回归情结”、“人类文明的聚焦”、“一位行政官员和一个濒危物种的不解之缘”、“麋鹿市长进京办影展”、“杨国美镜头下的麋鹿走向世界”等为题作过专题报道。其个人传略被收入《中国摄影家全集》、《东方之子》、《世界名人录》、《世界华人文学艺术界名人录》等。杨国美还被誉为“东方麋鹿摄影家”、“中国麋鹿摄影第一人”。

靠从土坷垃里刨食的泥腿子，“阴差阳错”当上市长

杨国美，江苏省大丰县小海人氏。

小海相对于大海而言。在不算遥远的某个时期，小海实际上就是大海的海边。杨国美的祖父就是靠在海边以“小取”为生的，即打鱼摸虾撒圈网靠海为生，日出出海，日落归家，日复一日，生生不息。

谈及大丰境内类似小海这样有根基的历史文化古镇，不能不说到一位与大丰颇有缘分的文人墨客。他就是大名鼎鼎的郑板桥。这位老夫子在大丰西部沿范公堤一线留下许多足迹。这里不妨借用乡土作家杨永进的一段文字来说：

> 有一天，他在大丰一个小镇浴室的墙上，用他天才书法家的隽永字体写了一段话：“滴自己的汗，吃自己的饭，自己的事情自己干，靠天靠地靠祖宗，靠别人不算是好汉。”郑板桥是兴化人，扬州八怪之一。据说他当年游历大丰，经常是早上在草堰吃了鱼汤面，下午到白驹洗了澡，连夜里赶到小海访友。好多兴化、高邮无业游民，是受他影响来到大丰海滨“滴自己汗”的。有人说“煮海是大丰的根，拼搏是大丰的魂”。这个概括在凡夫俗子看来有点文斯斯的，反正大丰人相信滴自己的汗，吃自己的饭，唱自己大丰版的《国际歌》。

杨国美打小儿在祖父、父亲的影响、熏陶下，传承了“滴自己的汗，

吃自己的饭，唱自己大丰版的《国际歌》”。他16岁那年，父亲去世，支撑全家的大梁倒塌，一家老小吃了“瓜菜代”的午饭，不晓得晚饭拿什么下锅，家庭生活的重担落在母亲那瘦小单薄的肩上。

杨国美个子瘦矮，年纪最小，却是“三条杠”的少先队大队长，好不容易熬到小学毕业。他面前有两所中学，一是小海中学（初中至高中）。凭他的聪颖和勤奋，不仅能考上，而且能从这里考出去上大学应该说没有什么问题；一是刚刚组建、只能算是个空壳的小海农业中学（即边上学边劳动二年毕业），这里可以半耕半读免交书本和学费，熬过一年两载年岁大点好回乡把家支撑起来，让母亲少操点心。

在地头，在屋内，母亲一遍遍地开导他报考小海中学，懂事的他一想到家庭的艰难，母亲的辛劳，只有劝说母亲选择后者。他很快成了“农中”一名养羊倌，一年多后毕了业，实际文化水平也就是比完小强不了多少。

杨国美正式当农民种田始于1962年，干的农活花样可谓五花八门——这么说吧，他像一块砖，任党搬；他又似一颗螺丝钉，任党拧：种过田，上过河工；养过猪，还放过牛；在作业组劳动时，社员们都喜欢他，让他做记工员，做过生产队食堂事务长，生产队保管员，干过生产大队的通信员；还有什么保健站、信用站的会计，大队民兵副教导员，团支部书记，还当过什么社会主义教育运动工作队的队员哩！

杨国美就这么昏天黑地埋头干这干那，转了一大圈已是数年之后，又莫名其妙地被“搬回”、“拧到”小洋村（当时叫明星大队）种田当了农民。小洋则相对于太平洋而言，人民公社化后改名为明星大队，70年代末又恢复了原名“小洋村”。组织上是“用不着他了”，还是“有意考验他”？他压根儿没想过。是习惯了或是一种麻木？凡组织决定都是对的，这是他当年不移的主旨。

这一年，小镇终于要变模样了，要建变电所这样的洋家伙了。大约是雁过留声的缘故，小海人民公社领导记起了杨国美这个朴实、勤奋的小个子。让他负责筹建，让他去参加电工培训，让他当上了值班工……接下来，他又被“阴差阳错”关怀到供销社，开始了新的一轮“搬来”、“拧去”：先是在小海日杂商店卖日杂，后调到小海温泉供销站卖油盐酱醋酒等，然后卖上了花花绿绿的布……时间不长，又当上了什么出纳，与金融沾上了边儿，总算过了一段被世人认为比种田要鲜亮轻松得多的日子。

那些年，小洋村的粮棉产量说大天也上不去。当时中央有个“农业发展纲要”，要求苏中苏北一带的粮食产量亩产要达到800斤，小洋村偏偏徘徊在600斤，少了1/4；“纲要”要求棉花亩产要达到100斤，小洋村才够到可怜兮兮的亩产33斤！

产量上不去，不能“超纲要”，小洋村的男女老少坐不住了，直嚷嚷“寒碜”、“丢人”。

究其原委并不复杂，不外乎两个。一个是外因。小洋村这块土地成陆后，历来没有好好地被伺候过、调理过，从古时张士诚烧盐贩盐、揭竿起义到现在几百年了，我们只要往地下多挖一锹深，就能见到先民烧盐的灶灰。三个毒太阳一发威，地下的盐霜纷纷地往上冒，邻村的棉花开花了，小洋村的棉苗蔫了吧唧地挣扎在盐碱地里，能歪歪扭扭地活着甚至长到一指高就算是烧了高香！这二一个是最要命的内因。大队干部之间是你争我夺窝里斗，“扬州的锣鼓各打各”。这还了得！县委书记薛太和光了火，找来公社书记杨昌元，“整顿、整顿、整顿”，连吼了好几声。

破——容易。9个支委稀里哗啦叭拉掉7个，剩下一双两盆脑浆子大眼瞪小眼，能有什么招数？说到这立——难喽！谁来收拾这烂摊子！公社领导在势力所及的范围内捋头发似地捋呀捋，终于捋到了在供销社正干得欢的杨国美。

“这年轻人不错，又是本乡本土的小洋村人！”

“别瞧个子小，行！当团支书时就带领青年们科学种田，用种苕子的方法压盐碱呢！”

“大队党支部书记的人选就是他了，我出面跟他谈，好好做做工作。”公社书记杨昌元自告奋勇，一来显得公社党委书记的重视；二来万一这个年轻人有个什么不干脆，作为公社党委书记能压得住阵。令他喜出望外的是，谈话刚开了个头，杨国美的态度嘎嘣脆：“小洋村是我的家乡，改变家乡面貌也有我的份！”

那时有句常挂嘴边的话，叫什么“改天换地”，“人心齐，泰山移”！又时兴什么“你要土地对得起你，你先要对得起土地”。杨国美这个小个子两手蛮硬。一手抓班子团结，一手抓兴修水利，土壤排碱……

“锄禾日当午，汗滴禾下土”，几载的日晒雨淋，几载的披星戴月，话说到了1974年，粮棉产量跟听话的孩子似的双双超了“纲要”，大队支书杨国美也成了远近闻名的农业学大寨带头人。

这下子官运也找上他的门。同年的农历四月初七这天，恰逢杨国美三十而立的生日。妻子从家中舀了点小麦，到镇上换些面粉擀点面条，准备一家老小吃碗汤面……

放在今天，过30岁，了得！就是你自己不折腾，也会有抬轿子吹喇叭的张罗，怎么也得弄它个二三十桌，喝它个底儿朝天，寿星佬儿却不能受那红包包。当年的干部只有在鼻子底下一横抖抖“小家子气”了。莫见笑，那年月就那样！

妻子还没跨出家门，大队通信员来了：说是公社党委通知杨支书去县委谈话。那时候的干部既不敢沾色，也不敢敛财，更无“买官”这一说。所以，就无交代“包二奶”、受贿索贿、跑官买官之忧，也就谈不上那担惊受怕的什么被“双规”。县委的这种谈话，其实就是任命。那时干部提升变动，谁也不敢事先透个消息，那是铁的纪律。杨国美骑着自行车，60里路踏到大中集（县委驻地），原来是要他出任小海公社革命委员会副主任、公社党委副书记。可别小瞧了提拔的这半级，从这一天起，他就堂而皇之地成为端公家饭碗的脱产干部了，不用再靠面朝黄土背朝天修地球过日子了。

杨国美先后在小海、南阳两个乡镇担任党委书记12个春秋。从1986年起任大丰县（市）分管农业的副县（市）长，这一干又是12载。无论是在滴水成冰的寒冬，还是赤日炎炎的酷暑，无论是大旱之年，还是暴雨成灾之际，他心中始终记着农民的收成和温饱。在乡村的田野中，在农家茅舍里时常有他一身汗、一身泥的身影。

他主抓一个县（市）的农业亦颇有主见和章法，提出并不懈地坚持推进“县有区域，乡有特色，村有专业，户有所长”的16字调整方针。虽说没有使全县（市）的农业大红大紫过，但是，该县形成的“区域、生态、外向和产业特色”却在全省乃至全国小有名气，一些单项指标在全省、全国名列榜首。1996年全市棉花总产全国第一，1997年全市皮棉突破100万担，继续保持全国第一，圆了大丰几辈人的梦！同年，在第3届全国农业博览会上夺得“银都”牌棉纤维等5块名牌奖，创全国县（市）级之最。

在林业方面，杨国美抓得同样有声有色。大丰荣获全国造林绿化先进县（市），全国百佳县（市）的称号。杨国美也曾两次戴上全国绿化奖章。

在我国数以万计市长中，他是唯一的野生麋鹿摄影专家

中国有600多座设县级市的小城市，大丰仅是一座说不上有多高知名度的县级市。但是，有这600多座城市的数千名市长、副市长中，杨国美却是一个别具一格的市长。他是20世纪90年代中国摄影家协会会员中唯一的副市长，同时又是我国唯一的野生麋鹿摄影专家。

1986年8月14日，时任英国首相撒切尔夫人访华前夕，39头来自英国皇家动物园的麋鹿回归其祖先繁衍生息的故土——黄海之滨广袤的滩涂湿地，结束了它们大半个世纪颠沛流离异国他乡的生活。说来神奇，这片全国四大湿地之一的滩涂湿地，南倚长江，北望黄河，东濒滔滔黄海，西邻四大湖泊。这颗镶嵌在河海之滨的璀璨明珠，沟河纵横，光滩沉寂，花红草绿，獐跃鹿鸣，构成了似海非海，似河非河，似岛非岛，似陆非陆的“四不像”地域，养育着“四不像”的物种，鬼斧神工，天之巧合。

正是这种巧合，作为市长的杨国美数十年如一日把镜头对准了这一生灵，也许是一种缘分，也许是一种一拍即合，或是另一层面的一见钟情，肩负筹建世界上第一个野生麋鹿自然保护区——江苏大丰麋鹿自然保护区并担起分管该保护区重任的杨国美，一见到麋鹿顿时怦然心动，它的影子总是在眼前萦绕，挥之不去。要知道，这正是杨国美千百度梦寻的拍摄对象啊！

他想起，30年前，在家乡小海兴修水利时，民工们陆续从地下6米深处挖掘出一批带叉枝的头角骨骼，经专家鉴定为“麋鹿亚化石”，证明历史上曾有大量麋鹿生活在这里。先民们曾经与它们毗邻而居。据当地乡籍记载“麋鹿践踏成泥，民人不耕而获”。可见，麋鹿对我们的先民曾经做出过怎样的奉献！

他听说，中科院首席研究员蒋志刚先生这样介绍过：“麋鹿起源于早更新世晚期（距今200多万年前），几乎与人类的起源时间相同。在动物分类学上，麋鹿独为一个属。麋鹿属现生种类只有麋鹿一种。麋鹿古称为麋，是一种被神话光环所笼罩的动物。传说姜子牙的坐骑即是麋鹿。麋鹿长相奇特，面似马非马，尾似驴非驴，蹄似牛非牛，角似鹿非鹿，而被人们称为‘四不像’”。

他看到，每逢发现麋鹿时，它总能和日月星辰，与树木花草衬托在一起，叠印在一起，在不经意间构成最本色的美景。这样一种物种，这样一种美的象征物，带给我们的是一种美的享受。我们所能做的就是赞美和爱护，就是无尽的思索和探求，别无他途。

他披露心迹：“我拍麋鹿，首先因为一种缘分，然后方是一种责任的驱使”，“在我的内心深处与麋鹿有一种化解不去的情缘。当然，核心的要素还是一种责任，一种对湿地保护、对生态保护、对环境保护、对野生动物保护的意识和责任。倘若缺乏这种意识和责任，缘分也好，机遇也罢，往往会擦肩而过。”

想想也是。作为一个普通农民能够市长当当，麋鹿拍拍，以政为主，兼顾摄影，还不算人生的一大快事？作为一个公务繁忙的市长能够在闲暇之余，远眺黄海之滨湿地景色：草青、花红、树绿，配以成群栖息的野生麋鹿，勾勒出一幅幅今日难得一见的远古原生态的美景图。人在画中，如入仙境，享受那天然的氧吧，还不快活得赛似神仙？差矣！

麋鹿生性机警多疑，听觉灵敏得几乎可以分辨出百米以内的任何动静和声响，只要一看见稍大一点的动物，“宁可空跑千趟，绝不疏忽一次”，立刻逃之夭夭，以最快的速度消失得无影无踪。

麋鹿从来不与外界交往，差不多成了麋鹿生活的一条戒律。近袖珍，远伟岸，则是它的生活准则。与麋鹿形影不离的朋友也有，但极少。一是仙鹤；二是牙獐，都是属袖珍型飞禽走兽。两千多年前，我国著名哲学家庄子曾说过这样一句很著名的俏皮话：麋鹿即使看到落雁沉鱼般的美女，也会惊恐地落荒而逃。

麋鹿奔走敏捷，时速能达到70公里以上，你越追它越来劲，能够在刹那间消失在茂密的草丛中……当被麋鹿群扬起的飞土尘埃落定，广袤的海涂湿地又悄然无声地仿佛被定格在久远的某个历史瞬间：太阳当空，明晃晃地照耀着，令人迷茫和目眩。

所以说，即使是专业摄影师也很难拍摄到有价值的麋鹿作品。

多少回，苦苦追寻的杨国美发现了麋鹿群——机会难得！他抑制住心跳，不敢喘口粗气，快速举起相机，为达到理想的拍摄效果，靠近点，再靠近点……转瞬间，镜头里空空如也。扫——兴！

多少回，他小心加小心，不发出一点声响，快速对好焦距正要摁动快门时，刚刚见到的麋鹿群一刹那隐去。举着相机的杨国美直发愣，自言自语道：麋鹿，人类的朋友，你肯定误解了。我手中的相机既不是100多年前的枪炮，也不是1000多年前的弓箭和木棍。你决不与手持武器者交往，你是令人肃然起敬的古朴君子！人类在你面前是应该好好地反省了。

麋鹿与人类共同具有300万年的生命历史。两千年前，人类总数约1.5亿，而麋鹿总量也以亿位计。人与麋鹿总量基本相等。古辞典中曾用“麋蚁”来描述麋鹿兴盛如蚁，只是在后来的漫漫岁月中，渐渐走向衰落直至濒临灭绝。

麋鹿先天不足的是，头上长着枝杈般的长角，显然不适宜在丛林中奔跑，只能逐水草而居，依湿地生存。可湿地中的生物太多太杂，而一头健康的麋鹿理论寿命是25年，实际寿命为18年上下。每头麋鹿约需40亩草原提供食物。正因为它占据着太多的生活空间和物质资源，往往导致生态难以平衡。尤其是麋鹿浑身是宝，肉可食，皮毛可作珍裘，茸、骨、血均可入药。它的天性又温厚善良，从不张牙舞爪，也就谈不上什么自卫能力了。所以，当人类视其为获利丰厚的狩猎物件时，它的处境就岌岌可危了。两千年前，我们的祖先曾对麋鹿大开杀戒，杀得腥风血雨，杀得天昏地暗，到了本世纪初，全世界人口高达60亿，麋鹿仅存2000头。人与麋鹿之比是数百万比一！

因此，杨国美不止一次地作过这样的表述：我拍麋鹿，做一点力所能及的宣传，其实是强者对弱者的一种忏悔。

要想得到一幅满意的麋鹿摄影作品，实非易事，令众多专业摄影人生畏。拍摄麋鹿，除了要练就比麋鹿更机警，善于果断抓住转瞬即逝的时机外，还要耐得住性子，忍得住吃辛受苦"受活罪"，敢于把什么日晒雨淋、挨饿受冻，什么孤独寂寞、折磨痛苦，什么毒蛇突袭、陷入泥淖等统统踩在脚下。

拍摄麋鹿必须装备一套实用的行头：脚蹬高筒靴，身着长袖长裤的迷彩服，就是在三伏天的烈日下也要把全身裹得严严实实，衣领和袖口也要扎得一丝不苟。海边草地里不仅有毒蛇、毒蜱、蚊虫，还有遍地的蚂蚁部族。那铺天盖地的蚊子，好家伙！小蜻蜓一般的个头嗡嗡地直向你扑来。几乎相隔1米就有座一尺多高、酷似马蜂窝的蚂蚁窝。你若是抬眼凝视这旷野上数不清的蚂蚁窝，仿佛是一座硕大无比布满碉堡群的沙盘。那带翅的蚂蚁——呵，足有1厘米长，因其数量惊人，成为海滩上全无敌的地面之王。你就是把自己裹严实了，露出的手背、脖子和脸还是逃不过红块斑斑，奇痒难忍。在草丛中，在小河旁，扛着三脚架，深一脚浅一脚地跋涉，浑身淌着白毛汗，衣服的外边是干的，里边却是湿漉漉的，脱下长靴能倒出水来。不，那是汗水！你说说，作为市长的杨国美心甘情愿地自投罗网，这受的是什么罪？！

要说冬季，那罪就更不是人受得了。为了时刻投入抓拍，迎着刺骨的寒风不能戴手套。多少次见到麋鹿的身影足下无路时，为了抓住稍纵即逝的瞬间，跃进齐腰深的冰水中……待到上岸时，麋鹿已经消失得无影无踪。眼前见到的是荒无人烟的杂树草丛，纵横交错的河沟港汊，闪烁着白色盐霜的一片片的原始光滩……再就是挂满三脚架和全身的冰珠，整个人就跟从冰窟爬出来一般。

为了追寻到麋鹿一个个精彩的瞬间，杨国美不仅忍过来了，而且挺过来了。他在人迹罕至、环境极其恶劣的条件下，不论是酷暑之下，还是冰雪之中，不论是晨曦中，还是黄昏下，总是身着便服高靴，穿行或静卧在野草齐腰、蚊叮虫咬的滩涂、沼泽、溪畔和草丛中，抓拍麋鹿回归原生态环境中的一个个瞬间……

然而，最让杨国美头疼的是那寸金难买的寸光阴。

杨国美担任领导职务前后长达12年，分管的工作五花八门，什么农业、林业、牧业，什么滩涂水产，什么水利、气象和农机，还有什么供销、民政、旅游，好大的一摊子，已经够累的，而且这个会那个会，迎了这位又要送那位，根本就身不由己，要拍好麋鹿——这时间……

“杨市长，你拍摄麋鹿的工作量够一个专业摄影人干半辈子的了。你哪来那么多时间拍麋鹿？恕我直言，你恐怕只能半心半意当市长了。”

人们不时地向谦和的杨国美提出类似问题。这当中有朋友间的调侃，也确有需要他亲口来解惑。

“这就冤枉了。我当副县长、副市长12年多，主管农业、农村工作，说实在的应该算尽心尽力了。我注重实效，尽量做到不解决问题的话不说，不解决问题的会不开，坚持在有限的时间内做更多的事。在我任期内，大丰的农业上了几个台阶。我分管的外向农业、生态农业、棉花、蚕桑、畜禽等曾在省里和全国夺魁，一些经验在全国推广，全市农村从温饱步入小康。我个人也曾多次受到省委、省政府和国家农业部、林业部、国土资源部和人事部的表彰。当然，取得这些成绩不是我个人的功劳。但我确实付出了辛苦，至少要保证有足够的时间和精力去参与。

“我当副县长、副市长期间，把时间分为3个1/3，1/3的时间在市区处理日常公务，1/3的时间用于及服从省市县的会议、接待和学习。不论工作多忙，必须有1/3的时间到乡镇、村站、到场头、田头和户头。只有这样，分管农业的副市长才有发言权和指挥权。全市29个乡镇，360多个村，我一年内能跑遍全市每一个村。12年间，我去过的村子有的去了几十次，最少的也有几次。反正，没有不曾去过的场站（上百个）和村庄。早些年下乡，干部必须和贫下中农坚持‘同吃、同住、同劳动’的‘三同’。凡去保护区的周围乡镇，我就住到保护区，晚上帮助解决区里的问题，抓住清晨拍摄麋鹿的最好时光尽情地拍它个畅快淋漓！

“20多年来，我把本来就不宽裕的节假日，几乎全部用来拍摄麋鹿。即使是一年一度的传统佳节——春节。外地工作的女儿、女婿回来团聚，我也就是一块匆匆吃顿团圆饭，碗筷一搁，背起‘长枪短炮’，三脚架一扛就去了麋鹿保护区。平日，我凡是去保护区附近的乡镇检查工作、开会呀，或接待客人什么的，晚上就住到保护区，抓紧日落前和旭日初升时拍麋鹿。我拍麋鹿的时间，就是这样一点一点地挤出来、攒起来的。”

他心平气和，娓娓道来，既富情感，又不失哲理。

“其实，我这样做倒也省略许多的应酬，减却许多的人情往来。这人一钻进海涂跟踪上那麋鹿，往往把官场上、尘世间许多的是是非非忘得一干二净，让自己渐渐变得真实、淡泊起来，净化了心灵，陶冶了情操，提高了生活乃至生命的质量。人生的乐趣不在于得到，而在于看明白，看透。你说是不是？”

有一年大年初一，杨家男女老少欢聚一堂，连周围几家亲戚也赶来了，要高高兴兴地吃顿年夜饭。这对杨家来说，真是难得在一起啊！市长的妻子乐得忙前忙后，小外孙、外孙女更是欢呼雀跃。

哪知，下午3点多钟的样子，阴沉沉的天空飘起了雪，不大一会儿功夫，雪越下越大，鹅毛般的大雪竟铺天盖地地席卷而来。

“去拍几张片子多好！”杨国美心中一阵悸动，少有的兴奋。是呵，虽说位于长江北的大丰时有雨雪天气，但是，成片成片地下这样的鹅毛大雪却是少见。“全家要一块吃晚饭，怎么办呢？……不行，机不可失，时不再来，还得去！”

他想了想，把外孙和外孙女找到身边：“外头下大雪啦，爷爷要去看看麋鹿，拍几张麋鹿在雪中的片子……”

“爷爷、爷爷，我们也想去看麋……”

“小声点。你们还小，外头又下着大雪，等你们长大了，爷爷一定带你们去。”

两个小家伙无奈地点点头。

“今天，爷爷先去。你们支持不支持？”

“支持！”

“好孩子，我们拉钩，保守秘密，等到吃晚饭的时候再告诉大家，爷爷拍麋鹿去了。”

杨国美抄起拍麋鹿“时刻准备着”的那套行头，悄悄地离开了家，很快消失在风雪中……他在风雪中深一脚浅一脚、跌跌碰碰寻觅着麋鹿，顾不上飞雪迷眼，抓拍漫天大雪中一幅幅精彩的麋鹿身影，杨国美心致好极了，忘记了风雪严寒，忘记了自己变成了雪人！

他这次冒雪抓拍，单是收进大型画册《中国麋鹿——杨国美摄影作品集》中就有《冬至森林》、《雪映林边鹿》、《牵挂南方》和《边寨九鹿图》等4幅。

“今天索性不回家了，晚上同保护区的值班同志聚餐！”他想。“市长和我们一块儿过年！”保护区的6个值班人员个个欢欣鼓舞，你拿酒，他带菜，痛痛快快来了个酒足饭饱。

那时，屋外，大雪弥漫，银装素裹；屋内，欢声笑语，其乐融融。这又是一幅怎样的画图？

杨国美就是这样在本来就少得可怜、极其宝贵的时间内，怀着一份担当，一种使命，运用自己的智慧才能和创造力，为保护和发展濒临灭绝的世界珍稀物种——麋鹿而付出了艰辛的艺术劳动，为我国文化宝库增添了新的宝贵的形象数据，为人类文明作出了特定的奉献。这样的干部值得称道。

不过，我们不能回避的是，有这样一类市长，昧着良心，将大好的时光耗费在见不得阳光的地方，说着人话，做着坏事：官儿跑着，权术玩着；小酒喝着，“信封”收着；“二奶”搂着，舞跳着；桑拿泡着，麻将搓着……第二天上得班来，嗬——说变就变！工作那么任劳任怨，形象那么清正廉洁，待人那么诚而不伪，谈话那么苦口婆心……可谓行于所当行，止于所当止。其实，事实已经和正在证明无论怎么精明、怎么算计，迟早都会遭到报应的。要想活得潇洒而坦诚，活得充实而够质量，活得问心无愧，还是真得像杨国美那样将大好时光用在做自己喜欢、对社会和他人有益至少是无害的事情上。当然，前提必须是一个真正的人。

“要学会舍得放弃不属于自己的东西，还要学会争取属于自己的东西。”杨国美如是说

杨国美拍麋鹿痴迷到如此地步，真的让他的领导同事、亲朋好友，乃至保护区工作人员大为不解。也是，到这里玩上一回两回，那是一种享受。要是长年累月在荒野和麋鹿打交道，人家来这里上班为了饭碗，没有办法的事儿。你舒舒服服地在城里当你的市长多好，愣是跑到这荒野来自找苦吃，自找罪受。简直不可理喻。这是何苦呢？

杨国美自有说辞：

“其实，许多事情是不需要追根寻源的。有了爱心，一片片荒滩就能变幻出一幅幅令你心醉的美景。就说保护区和麋鹿吧，绿色的斜坡，黄色的麋鹿，白色的浪花，橘红的狼尾草，浅黄或浅绿的晨雾，蔚蓝的天空，卷动的白云……不断地变得让你赏心悦目：那浅绿的草地上，黄色的麋鹿让你感受到生命的旺盛；那墨绿的树林里，黄色的麋鹿让你感受到生命的朝气；那橘黄色的滩涂上，黄色的麋鹿让你感受到生命的雄浑；那洁白的冰雪里，黄色的麋鹿让你感受到生命的高洁……我每次端着相机走进草滩，一闻到麋鹿的气息，内心就觉得充实、舒适，充满一种幸福的感受。

人们不是说要追求幸福吗？我在拍鹿麋的过程中找到了这种幸福的感觉。我想，这就足够了。所以，我乐此不疲。

“我拍麋鹿常常天不亮就起身，身着迷彩服外加高筒靴，钻进几乎是原始状态下的草丛中，有时在无路可走的地方跟踪数小时、几十里，有时又要扒在像蒸笼一般闷热潮湿的草滩上，一动不动、眼巴巴地等候麋鹿出现。更多的时候是追踪数小时、累得筋疲力尽，辛辛苦苦守候了几小时，最后是竹篮打水一场空。这些举止看起来是有点不可理喻，自己也常常迷惑：为什么还如此痴迷？又没有谁逼我非要这么做不可？记得有句歌词说什么‘如此执著，究竟为什么？’是寄托、抱负，还是期待、奔头？也许只是一种感觉、一股冲动，也许这就是人们常挂在嘴头的‘做你喜欢的’”。

俗话说，得失得失，有所得就要有所失。杨国美为了拍麋鹿，主动放弃官场上有人瞪着绿豆似的眼珠子、不择手段昧着良心也要捞到手的东西，令人费解。

有人说他：“一把年纪了还这么呆，呆到家了！”

还有人说他：“瞧人家市长当得神气六国的（当地土话，意指神气活现），他呀——越当越抽抽，说到末了还是个泥腿子！”

人世间，样样都是贪婪者梦寐以求、势在必得的。那么，他放弃了哪些东西呢？

就说这文凭，本是一种特殊的资格证明，往往要经历多年寒窗苦读方能获得。它是拥有较高知识水平的象征。当它和仕途的升迁亲密挂上钩且具有刚性的决定作用之后，顿时身价百倍，花点小钱从街上买来的“真的假文凭”和盖着正规大学公章和校长签字的“假的真文凭”泛滥成灾。文凭，被某些干部异化成用于升官的资本积累，或作为装潢门面、满足虚荣的一种摆设。

在盐城市，副县级以上干部大概数以千计，而像杨国美这样在各式登记表上填写“农业中学毕业”即初中毕业者仅他一人。借用一位盐城市委副书记的话说，杨国美的文凭在全省副县级以上干部中倒数第一。说明他是靠自己一步一个脚印干出来的。

“杨市长，你的文凭……多少年了，不能老是……”市委组织部的一位干事对杨国美颇有微词。

他语气和缓地解释道：“我有文凭，有南京的，还有北京的都是自学的。”

“那你怎么不告诉我们呢？弄得我们一填你的表就挺为难的。”

杨国美淡淡一笑："我知道自己几斤几两，自己的水平自己最清楚，充其量也就'农中'吧。所以，就一直没有报给你们。"

"你应该拿出来。你不说不打紧，拖了统计全市干部文凭的后腿啊！再者说，一个'农中'文凭的干部还能再提拔吗？到头啦！"那个干事不无惋惜地说。

杨国美又是淡淡一笑，算是作答。

提到升迁。这可是一些干部魂牵梦绕、乐此不疲的事儿。有的才学欠佳，没啥真本事，不采取点儿"非常"手腕，仕途上便会"到此一游"了。有的既有真才又有实学，看到不咋的同事呼呼地往上蹿，自己辛辛苦苦，业务出色，偏偏沾不上"提拔"两字的边儿，那滋味似猫爪挠心，无奈之下拉下脸来找门道奋起直追……

在有的人眼里，走官场之路可以光宗耀祖，可以满足个人权力欲和荣誉欲，是一个几乎可以斩获贩毒利润却并无贩毒风险的行当。于是乎，"又跑又送，提拔重用"成了挖空心思，投机钻营跑官要官者的成功经验之谈，当然也是人们深恶痛绝的贪污腐败现象。

杨国美对于升迁很淡定，曾主动放弃过"更上层楼"的机会。

1994年吧，一次盐城市委书记来大丰检查抗旱工作，向大丰市委书记征求意见说：盐城的同志都觉得杨国美同志工作很实、很在行。当这位书记转达盐城市委准备调他到市里担任农业局党委书记、局长，有心让他发挥更大作用时，却被他婉言谢绝，理由很简单，就一句话"不想离开本土、离开麋鹿"。

这一年，省农林厅也想将杨国美这位管农业、林业的行家里手调到省里当林业局局长。这一下子升迁的空间就更大了，这可是众多基层干部可望不可求的美差啊！

他依然不为所动，依然委婉谢绝，依然是很简单的理由："在基层干干还可以，到省城可不好适应啊！还不如在基层为老百姓办点实事，拍拍麋鹿呢！"

"呆子呆子！人家是带着'信封'还有这卡那卡、削尖脑袋往里钻着'跑官要官'。他这是官票往他手里塞，愣是嫌烫手——不要！唉，没见过这么呆的！"

"杨市长他呀，有钱不会拿呢！盐城有位律师对他说，在这江苏省境内好多广告牌、刊物上，有你拍摄的许多麋鹿图片，可以告他们侵犯了你的版权。你告不告？我可以当你的代理律师，可以打得百万元的被侵权赔偿。他说什么：我现在还来不及想打官司。你说说，这不是呆子是什么？"

“你放不下麋鹿，不到上头去当官——成。可是，该你得的钱拿回来花花，怎么啦？天经地义的事嘛，还这么呆！”

杨国美耐心地解释道：“律师可以帮我索赔许多钱。我想了想，这事还是先放一放，我保留我申诉的权利。‘保留’，为什么？我考虑，无论是报刊上的广告宣传，还是露天广告上巨型麋鹿图片，商家固然有营利目的，但也确实起到了宣传麋鹿，宣传保护野生动物的作用。同时，也宣传了我的家乡，提高了大丰的知名度。我想，一个人要学会舍得放弃不属于自己的东西，还要学会有毅力去争取属于自己的东西。他们侵犯我的知识产权，我会先礼后兵的。”

当今，写一个干部，尤其是手握实权的干部，似乎不应回避这样一个问题：他这干部当得是否清白？

杨国美回答道：我当副市（县）长12年，说没有人送过钱？不可能。我收了也是真的。我是能当场退回的当场退回，实在退不了的，那就得动动脑筋了。上门送钱的见你不收，好说歹说就是不走。我就表示钱可以收，得变通一下，等我买胶卷或冲片放大照片后，拿着发票找他报销。这样，你也好入账。有信的——告辞了。也有不信的——非要将钱先放我这儿，以后有发票再结账。不然——不走。我想，这么顶着也不是个事儿。好好，我只好收下。待到楼下，他即将开车离去时，我就向他招手致意，大概是市长的缘故，往往要表示告别。就在这当口，我连忙将钱从打开的窗子扔进去。这样，他就不好再纠缠了。”

他当市（县）长12年间，分管过农业发展基金，全市乡镇要建种子站、蚕茧站、水利站、兽医站、土管所等等。每个站（所）政府总得扶持，少则两三万，多则十万八万的。全市29个乡镇就得近千万。他没有收过一条烟、一瓶酒，没吃过一餐饭。

他当市（县）长12年间，分管的不是一个个局，就是一家家场，要么就是什么所。这些单位要发展、要建设，就要上一些工程和项目，又得靠农业发展基金来扶持，找上门要杨国美介绍项目的接二连三。包括亲弟弟在内的亲朋好友，他一个没有介绍。

他分管土地管理，用地批地需要他代表政府签字，但是他与全市29个乡镇的建筑公司老板及大大小小地产商连面都不见。所以，12年间，他没有找过他们，人家也没有找过他。一切都按审批程序去办。

大丰是全国重点棉产区之一。早些年，不要说加工后的皮棉、棉籽，就是棉籽壳都很紧张，供不应求要计划分配、要批准签字。他清楚，想搞这些买卖的人太多。他的职责是分管从种到收。市里让他从种到收、到加工、到调拨“一揽子”全包了。他极力主张将加工、调拨划归分管工业的副市长负责。

“没得命嘞，你真呆！”

“可不，哪有人把这么肥的事情往外推的？”

“我不要。”这就是市长杨国美。

作为从中央到地方几十家报刊公认杨国美“报道农业、农村和农民最及时的一个”，《人民日报》曾以“咱农民的摄影师”赞誉他。那么，这位市长摄影家有个回避不了的问题：数以万计的洗片、放片，费用从哪里来？既然所拍之片能够在报刊发表，相机也就差不了，这费用又从哪里来？就这个问题，当年赴大丰市“三讲工作组”组长曾面对面地考证过这个问题。

> 非常感谢大家关心、爱护我。现就我搞农村摄影及后来的麋鹿摄影经费问题向大家作个汇报。
>
> 开始搞摄影，我用的是200多元的傻瓜相机，现在用的是尼康F70，属普通型单反机，是用我自己的工资买的。我不抽烟、不喝酒，也没有别的嗜好，就是喜欢摄影，家属子女都支持花这几千元。
>
> 说到用的胶卷、照片，我用我的稿费去冲胶卷、洗照片，不需要别人赞助。

这是杨国美在全市有数百人参加的“三讲”大会上讲的。

赴大丰市“三讲工作组”返回南京前，该组组长又找杨国美，提出：“你能不能送我一本麋鹿画册，还有那幅《百鹿归一》？”至少说明这位组长了解了杨国美。

话又说回来，无论是泥腿子还是市长，在我国跟摄影家总是有点儿风马牛不相及。他是附庸风雅，还是真有那个“金刚钻”？

关于他有没有“金刚钻”问题，我们可以从中国摄影家协会顾问、原副主席袁毅平先生，为《中国麋鹿——杨国美摄影作品集》所作的《序》中，看到杨国美实际上已经是一位称职的“不是专业而创作出具有相当专业水平作品的摄影家”——

“杨国美其人，我是2001年10月在他来北京，中国美术馆举行他的麋鹿摄影展览时认识的。见面时，我一边打量着这位憨厚的农民模样的作者，一边揣摸着他的作品是个什么样的水平。当我走进馆里逐幅逐幅地观赏着他那精湛而别有情趣和意韵的作品时，我真有点不大相信这些作品竟出自一位为发展农业经济而日夜操劳的市（县）长之手。看来他的的确确是一位不是专业而创作出具有相当专业水平作品的摄影家。我用这样的‘定语’来赞赏他的艺术创造，想是一点不过分吧。”

接下来，袁先生除了叹服杨国美的“麋鹿情结”外，还从摄影艺术的“求新求异”、“造型技巧”、“表现手法”、“拍摄瞬间的把握”等角度进行了热情而中肯的评论：

“首先表现在他善于运用光线、线条、影调、色彩等这些造型因素去构成富有美感及有意味的画面形式。比如，他常用逆光或侧逆光去表现麋鹿及其他景物的质感、立体感、空间感，以及水花、倒影和晶莹剔透的花草；又比如，他常用对比手法，以静态的绿色背景衬托棕黄色麋鹿的多种神情动态，等等。以上这些艺术手法，无疑在很大程度上增强了画面的形式美感。

“作者的精良技艺，还表现在拍摄瞬间的把握上，麋鹿生性机警，动作敏捷。所以，一般情况下必须抓拍，但如何抓住恰当的甚至最佳的瞬间就很不容易。我看杨国美的不少作品却抓得比较成功，表现了麋鹿兴高采烈的嬉戏活动，剧烈奔跑的竞技场面，稚拙可笑的舞蹈姿势，勇于拒“敌”的自我保护架势等等神情动态。作者有时还运用追随法拍摄，大大增强了麋鹿奔跑的速度和激烈气氛。”

初学摄影者大概记得这样一句话：“11光圈1/100秒，一摁快门肯定跑不了。”杨国美可不是只会摁快门的花拳绣腿二把刀。如上所述，他不仅有丰富的实践，而且能从摄影理论到摄影实践的结合上，由浅入深，由表及里讲得头头是道，有声有色，可圈可点：

拍摄麋鹿，选在一年四季均可，但八九月份最为适宜。麋鹿毛色棕红净亮，鹿角渐趋丰满，保护区内的植被色彩丰富。尤其是齐腰深的毛茸茸的狼尾草，在逆光下，勾勒出一道道金黄或银白色的亮边，晶莹剔透，十分壮观，各种候鸟成群，时起时落，一派安谧祥和。

拍摄麋鹿最好逆光或侧逆光。清晨薄雾，可拍若隐若现悠然觅食的雾中麋鹿，朦胧含蓄。日出后可利用逆光、侧逆光，并适当人为减少曝光，拍成剪影效果的麋鹿，或利用麋鹿在水边活动的场景，拍出水中倒影，相映成趣。有时，可拍上百成群的大场景，也可拍几头麋鹿的小特写。逆光下，麋鹿与地面植被，轮廓分明，立体感、空间感强烈，光影生动。傍晚，夕阳逆光下拍摄麋鹿，则一片金碧辉煌，美不胜收。

拍摄麋鹿，“远取其势，近抓其神”。远景可用广角或中焦镜头，站在较高位置拍摄麋鹿与自然环境的原生态美的大场景。近景可用长焦，抓取麋鹿间的生动情感交流或颇具戏剧色彩的“打逗、追逐嬉戏”。

在拍摄运动中的麋鹿时，可采用“追随拍法”，利用背景中的模糊杂草、树木或飞溅光亮的水花，与清晰的麋鹿形成虚实对比，突出强烈的动感。拍摄麋鹿特写时，可利用长焦镜头大光圈、小景深的特点，将周围的环境虚化模糊，突出麋鹿，强化情节。

麋鹿胆小警觉，拍摄者难以靠近，一般采用400mm以上的长焦镜头，拍摄时尽可能使用三脚架，确保成像的锐度。

今天，年过花甲的杨国美依然壮心不已，日益把拍摄麋鹿当成生命中不可或缺的重要组成部分。

退休后的杨国美（杨国美提供）

现在，在国家级大丰麋鹿自然保护区内，杨国美摄影艺术馆成了中外游客的必看之处，馆内陈列了他镜头下126幅精美的麋鹿生活瞬间，这是寻常难见的，令游客叹为观止。

现在，他将自己的晚年作了这样的安排——

“我将义无反顾地走拍摄麋鹿之路，努力使作品再精一些，再深刻一些，再大气一些，再艺术一些，再多一点文化含量，再多一些哲理思考，争取再办几次展览，再出一本影集。总之，我感觉自己的‘胃口’很好，情趣正浓，事业未艾，来日方长。有朋友说，麋鹿是真正的吉祥之物，古往今来凡爱护帮助过麋鹿的人，麋鹿必将施予恩泽。对此，我的体会越来越深。我感谢麋鹿，感谢大自然，感谢大自然赋予我的生命和生命的艺术。我将在对麋鹿的拍摄与思考以及对艺术的不懈追求中走过生命的全过程。”

杨国美这一质朴无华的晚年愿景表明，他痴迷麋鹿、拍摄麋鹿已不再局限于个人爱好，不再局限于一种艺术的追求，也不再是其个体生命意义的升华。他要让人类文明的目光透过他的镜头领略一个完全崭新的天地，唤醒、启迪热爱大自然，尊重形形色色的生命状态，保护生态平衡，共同维护好人类地球这一绿色的美好家园。

杨国美头顶蓝天白云，脚踩绿色大地。他当市（县）长，真心诚意地做百姓的公仆，讲真话，办实事；他拍麋鹿，不辞千辛万苦，为百姓保护生态，装点家园。百姓会把为他们做过好事的人永远铭记心中。杨国美的名字将和他镜头下的麋鹿一道，载入人类绿色家园的史册！

“下辈子不再做导演”

一个“理论型”、“剧作型”和“得奖专业户”导演，声言“下辈子不再做导演”

前几年，笔者担任影片《下辈子还做母子》的宣传策划，在近3年的时间里，见过该片总策划罗广生、编剧之一李春利、男主角刘佩奇、女主角宋春丽，乃至片中女主角赵丽云原型、远在广州的许美云老师。他们在观众热烈的掌声中，出现在首映式或一次次的观众见面会上，唯独没有见到使这部影片大放异彩的导演萧锋。

《下辈子还做母子》影片刚刚在南京、上海、兰州等城市上映，立即引起强烈反响，观者如云，好评如潮，一再出现排队购票，单位包场，甚至场场爆满的空前盛况。即使影片在美国放映时也是场场满座，广受好评。影片无论是在艺术上还是市场上都很风光，可萧锋作为这部影片的导演好像从地球上蒸发似的无声无息。当《下辈子还做母子》影片因票房引发一场官司引起全国乃至全球关注时，萧锋依然没有抛头露面。

人们感叹这人太傻，放弃了一个炒作的机会。再后来我又知道，萧锋将《下辈子还做母子》影片剧本最后亲自重写了两稿，其出自他原创的篇幅已不仅仅是一般的改编和修改，可他却愣没署编剧或改编的名。在当今影视圈这个名利场中，作为导演的萧锋真是有点怪怪的，我要走近他，揭开他的面纱，领略领略他的庐山真面目。然而，这位极其低调的导演同样回避着我的好奇，我们一直未能谋面。

在一次专家学者座谈会上，我听到有人谈起了萧锋。说他在北京电影学院导演系高导班撰写的毕业论文《论电影导演的色彩思维》相当精彩，为了表彰他，指导老师特意破了毕业论文最高95分的惯例，给了96分。

此文还被发表在电影界最具权威的《电影艺术》（1996年第1期）上。

人们评论“萧锋是一个理论型导演”，称：“如果知道他的艺术实践是有理论和美学准备的，也就能理解他在影片中的造型与色彩为什么那么精致而富于品位。”

萧锋的恩师林洪桐教授专门在《大众电影》上著文《应当为他加颗星》，肯定了其得意门生的真才实学：“学美术出身的萧锋大学毕业后当过大学老师，干过电影美术设计师，后来他毅然扎到电影学院导演系高导班。两年时光，他的电影意识、电影观念、电影思维有了新的飞跃，创作思想和银幕技巧也日趋成熟。”“他有厚实的绘画功力以及文学、美学、哲学功底，他当美术师和导演都是一次到位”。

郑洞天教授也这样深刻剖析其学生萧锋作品所达到的境界：“他的创作视野从来没有离开过现实、老百姓和我们国家最最值得我们留恋的那种东西的一种相连，这是血肉的相连。在他所有的作品里都是这样。”

后来，我又听说萧锋有个特点：大凡遇到不太理想的剧本不是一推了之，而是绞尽脑汁，亲自动笔，不少动的是大手术。经他这么一编一导，本子增色，片子也精彩多了。更神奇的是，凡经他动过大手术的稳拿大奖，10年间他导演的电影电视剧获国家级大奖的就有近20个，他个人还得过两次编剧大奖。听多了别人介绍，更激起我欲见识他了解他的愿望。然而，要真正接近他了解他却又不易。尤其这几年，萧锋如同隐居似的回避媒体，悄声无息，很少有他的行踪。

一个偶然的机会，我见到了正在南京拍片的这位穿着随便、不修边幅、形体清瘦、貌不惊人的导演。

导演萧锋（萧锋提供）

笔者开门见山就问："我宣传《下辈子还做母子》影片3年，为什么连你的面都没有见过？"

他笑笑，话也实在："秉性使然。抛头露面的事还是少点好。"

我话锋一转："听人讲你对记者抱怨说下辈子不再做导演了。"

得到萧锋肯定的回答我好生奇怪，他把导演这行当干得如此生动，可圈可点，为何竟出此言？我在与萧锋从相识、相知直到成为朋友的过程中，渐渐地走近他，这才发现就是这样一位在常人眼里"不像导演的导演"，凭着一份追求、一份执著、一份责任、一份功力，将"不像导演的导演"和国家一级导演天衣无缝地融于一身，同时不事张扬地演绎着自己的一方艺术人生。尽管他依然不愿多说什么，但我从他的合作伙伴那里了解到他许多不为人知的故事——

宁夏电影制片厂要破40多年与国家级大奖无缘的纪录，他一连捧回了3项。

天津电影制片厂获奖连连，单华表奖就获得"九连冠"！仍欲创新高，再铸辉煌。他使该厂获得全国唯一的"十连冠"。

1992年春，原中国儿童电影制片厂决定将著名编剧王兴东（电影《离开雷锋的日子》作者）的作品《来吧！用脚说话》拍成电影。不料，在找谁担任导演问题上卡了壳，碰上难题。剧本是以浪漫主义色彩、充满戏剧性冲突的手法来刻画人物和展示剧情的，与原定用纪实手法与淡化戏剧性冲突的导演经纬相背，使之难以接受。童影厂一直找不到合适导演人选，直到3个月后才在北京电影学院导演系高导班找到仅拍过电视剧、从未拍过电影的青年导演萧锋。

童影厂陈锦叔厂长独具慧眼，一锤定音，果断起用萧锋担此重任。很喜欢这个剧本的电影老艺术家于蓝对此心悬空中，剧作家更是担心自己的心血付之东流。那么，年轻萧锋能担此重任、不负众望拍好他的这部处女作呢？

萧锋用他的才华和仅有的60万元人民币克服了难以想象的困难，把惊喜送到关注他的人面前。

时任国家体委副主任袁伟民看了《来吧！用脚说话》，感叹道："我的心比较硬，这部影片却把我吸引住了，很感动。影片用足球说话，弘扬了爱国主义、集体主义和奉献精神，抓住了'情'的抒发。"

广电部部长田聪明情不自禁地说："影片拍出了激情，我掉了泪，受到了感染。"

国家体委原主任荣高棠被影片中的拼搏精神激动得老泪纵横，说："这是一部好影片，很好看又激励人。”他直到上车还说：“影片确实感人，到现在我的眼睛还红着！”

我国老一辈电影艺术家对萧锋和他的处女作更是赞赏有加。陈荒煤说：“看片前，我听说荣高棠看了这部影片掉了泪。我不太相信。今天我看了影片，确实很感人。”黄宗江抑制不住心头的激动：“看一个导演成不成，要看处女作。萧锋能达到这种功力，我相当赞美！”于蓝赞誉道：“我看完影片，悬在空中的心不仅归了位，而且喜出望外。在经费很少的情况下，能拍得这样好，这样的导演实在难得！”

萧锋的处女作《来吧！用脚说话》一鸣惊人，荣获中国电影童牛奖特别奖。接下来，他连续几年拍的影片部部得奖，几乎把中国的电影奖项得了个遍。林洪桐教授得意地说：“我一生中有两个作品，其中一个是萧锋！”于是，业内同行和领导形成了一个习惯：大凡碰上难拍的片子，资金投入少的片子，要拿奖的片子，就找萧锋。在他们眼里，萧锋俨然成了“救火队长”、“拿奖专业户”。

算起来到1996年，宁夏回族自治区（含建区前）有40多年没有拿过国家级的电影奖项。该区有关部门提出：今年，说什么也得通过影片《滑板梦之队》拿回一项国家级奖！国家电影局向宁夏电影制片厂推荐了萧锋，宁夏厂厂长也认定，此片要获奖，得抓住萧锋不可！他求贤若渴，听说萧锋在南京，立即匆匆飞往江南：到了南京，方知萧锋又去了北京，又火急火燎地一路北上……

萧锋望着眼前这位风尘仆仆的厂长，心中似打破了五味瓶：拍儿童片，几年来小资金、低投入，难以诉说的困难已经使自己疲惫不堪；而这部又是体育题材的影片，囊中羞涩，难度太大；40多年没有得过奖，指望这一锤子，谁敢拍这胸脯？那奖杯又不是我家作坊生产的！这片子接不得。当年拍这类影片遇到的那种走投无路、叫天不应叫地不灵的惨境，历历在目啊！

然而，萧锋最终还是答应接拍此片。有人问他：“为何自食其言？”他自我解嘲道：“我这人喜欢和自己较劲，明明知道拍儿童片难度大，无利可图，又比拍成人片劳心受累，可我也不知道自己怎么搞的，越是别人看不上的事越是要干出点名堂。虽然每次历经千辛万苦拍完便发誓不再拍了，最后还是挡不住一种自我挑战的诱惑，冥冥之中，我总感到有千万双眼睛在望着我，人家厂长又几番登门盛邀，我再推辞就不好了。”

他决定从一剧之本抓起，亲自动笔，夜以继日，改变了原剧本《滑板少年》主题立意，调整人物性格，变化故事结构，着力勾勒刻画几个在人群中处于中间状态的孩子，表达他们在成长过程中自尊自强、重塑自信的真情实感。

拍摄中，萧锋特别注重影片的动感形态，他和同伴们亲手制作了各式各样的土设备，拍摄了许多高难度的运动镜头。在整个拍摄过程中，萧锋几乎每个镜头都亲自设计把握，甚至亲自掌机拍摄。一些极有想象力的镜头真不知道萧锋是怎么拍出来的。每当有人问及，他总是笑而不答。据说直到现在还是个谜。

在剧组里，因为对拍摄要求极为严格，小演员们都怕萧锋，甚至背地里叫他“法西斯”。但他们又很喜欢他，因为“他脾气好的时候对我们可好了！”

这年年初，剧组移师珠海，本以为这里温暖如春，却遇上了少见的寒流。招待所里被褥很薄，萧锋就将自己的被褥都拿给孩子，自己在光板床上冻了一夜。第二天，孩子们见到他鼻子红了，嗓子哑了，心里很不是滋味。他却说“没事”，又去了现场。

在平时，组里的伙食有什么，他就吃什么，从不讲究，可要是小演员吃得稍差些，他就不依不饶地对着制片部门吼叫。萧锋同样善待剧组每个成员，他曾经为了替一个维护现场的场工打抱不平而带头向当地的地痞流氓开战。在他的身上确实看不到一丝所谓的导演架子，无论是长者还是年

导演萧锋（萧锋提供）

轻人，都把他当作兄弟和朋友。

他管理剧组自有一套招数，对剧组进行严格管理，过着半军事化生活。比如：遵守作息时间，不准迟到早退；禁止寻花问柳，不准胡作非为；严明剧组纪律，不允许发生涣散军心的言行等，赏罚分明，组规如山。萧锋的严厉是出了名的，拍戏不顺时他敢真嚷真骂，甚至连谁要是不好好吃饭，不按时休息，难逃他一顿批评训斥。

就在影片《滑板梦之队》拍到一半的关键时刻，某男主角忘乎所以，翘起了尾巴，常常违反剧组纪律，拍片时精力分散，得过且过，对夺华表奖从开始信心不足，发展到嗤之以鼻。萧锋耐着性子苦口婆心：要珍惜拍片机会，好好提高自己；要遵守剧组纪律，维护集体声誉……结果，如泥牛入海，无声无息。

“请你不要再违反剧组纪律，否则，小心我开了你！”萧锋正色道。

“我就不信这部片子能拿华表奖！”想不到那个男主角油盐不进，不以为然。

剧组已经因缺少拍摄经费而困难重重，你不帮着分忧解难也就罢了，还这么懈怠涣散军心，不能怪我不客气了！萧锋越想越火，痛下决心，马上召开剧组全体人员会议，就那个男主角违纪问题当场宣布3条：

一、×主演从即日起离开剧组，会后到财务那里结账，当日必须离开。

二、本导演向剧组全体人员郑重作出承诺：《滑板梦之队》影片不仅要拿华表奖，而且至少要夺三项大奖！

三、今后，剧组人员如还有违反组规的，立即离组。

“萧导，片子拍了不到一半，我剩下的戏怎么演？”这时，那个男主角被萧锋的决定震慑住了。

“这你不用担心。我既然这样决定，就有解决的办法。”萧锋清楚：半路换将，势必给剧组带来诸多麻烦和困难。但是，他不信“死了张屠夫，就吃活毛猪”这个邪，他必须说到做到，自信有能力转危为安，柳暗花明。

他夜以继日，一面拍片，一面大刀阔斧地修改剧本，匠心独具地将男一号的后半段戏，巧妙地改编移植到教练之父——老教练身上。这么一改，不仅比原剧多了情节和层次，加强了剧情变化，而且使片子更有韵味、更有看头。尤其神奇的是，他说到做到，《滑板梦之队》获得了“华表奖”、“五个一工程奖”，原中国儿童电影片最高奖“童牛奖”的优秀故事片、优秀编剧、优秀摄影、优秀插曲四个大奖。平生第一次独立拍片的摄影服了，发自内心地对萧锋说："你为这部影片的摄影倾注了大量心血，这个摄影奖应该是你的。"

影片《滑板梦之队》一炮打响，得到首都影视界专家学者的肯定和好评：

"这是一部有独特价值的影片，一部真正给孩子们看的并给他们带来欢快向上的儿童片。"

"滑板运动的影片拍摄难度很大，能拍到这样有视觉、听觉冲击力，相当好。原以为该片的许多镜头是电脑高科技制作的，出乎意料的是搭景拍出来的。非常佩服萧锋很大胆、很勇敢地选择了这样一部难拍的特别有新意的题材。"

《电影艺术》杂志陈宝光说："原来的剧本较一般，为萧锋捏了一把汗。我又拦不住他，权当他玩一把。没想到得到意外的惊喜。这部影片对中国电影的贡献不仅是在儿童片，通过滑板运动的飘逸之美，辅以影片明快的节奏，优美的旋律，浓郁的青春气息，在影片的运动方面做出了贡献。"

有人说，萧锋是拍儿童片的。萧锋对这一说法毫不介意，说只有无知才会把儿童片看低，国际影坛只有类型片之分而无所谓成人片和儿童片之界线。从导演的角度来看，只有把成人片拍好了才会在拍儿童片时得心应手，反之亦然。

其实，萧锋是拍成人片起家的。他拍儿童片缘于被于蓝等老一辈电影工作者步入夕阳之年仍孜孜不倦地从事扶植、发展儿童片这一朝阳产业，深受震撼，向于蓝等前辈郑重作出"最少导3部儿童片"的承诺，没想到他为履行诺言一连拍了5部方才喘口气。萧锋深有感触地说："拍儿童片付出很多，但得到的更多。拍儿童片和纪录片最能检验和锻炼一个导演的综合素质和驾驭能力，有此经历对一个导演来说，是一笔可观的艺术财富，可以说是终身受益。"

萧锋对儿童片情有独钟，对纪录片同样痴迷。长纪录片《天堂之路》倾注了他两年的心血，获得了各方高度好评，即使现在，他仍对纪录片欲罢不能，信誓旦旦地表示要抽出身来专门拍几年。

在诸多片种中，萧锋可以说样样拿手，拍广告、拍MTV，奖项一个都不少，而且都是国家级大奖。回过头来拍成人片，他照样胸有成竹，游刃有余，部部出彩。除了那部场场爆满、盛况空前的《下辈子还做母子》外，影片《背水一战》也同样广受赞誉。

2001年，天津电影制片厂踌躇满志，要在“九连冠”的基础上一鼓作气，再创新高——夺取政府最高奖华表奖，圆全国独一份的“十连冠”之梦。

“十连冠”谈何容易？“木秀于林，风必摧之：堆出于岸，流必湍之。”兄弟厂也在虎视眈眈，铆足劲儿誓在必夺呢！获奖不获奖，导演是关键。天影厂搜寻导演的目标最终聚焦在萧锋身上。但厂长还是不太放心，背着萧锋，在专家学者中，在国家广电总局及其电影局领导那里，打听萧锋个人素质、能力水平，待得到一致肯定和赞许后，这才放下悬着的一颗心。

这天，萧锋目光凝视着合同书上的“确保影片《背水一战》获得华表奖”字样，当即表示：“我不能‘确保’，只能‘争取’。我会竭尽全力去拍，但不能打保票，毕竟‘十连冠’难度太大！”

待萧锋在那份将“确保”改为“争取”的合同上签字后，心里依然在打鼓。因为剧本已由编剧改了好几稿，电影局一直没有最后认可通过。没法子，他只有自己动笔改了，几易其稿，终于完成。

《背水一战》表现的是中国高新科技发展进程中，一群中青年知识分子组建的民营公司和欧美列强竞争的可歌可泣的心路历程和大无畏的英雄气概。但谁又能想到，用来拍摄这一现代化科技题材影片的设备却很陈旧，同期录音连无线话筒都没有，轨道车吱呀吱呀如同开火车，剪辑设备竟是一架需要不时拍拍打打才亮的老式摇片机，令人摇头叹息，哭笑不得。

为什么不使用先进一点的设备？萧锋自嘲地笑笑：唉，我自打拍电影起就是个苦孩子。拍片的钱就这么一点点，能维持着拍下来就不错了。令人回味的是，影片《背水一战》拍摄完成后，萧锋连这部影片的预算究竟是多少，直到今天都不知道！他只知道有条件要拍，没有条件创造条件也要拍。萧锋和摄制组的同事们硬是使用相当落后的器材设备拍摄出，反映现代高科技题材且一炮打响的《背水一战》。中国电影华表奖评委会25位评委以24票通过这部影片获奖，作为改编的萧锋同时还获得夏衍电影文学奖。天影厂如愿以偿，高高兴兴地捧回了奖杯，获得全国唯一的华表奖“十连冠”！这也是萧锋第3次捧起这个沉甸甸的奖杯！

然而，在全国的大小报刊、电视台，很难看到《背水一战》的宣传，更见不到炫耀萧锋个人的光环。如此低调，着实让人难以理解。对此，有人说他是电影导演中的另类人物。

说来也巧，就在这次“华表奖”颁奖晚会的冷餐会上，电影界一位官员对《背水一战》赞不绝口。萧锋恰巧坐在这位官员的身旁，他不动声色，心静如水，默默地听着。当言者听说坐在身边的无语者就是萧锋时，感到非常惊讶，连说："原来你就是萧锋！"

萧锋就是这么个不事张扬的人，知其名不认其人的故事常常发生。连电影局领导都说萧锋很少跑电影局，经常是无声无息地埋头拍片。有一次，当时的电影局局长刘建中约见萧锋谈谈影片创作，说具体时间等候通知。萧锋等了两天不见动静便返回南京了。事隔两年，当刘局长见到萧锋提起这件事，觉得不可思议，说，你怎么就不能主动来电影局找我呢？想想也是，这事要是搁在有些导演身上，很难想象会放弃电影局最高领导的约见。这也许是一种超然，一种在影视圈中少有的超然。萧锋说他做人有自己的准则，要做一个好导演，他认为是三分艺术七分做人。从这句话里我们可以感受到，许许多多的事发生在他的身上，确实可以用"境界"两字来解释、来理解。

"他是用生命打造影片的导演！"<br>"像萧锋这样只讲奉献的导演太难得了。"

前些年，随着西方大片的引进，国产片也开始了大投入、大制作。这对本来就很不景气的儿童片犹如雪上加霜。投资方不愿赔本赚吆喝，导演费力不讨好，几乎无人愿拍。萧锋仍然用一颗平常心，不为拍摄条件艰难而有所动摇。就说《来吧！用脚说话》，谁能想到如此感人至深的影片，当年萧锋和他率领的剧组为了节省资金，竟然蜷缩在大连体育场看台下度过了几十个寒冬的漫漫长夜。拍摄《我给爸爸加颗星》时，为了省钱赶进度，萧锋急火攻心，累得上吐下泻，依然坚持在混录棚里。当他带着拷贝赶到北京送审时，却抱着路边的树干晕倒了……

1996年3月21日，萧锋导演的影片《孙文少年行》首映式在人民大会堂举行，专家、观众赞赏为"近年来不可多得、很有文化品位的儿童片精品"，并被列为国家当年重点影片。

但是，在一片叫好声中，人们见到的不是他成功后的喜悦，而是他那疲惫消瘦的脸上平添的深深忧虑。他心中排解不开的是一起吃尽千辛万苦，合作了好几个月的同事们的酬金还欠着啊！自己也赔进去几万元。此时的萧锋心里祈盼着这回能得个奖、拿上些奖金，好把欠大伙的酬金补齐。

《孙文少年行》是1995年为纪念孙中山先生诞辰130周年筹拍的。童影厂请萧锋出山拍摄这部清朝末年的历史题材影片，而资金投入仅有110

万，连部大片投资的零头都不够啊！还要兴师动众，转点北京、南京、广东、海南岛等地，场景还要涉及美国的檀香山！

萧锋在我国影视市场并非是一个“桃花源中人”，深知拍一集电视剧有的投入高达几十万，历史题材影片的成本已动辄上千万。他也同样深知一旦接下这部影片，将会使自己再度陷入难言的困窘乃至屈辱之中。可有着性情中人豪爽性格、敢于担当的萧锋，还是对窦春起厂长说了句：“士为知己者死。”他一咬牙将全片的风险接了下来，一身二任：导演兼执行制片人。也就是说，就这么多钱，萧锋必须负责在110万元人民币内完成影片的拍摄和制作。

“萧锋疯了！”

“异想天开，白日做梦！”

剧组炸锅了，大伙惊呼道。

“没有异想，哪来天开？一个人如果连梦都不敢做，哪来美梦成真？！”他镇定自若，淡然笑道。

萧锋率领他的那支能打硬仗的队伍出征了！

这是一支怎样的摄制队伍呢？

选景没有车，又舍不得打的，那就坐中巴吧，转了城区转郊区，走过这个村又进那个庄，钱是省了，一天下来灰头土脸，筋疲力尽，跟当年“鬼子进村”似的。

导演的住房虽说不用豪华排场，但起码改个剧本、开次会啥的总得有个落脚待的地方吧？萧锋不大的号称导演房间里却整整放了四张床，热闹是热闹了，简直像家“车马店”！

吃的啥呢？广东消费是啥水平？大伙都清楚。剧组在这样的地方拍外景，生活费只有区区20元。唉，能把肚子填饱就不错了。

拍摄资金严重短缺，这样下去，弹尽粮绝，人心涣散，弄不好到时候片子半途夭折，可不是闹着玩的。萧锋眉头一皱，计上心来：那就“找米下锅”吧。

在中山市的有关同志建议和牵线下，剧组硬撑着宴请了十几位企业家。

席间，囊中羞涩的萧锋早把“导演”二字抛往东洋大海，摆出一副求助者的姿态，恳请孙中山家乡的企业家们伸出援手，协助剧组把《孙文少年行》拍好，告慰孙先生的在天之灵。

几个企业主听罢，端着酒杯对萧锋等主创人员摆出一副财大气粗的架势，粗声大气道：“这样吧，我们事先说好，你们喝一杯，我们每人就捐1

万。干不干？”

本无酒量的萧锋一听，决意豁出去奉陪！几个主创人员一杯一杯地灌了个昏天黑地，一塌糊涂，钻到桌子底下不省人事……

待到萧锋他们一觉醒来，那些企业主们连一个影子、一个子儿都没有留下，更不用奢谈什么“一杯一万”了。世态炎凉，刻骨铭心啊！此刻的萧锋悲痛不已，欲哭无泪！

在中山先生故居——翠亨村，萧锋和剧组的境况更加糟糕。

欠着纪念馆的伙食费还不上，伙食标准降到每人每天15元，还要抢拍夜戏，每日工作20个小时，一干就是10多天，连深夜给大家泡袋方便面的钱都掏不出。

该请群众演员了，没钱。萧锋把心一横，从自己做起，剧组里凡男人一律剃成秃瓢当群众演员救场。有些小伙心疼那一头浓密乌发，伤心地哭了还得剃，成片的乌发往下掉，断了线的泪珠朝下滚……

经费少，片比也就少得可怜，但萧锋却又不肯放弃艺术追求。场面调度，长镜头移动都得靠胶片堆，唯一的办法只有提高成功率，确保不超出3条就得过。大家都发现，只要3条没过，萧锋的脸准得绿。

有一天，小孙文扮演者佘善波老是背不下来台词，一个镜头拍上好几遍还是记不住，早就超出了3条。萧锋火冒三丈，多拍几回我不惜力，可白白浪费那么贵的胶片怎么行！

他猛地一拍桌子吼道：“佘善波，不要你拍了，明天送你回去！”说罢，冲出故居，仰望雨天，任凭雨水冲刷着无声的泪水，禁不住长叹：“老天爷，拍电影怎么这么难啊！”

身着长袍的佘善波一下子跪在萧锋面前，抱着他的腿哭喊道：“萧叔叔萧叔叔，我一定……好好背台词，好好演戏。请你不要……送我回去！”

听着小佘这悔过的话语，萧锋禁不住俯下身子抱住佘善波的头，声泪俱下：“孩子，你再这样不好好拍，浪费胶片，我们剧组可就连吃饭、回北京的路费都没有着落啦！”泪水涟涟的佘善波懂事地连连点头。

剧组演职员默默看着他俩被雨水淋湿的背影，禁不住眼圈红了，暗自发誓：“再难再苦也要跟着萧导把片子拍好！”亲眼目睹这一切的外景地百姓说：“这拍电影太苦，就是给我10万元，我也不干！”

拍完翠亨村外景地，影片完成一半，剧组账面上资金仅剩下1万元。前方拍摄地远在海南岛三亚市。咋办？开弓没有回头箭，只有背水一战，到目的地再想办法！

萧锋没有犹豫，果断指挥，道具车、发电车、大客车等7辆车立即出发。过琼州海峡轮渡费4000元，见到海口时只剩下6000元。萧锋心想：反正已是穷光蛋了，这一路，弟兄们太辛苦，不能再把人搞垮了，该慰劳慰劳大家！结果，打牙祭又花去2000元。这下更不敢在海口停留，一路南下直奔三亚。途中单过路费、汽油费就把剩下的4000元花了个盆罄碗净。堂堂《孙文少年行》摄制组——不——准确地说，一支穷困潦倒的丐帮队出现在三亚市。

萧锋别无他法，只有继续使用屡屡受挫的“找米下锅”。

“先付半个月押金。”在市委招待所，接待者扔过来这么一句话。“没钱。”萧锋的老搭档应礼志在前台拐弯抹角终于表达清楚这样两个字。

“没钱——别住。”对方好干脆，决不拖泥带水。

“我们跑不了，喏——这里有身份证，还有介绍信，全押在这儿，宽容我们几日把钱交上。”

接待者仍不为所动。

总不能让摄制组像当年的人民解放军睡在三亚市的大街上吧？萧锋万般无奈之下带领制片部门的人走上街头，见到一家家公司就像见到一座座庙宇、就得一次次烧香磕头，苦苦相借。天快黑了仍两手空空，他们没有放弃，最后总算借到4万元，才让一支疲惫的队伍有了个安身之地。

肩上压了座大山的萧锋岂敢喘口气，一面派得力干将四处拉赞助求援，一面赶紧打电话催童影厂：“先把留做影片后期的钱给我们用，到后期的时候我再自己想办法解决。再不汇钱，我们就要饿死啦！”

“现在厂里也困难，容我们几天想想办法。放心吧，就是当了桌椅板凳，也会给你们送钱去！”此时，电话两头的萧导演和窦厂长心头同时荡漾着一种危难时的悲情。

去美国夏威夷檀香山拍外景？开玩笑！简直是天方夜谭。萧锋的头都大了。要知道，从北京飞往美国檀香山直达航班的飞行距离8000多公里，万里之遥啊！

好在萧锋的点子总比困难多。剧组在他的指点下，就地取材搭教堂、搭学校……凭萧锋多年电影美术师的功底，搭得倒也惟妙惟肖。不料，船漏偏遭连阴雨。一阵台风扫过，教堂、学校……统统被请进了大海。萧锋看着那来之不易的辛劳成果转眼付之东流，禁不住泪流满面。

电影同样不相信眼泪，片子还得拍下去。他同大伙一起下海打捞散落的道具、木材……去乡间收购旧建材，七拼八凑又把教堂、学校搭起来，继续抓紧时间拍。不料，又一场台风紧逼而来，已转场文昌的萧锋这时候已经是弹尽粮绝了，最后还有70多个镜头没有拍，英雄气短的萧锋只有怀着深深的遗憾带领剧组收兵回京。

在北京，萧锋在每天仅有10元伙食费的境地中，苦思冥想，将缺少的70多个镜头，借用老年孙中山弥留之际对青少年时代的回忆，在叙事结构上进行了精巧而大胆的构思，巧妙地运用TV手段剪接，并且自己动笔写出了一段段精彩的旁白，既增加了历史的厚重感，又成功地弥补了缺憾和不足，使《孙文少年行》取得了气势恢宏、史诗般的神奇效果，获得满堂彩，一举打破金鸡奖最佳儿童片连续3年的空缺，夺得4项国内电影最高奖：金鸡奖、华表奖、童牛奖和中宣部“五个一工程奖”！童影厂窦厂长感慨不已：“萧锋是南影厂的导演，可我觉得他简直就是童影厂的人。他总是把困难和委屈留给自己，体谅厂里的处境。为拍好每一部影片不知吃了多少苦头，在他的身上总有着一种让人感动的东西！”

萧锋，就是这样一位吃尽苦头而又不长记性的导演！

“你是一个没有把自己放在恰当位置上的导演。”有位名家对萧锋说。他称这一“萧锋现象”为“古人风范”。

大千世界，无奇不有。比如说吧，有导演将足够90分水平的本子，拍成了也就80分水平的片子，成了“名角”、“腕导”，熠熠生辉；反之，有导演将60分水平的本子，拍成80分水平的片子，却不一定能引起关注。导演水平的高低在现时的影视圈已无衡量标准，炒作往往成了成功的秘诀。

前面写道，萧锋几乎把国内电影大奖得了个遍，这样的导演哪怕是稍微炒作几把，肯定是声名远播。可是，他老老实实做人，真真诚诚拍片，默默耕耘，从不张扬，取低调为人处世。每逢电影界颁奖、联欢等活动，他总是远离镜头、远离热点，通常固定的位置往往不在边边上就是角落里，没有高谈阔论，不见哗众取宠，仅仅是与好友、同行或互致问候，或切磋技艺，或单独静神沉思……这就是萧锋，面对奖杯闪烁、鲜花夺艳、掌声响起，他往往站在幕后，仿佛是个局外人；每当一地政府领导专程到机场迎接那盛载荣誉的奖杯时，为夺得此杯的他却悄然不见了，或没来，或躲到后面去。正是他的淡泊名利，低调处世，进而默默无闻，闹出一些令人哭笑不得的误会来。

1996年，一年一度的“金鸡奖”颁奖典礼在昆明隆重而热烈地举行。在奖项揭晓前，影片《孙文少年行》已获得该奖项最佳儿童片的唯一提名。这时，颁奖嘉宾赵丽蓉喜滋滋地出现在台上，全场掌声响起。“儿童片几年空缺，今年是不是还空缺呢？没准儿——”赵丽蓉故意吊大伙胃口，望了台下一眼，接着作出惊讶状，“啊呀，那还得公布呀是不是？最佳儿童故事片——中国儿童电影制片厂拍摄的影片《孙文少年行》！”在全场热烈掌声中，萧锋穿着一身便服上了台。

萧锋这人，穿衣不讲究，最怕西服革履，弄得脖子挺不自在。尽管组委会要求“上台领奖讲话要穿西服打领带”。他不愿穿又没辙，就手提西服领带，穿着衬衫、牛仔裤进了会场。哪知，《孙文少军行》获奖一宣布，萧锋压根儿没想到换西装。

萧锋站在领奖台上，接过奖杯高高举过头顶表示谢意后，刚准备按预定要求讲话时，主持人一展胳膊，做了一个十分优雅的“请”的姿势，萧锋一愣，心说，不是说好了要讲话吗？嗨，不让讲就不讲吧，将冲到嗓子眼的心里话活生生地噎回肚里，脸上的笑容依然灿烂着，双脚已在那个优雅姿势的指引下下了台。原来，主持人误以为这个穿着衬衣牛仔的“小个子”是个代替领奖者。

还有则笑话。有一天，常年在外景地拍片的他回家看望老母亲，想不到竟被新来的卫兵拦在大门外。卫兵不相信他住在院内，问清他找谁后，电话一拨，开口就对着萧母说道：“喂，萧伯母，有个‘农民工’找您，让不让他进去？”同样的经历萧锋不止一次遇到过。让他哭笑不得的是，在他家附近还曾经被便衣警察扣住，对其背着的一包录像磁带产生怀疑，把他当成了盗窃嫌疑人了。幸好，一位熟人路过，认出了萧锋，才把没带身份证件的他解脱出来，弄得警察很尴尬，一个劲地道歉。

对于自己不显山不露水造成的不为人知，萧锋看得很淡然。萧锋的老师郑洞天教授曾当面对他说：“你是一个没有把自己放在恰当位置上的导演。”多么恰如其分又令人感叹的赞誉！很值得那些“出演一个角色就成‘明星’、导了一部片子就成‘名导’”的人们三思：自己的恰当位置究竟应该在哪里？

有人说萧锋平和谦逊，也有人说他清高孤傲；有人说他“传统”，又有人说他“另类”。

萧锋艺术上崇尚自然、情趣高雅、讲究品位。做人上与人为善、坦诚重义、淡泊名利。他很容易被感动，但他的高尚人品，他的人格魅力，更容易感动别人，总给人以信赖感、安全感。这大概是许多电影厂聘他拍片的缘由，更是许多影星都乐意不计报酬，与他合作拍片的缘由。也许有人认为他不好接近，其实，他为人随和。结识久了，便发现他没有一点架子，也不会端架子。为了电影他什么事都可以做。

萧锋邀请宋春丽主演《下辈子还做母子》就是一例：那是在出席第16届金鸡奖颁奖典礼时，萧锋有心请宋春丽担任《下辈子还做母子》影片女主角，专门向她叙说了现实生活中的许美云老师，如何教身患绝症的孩子选择坚强，提高生命质量的感人事迹。萧锋问她愿不愿意出演此角，宋春丽心里正为当晚能不能捧走金鸡奖杯而打鼓，未置可否。萧锋话题一转："这样吧，如果晚上我俩能双双获奖，就合作一把！"结果被言中，他俩双双获奖，也就有了合作的激情和基础。宋春丽信守诺言，一连推掉两部戏，静等《下辈子还做母子》拍摄。等呀等，半年过去了，投资方资金还没有到位，无法开机，就在电话中对萧锋说明"负'片'累累，不能再等"的情况。他一听，宛若火烧房，第二天一早就从南京飞往北京。

"宋春丽，今天中午找个地方请您出来谈谈。"萧锋一下飞机就打电话。

"谈谈？你在哪里？首都机场？什么事？"宋春丽不解。

"见面再说，您定个地方。"

在京城北太平庄的一家上海菜酒店，当宋春丽得知萧锋专程来京是为挽留她拍摄《下辈子还做母子》而来时，这位颇具豪侠气度的女性激动不已，鼻翼酸楚。萧锋用她喜欢的二锅头款待，同时讲述着他正在改写的剧本的精彩段落。两人对饮，你来我往，越喝越投机，越说越兴奋……

他说："《下辈子还做母子》女主角非您莫属，请您是请定了。"

她说："就冲你专程来京，就是再等半年，我没二话！"

二人边谈边饮，边饮边谈，只见二两五一瓶的二锅头一瓶接一瓶地见了底，也不知道喝了多少瓶。醉醺醺的萧锋与宋春丽再三约定：请您再等几日，我一定把剧本改好，让您满意。出了酒店，萧锋东倒西歪地奔向首都机场，南京方面还有事情等着他哩！

萧锋为人有个原则，也就是他自认的毛病：哪怕是酒后的一句话，也要当诺言去履行。萧锋恩师林洪桐有个最后的心愿：把曹禺话剧《北京人》搬上银幕。1998年，当资金、设备全部到位时，这位老人却因身体不适而行动不便，想与萧锋一道台前幕后配合来圆这个梦。萧锋接到电话，愣住了，左右为难啊！不久前，他在哥儿们意气驱使下答应执导峨嵋电影制片厂一部投资100万元的农村题材影片《这山更比那山高》。

在北京，拍的是名家名剧，资金充裕，设备先进，条件优越；而去四川，农村题材，资金少得可怜，还要到山村摸爬滚打一番。

按理，为恩师圆最后一个梦义不容辞！可是，已经答应的峨影厂在前，即将开拍的片名就叫《这山更比那山高》，我怎么能这山望着那山高？虽说当时还没有和峨影厂正式签订合同，但我不能言而无信，嫌贫爱富嘛。做人得一诺千金啊！那些天，萧锋的内心被报答恩师还是信守诺言折磨着。最终，他选择了后者。

“萧锋，你不要往心里去，这事情要是我，我也会像你这样处理的。我理解，你千万不要有什么想法。”电话里，林教授语重心长地宽慰他。老师的豁达感动得萧锋说不出一句话。后来，林教授因身体原因没能拍成《北京人》，成了他终生的憾事。而萧锋心头一直怀着深深的歉疚，没有为恩师圆最后一个梦，他心中不安啊！

2001年6月14日中午，萧锋在南京发生车祸，方向盘猛烈地撞向他的前胸时竟然扭成麻花，盘杆也被折断。经医院检查，他竟奇迹般地除了剧痛外，一没有骨折，二没有骨裂。

第二天，保险公司来人对萧家人说：“去年发生的几起类似车祸，没有一个人活下来。萧导是福大命大。他人呢？”

萧家人说：“飞北京听中央电视台的审片意见了。”

“坐飞机？”来人吓了一跳：“如果内出血，在1万米高空，肯定要出人命。”

此时此刻，萧锋正忍着剧痛在中央电视台认真听取领导、专家对刚完成的长篇电视连续剧《青春的童话》的审查意见。第三天疼痛加重，萧锋起不了床，上厕所得爬着去，他没有向任何人求助，靠饼干、矿泉水度过了半个月难熬的日日夜夜。万幸的是，他没有内出血，否则，在那万米高空……一位主管影视的领导感慨地说：“萧锋是我国为数不多的几个德艺双馨的导演。”

“他的生命就是电影！”林洪桐教授贴切的评价，使笔者领悟了萧锋声称“下辈子不再做导演”的缘由。

萧锋说：“这次车祸使自己在生死之间走了一回，顿悟了人生的许多东西。做一个好导演，必须十二分地投入。可导演这行当离名利场太近，当生命的一部分要用来为名利付出时，我会感到一种生命的悲哀。当然啦，开弓没有回头箭，既然这辈子已经和导演结下了不解之缘，就应该珍惜电影如同珍惜生命一样，认认真真拍好每一部片子，这比什么都重要。”

把电影当作心中神圣殿堂的萧锋，面对无法回避的现实，感受到理想实现不了的压力，沮丧和痛苦使孤傲的他选择了低调、回避。此时，笔者理解了萧锋。试想，一个每每用很少资金拍成电影的导演常常与几倍于自己投资的影片同场角逐而又获奖，如若给他充足的资金，将会给我们何等的惊喜？可是，用较少资金投入拍摄获得较大的成功，给他带来的“救火队长”称号，也许只会给他带来更多的无奈和遗憾。

说到遗憾，萧锋心中还有一个，那就是酷爱做学问的他没有读个博士学位。他在念大学时学的是绘画，后来当过大学老师，因觉得绘画不能足以表达自己内心的感受，便又决意改行做了导演。当他后来向复旦大学新闻学院打听能否报考在职博士生时，得到的答复居然是：对方要聘请一老一少担任该院的客座教授，其中的这“一少”便是萧锋！

其实，他的理论水平、实践能力不在博士之下。他早就是南京大学的客座教授，讲的课深入浅出，有声有色，很受欢迎。萧锋又一次没有把自己放在适当位置上。他是个心中永远有追求的人，为了追求可以舍弃一切。

面对眼前一脸疲惫的萧锋，我们除了钦佩还能说什么呢？我们并不要求导演们都能像萧锋那样把生命与电影画等号。但是，期待导演们能够少点儿对名利的追逐，把影视真正当作人生的一项重要事业负责任地加以对待，像萧锋这类导演能够多一点，应该说是可以的。

（原载《传记文学》杂志）

雨露苍生黄春元

给本文起的标题，原先是《闻鸡起舞黄春元》。虽说，“闻鸡起舞”在《辞海》中的解释有这样几句：“比喻志士及时奋发。松洲《念奴娇·题钟山楼》词：‘击楫誓清，闻鸡起舞，毕竟英雄得’。”虽说，此题与本文主人公倒也贴切，但总觉得，此题如果被误解为：本文主人公是一个听到鸡叫就起床的人，那就大不敬了。

那就改一改吧，尽管，本文主人公从事的是畜牧业，似乎不大起眼，实则是关乎国计民生、关乎千家万户的大事，是一桩雨露苍生的壮举。早些年，不就是有位大都市的市长把生产豆腐当作民生大事来抓而备受市民欢迎吗？故将题目定为：《雨露苍生黄春元》。

至于他的大名，颇有点讲头。还是以《辞海》解释为准吧。

“春”：《辞海》中第一条注释为：一年四季的第一季。夏历正月至三月。

“元”：《辞海》中解释比较多，主要有：

一为“始：第一。如：元旦；元月。《公羊传·隐公元年》：‘元年者何？君之使年也’。”

二为：“为首的：如：元帅；状元。”

看来，无论是“春”，还是“元”，似乎都离不开“第一”这两个字。不难看出，黄春元父母对这位黄家后辈寄于何等的厚望！

何谓第一？用黄春元的话来说，要干就要干出最好！他没有辜负父辈的期望，为雨露苍生，在畜牧这一片天地之间做出了“四个全国第一”！他的作为，再次印证了“行行出状元”这句至理名言。

弟子数万、国内一流教授面授、每期每人破费22元。这就是全国首家现代化养鸡培训班

多少年来，我国的老百姓一代又一代地挣扎在饥饿线上，直到使用了化肥、农药，直到有了袁隆平的水稻杂交等新科技问世，我国的粮食紧张问题才开始有了转机，国人们备受磨难煎熬的肚皮大概不会再唱什么“空城计”了。

粮食产量上去了，关系着提高全国人民生活质量的畜禽业该如何发展？尤其是千家万户餐桌上少不了的鸡蛋。10多亿人口的一个国家，仅靠农村老奶奶为换点油盐酱醋、针头线脑养的那几只鸡，鸡蛋只能永远是量少价高上不了众多百姓饭桌上的奢侈品！当年吃鸡蛋有多难的那一幕幕，记忆犹新，太难忘了！

虽然，在欧美国家机械化养鸡早已成了气候，但在我国直到上个世纪80年代初才刚刚起步。我国地域辽阔，农民又特讲究眼见为实，光靠一些国有农场的示范，猴年马月才能改变现状？

谁来为解决国家的尴尬处境，为百姓日想夜盼最起码的需求助力？

黄春元，这位上个世纪50年代末从南京农学院畜牧兽医专业毕业后，

黄春元教授（陈贻林摄影）

执教于北京农学院的畜牧专业人士，“文革”中被接受再教育后，他心里想的是，“只有农村，才是我施展才干的广阔天地。”

1971年，当他面临是回市里坐机关，还是留在京郊昌平工作的抉择时，他选择了后者。他说;“我太熟悉这里了，我要靠自己的努力，把昌平办成京郊畜禽生产基地！”

话说到了80年代初，北京市政府率全国之先开始抓老百姓吃蛋难问题。此时，正在昌平县畜牧局局长位置上的黄春元听到这一消息时，开始显得特别激动，我们这一行能一展身手了！继而想到一种责任，有点如坐针毡了，肩上的担子很沉很沉啊！北京广大老百姓要是再吃不上鸡蛋，是我这个县畜牧局长的耻辱！那些日子，如何解决老百姓吃蛋难？成了他的一大心病。

他绞尽脑汁，寝食难安……

有时候，他想起故乡——闽西长汀县的美山秀水……上个世纪30年代，国际友人路易·艾黎曾情不自禁地赞叹道:“中国有两个美丽的小城，一个是湖南的凤凰，一个是福建的长汀。”当年毛泽东在延安窑洞里接受美国记者斯诺采访时，仍没有忘记远在南国的小山城——闽西长汀，借用路易·艾黎的赞叹来赞美这座小城是“我国有两个最美丽的城镇”。

长汀，这座美丽的小山城，那可是美轮美奂，名不虚传！长汀城内有山，山中有城，古城墙从卧龙山顶两侧沿山脊逶迤而下，构成挂壁城池，把半个卧龙山揽入城内，又沿汀江而修合。汀江穿沃野平畴而过，山城如一颗耀眼的明珠，镶嵌在银练般的汀江之畔。长汀城内，静静的青石板、古朴的老城墙、幽深的街巷、百年的老店……凡是亲眼所见者，无不被她的美而赞叹不已，流连忘返。

长汀的西邻，就是当年苏维埃政府首都瑞金，相距约30公里。儿时的黄春元就有过好多回爬山赴红都的经历。这美好的记忆至今历历在目。然而，最令长汀人引以为自豪的是，这片热土曾经留下毛泽东、朱德等一大批开国元勋的足迹。长汀，一度成为省苏维埃所在地。抗日战争时期还是厦门大学的落脚之地呢！

这里是红色的土地、红色的山、红色的水和红色的城……在黄春元幼小的心灵播种下了红色种子，立志长大后像红军那样，也为天下的劳苦大众做事。

有时候，他想起勒紧裤带求学读书的大学年代。当时，毛泽东强调的至今也不失为真知灼见：教育要与生产劳动相结合。他被下放到江苏省涟水县月塔乡。那时，不要说是学生，就是再大的干部到农村去，也要和农民实行不能走样的“三同”——同吃、同住、同劳动。

黄春元住在村上人称“麻三爷”的庄户人家。在那连红薯干都不够吃的岁月里，这位脸上有几点坑、腿有点跛的三等残废军人，时不时地在晚间给他煎上一只鸡蛋。不为别的，农活太重，又忍饥挨饿，担心城里来的大学生吃不消啊！

……

熏陶是潜移默化的，榜样的力量却是无穷的。黄春元认定：是人，来到这个世界上，总得做点什么。大到揭竿而起闹革命，小到见摔倒之人扶上一把。否则，与行尸走肉有何差异？

1981年，黄春元随北京市赴法国考察团调研机械化养鸡和现代畜牧业生产。宝贵的经验和技术，对于正当年富力强的他，像雪中送炭，似春风拂面，开阔了眼界，增长了见识，踌躇满志，决心为祖国的机械化养鸡事业一显身手。他组织实施了国内外畜牧业“红外线仔猪保温伞”、“产蛋鸡强制换羽”、“鸡的气雾免疫和抗体效价监测”等10项先进技术和科技成果，在全县范围内有计划地进行推广。虽处于试验探索阶段，却取得了可喜的经济效益。经初步测算，为国家、为集体创造了近百万财富，节约粮食226万斤。这点钱、这点粮，放在今天当然不起眼，但是在那时可是个不小的数目！

随着昌平畜牧局在我国畜牧界声名鹊起，天南海北的取经人纷纷用电话、传真、邮件，甚至不畏路途遥远跑到昌平，学习现代化养鸡，要求提供技术指导和服务。

黄春元琢磨：为了让亿万家庭的餐桌上尽早地有鸡蛋，当务之急是让现代化养鸡在全国开花。要达此目的，最好的捷径是在全国范围内培养一批现代化养鸡能手！

黄春元刚想到这儿，心中不由得嘀咕起来：昌平畜牧局虽说是个处级单位，但轮也轮不到你在全国畜牧界吆五喝六，指手画脚！今天，冷不丁要动真格地干这么一番大事，这手——是不是伸得长了点？万一有人借题发挥泼点污水，有个什么风云变幻，尤其是往政治上推一推，沾上那么点边，你纵有七嘴八舌也道不明、辩不清啊！转瞬，他又是提醒，又是自责：胡思乱想想到哪儿去啦？利国利民的事怎么能前怕狼后怕虎袖手旁观呢？只要老百姓的生活能过得好一点，手伸得越长越好，干得越欢越好！

在后来的日子里，每当有人指出他揽的事儿太多、超出职责范围时，他总是理直气壮道：“推广、传授畜禽技术，是畜禽科技人员应尽的职责，哪里需要畜禽技术，哪里就是我们工作的范围。”

现代化养鸡，在我国始于北京。昌平县则是重点地区之一。黄春元利用得天独厚的地理位置、先进的技术手段，特别是黄春元这位专业技术人员又担任领导职务，为开展工作提供了诸多便利。1982年，全国第一家名为“北京市昌平畜禽技术服务公司”面世。

“这公司能成吗？”

“胡传魁还有七八条枪哩！公司只有4名专职人员，办公司？能办成啥模样？‘筑长城’还差不多。”

“1000元办公费够干什么？嘿嘿，也就是两盅小酒吃顿饭吧。”

人们牢骚归牢骚，还真为这公司的前程捏了一把汗。

黄春元胸有成竹，心想：首都高等院校、科研单位技术力量雄厚、人才济济，这就是公司开展技术咨询服务工作起家的基础和本钱。

他选择举办技术训练班作为公司开展工作的突破口，开全国之先河举办现代化养鸡培训班。他请来了清一色的我国一流水平的中国农业科学院、中国农业机械研究院、北京农业大学的专家、教授亲临授课，什么“养鸡综合技术”、“饲料与营养”；什么“禽病防治”、“雏鸡雌雄鉴别”；还有什么“鸡的人工授精”等专业课程讲得通俗易懂，有声有色，将我国现代化养鸡从一开始就推上高起点、高水平。黄春元已为公司的成功打下了坚实稳固的根基。

第一期现代化养鸡培训班面向全国招生，一下子就到了120多人，那真是济济一堂，热气腾腾。

该班每天授课时间不得少于6小时，教授们授课既深入浅出，又严谨认真；学员们听课全神贯注，耳勤手勤。每期培训班3周，每周授课6天，共18天，剩下的两三天还要安排参观京郊养鸡场。你说说，学员们的收获能小得了？这样一来，培训班在全国广大农村声名远播也就成了必然。黄春元头上也很自然地加上一顶桂冠：“畜禽科技知识和畜禽经济信息的传播者！”

就这样，黄春元把现代化养鸡培训班一期不拉地办了一期又一期，一直到1984年，总共办了20多期，学员除西藏、香港、澳门和台湾外、遍及全国29个省、市、自治区，达到2000多人。自1982年以来，经他组织培养的畜禽技术人员包括函授学员在内就有3万多名。至于得益于他写的科普文章和科普读物的人就不胜枚举了。

他们有的成了当地畜禽饲养业的骨干，有的走上了致富道路。他们好似一颗颗种子，让现代化养鸡技术在祖国大地上生根开花。山东省辛县青年农民孙云利，应用所学的技术在家乡办起了养鸡场，生产发展很快，被当地树为致富的模范，并被选为山东省人大代表和新长征突击手。

服务公司还为不少畜禽场、专业户购买了一批批种畜、种禽和机械设备；帮助内蒙古包头市、云南富民县、山东邹县、河北保定等地，兴建了8座设备比较先进并且当年可以受益的中小型鸡场。

广大农民渴望科学，渴求知识。山东德州畜牧部门干脆将下属单位集中起来，坐着大巴车一路不停地开到北京市昌平县畜牧局，恳求黄春元为他们专门办一期现代化养鸡培训班。结果，3周下来反映极其强烈——

“这课讲得没治的好，一听就懂，一学就会，又解渴又开窍！”

“以前也想脱贫致富，就是不知道从哪里入手，这回总算找到了！”

“就是学员们来北京开销太大，请专家、教授们到我们那里授课吧！”

黄春元对于广大农民的呼声和要求，看成是对现代化养鸡培训班，是对专家、教授们的信任和支持，没有犹豫，更不讲什么价钱，总是有求必应。

在昆明，他邀请好几位专家专程前往，上门服务来了。来自西双版纳、丽江、思茅、德宏等地100多位各民族有志于现代化养鸡事业的农民汇聚在一起，聆听专家的先进理论和技术，为云南发展养鸡事业点燃了星星之火。黄春元们不愧是培育我国现代化养鸡事业的开拓者。

有读者看到这里也许会以为，黄春元雄心勃勃，将现代化养鸡的摊子铺得这么大，搞得这么红火，从中一定发了一笔不小的财吧？这种想法正常，市场经济嘛！但是，君子爱财，取之有道，更是他的为人之道。以黄春元为首的专家有着根深蒂固的做人准则：即使是搞市场经济，首要的还应该是服务，为农业、农村、农民真诚地服务。

“黄教授，请问为期3周一期的培训班，每期收多少费用？”笔者问。

“22元。凡是养鸡专业户享受优惠，每期仅收12元。”他平静地说出两个微不足道的数字。

笔者一愣，补了一句：“是学杂费吧？”

他摇摇头，依然平静地：“这22元当中，包含了学杂费、讲义费、教授的讲课费，还有3周的住宿费。就是说，除了伙食费自己吃多少交多少外，其他费用全齐了，都在这22元之中。真的，一点儿不假。你想想，我骗你有什么用呢？”

“不可思议！单是3个星期的住宿费，22元也打发不了啊！”

“我们的培训班哪敢住宾馆？住的是农场。几个人一间凑合着住。好在，大伙来的目的都很明确，就是将现代化养鸡技术学好弄懂，回去养好鸡，多养鸡。所以，我们弄些被子不让大家挨冻，条件差点也就没人计较了。”

“国内一流的专家授课，长达18天，每天不少于6小时，区区22元，连个讲义费也不够呀？”

“够了够了。我们自己动手刻蜡版，就花点纸钱。”

“今日知名教授，到校外讲半天课，也就3小时，没有个六七千元请都请不来。你一个长达18天的培训班办下来总共才收2000多元……”笔者要刨树问根弄个明白了。

“那时候不一样，教授讲一天课，六七小时，30元；副教授20元；讲师只有10元。愿意不愿意？愿意，一请就到！”黄春元说到这里，脸上溢满自豪之色，“当时，大家的想法很简单，干了事了，自己的专业特长派上用场了，还能在工资之外有点儿收入，一个个脸上露出知足的笑容。”

黄春元脸上的笑意依旧，笔者的心里却是酸酸的。

全国首家便农现代化养鸡函授班教授撰稿，月月邮发，学时半年、学费仍是22元

20世纪80年代初，我国政府强调扶持国营农场、集体养鸡场。地方政府还根据实际情况，颁布了一系列优惠措施。比如：北京市规定，现代化养鸡供应平价饲料（农民只能买议价饲料），产的鸡蛋收购价比农家鸡下的蛋每斤高出1毛钱。

作为畜牧局长的黄春元，心里说什么也摆不平，萌生了帮助培育一批现代化养鸡专业户。他上书建议发展现代化养鸡专业户，让他们也享受国营农场、集体养鸡场的优惠政策，好让农民投入成本小，得益快。县领导见他的陈述有理有据，很快同意他搞10户先行试点。

不料，没有农民敢养。担心啊，一无技术，二无鸡舍，更无资金。碰上倒运来场鸡瘟，背着一屁股两肋巴的债，还不两手空空全玩完！黄春元十分理解农民疾苦，不急不躁，既手把手传授技术，又认真帮助解决难题。

在昌平北齐家乡东二棋村有户人家，丈夫张福连在公家的一个单位当厨师，妻子孙桂英在家务农。

“黄局长，我俩合计养几头猪，用酒厂的酒糟做饲料。”

记得是1982年的一天，张福连将黄春元请到家中商量这件事。

当年，在昌平的乡乡村村，提起黄春元，了得，几乎没有人不认识他。即使未见其人者也会久闻他的大名。前面写道，他在大学里学的是畜

牧兽医。1960年毕业后，参加农业部高等学校师资培训班，学了整整一年繁殖育种学。

在我国对畜禽进行人工授精刚刚起步时，学校里要他担任讲授人工授精这门课程，他又去农大进修了半年。经过这好几年的折腾，加上在校学习期间强调了教学与生产劳动相结合，倒使他成为既有理论又有实践的行家里手。不论是畜禽的繁殖育种，还是畜禽的人工授精，就是那母驴跟公马配孩（骡）子，他驾轻就熟，得心应手。这么一来，农民眼里的黄老师就跟从天上下凡的活菩萨似的身上罩着一圈圈耀眼的光环。

这一圈圈光环来之不易啊！穷怕了的农民不是亲眼所见，是很难轻易相信的。如果黄春元哪怕只有一次小小的闪失或纰漏，授精未果或育种失败。对不住，你在农民心中就会黯然失色。而黄春元经受住了考验，始终立于不败之地。

“人工授精？听都没有听说过，如今要在咱们这里推广——谁敢？”

农民家里的马和驴，那可是一家老小一笔可观的财产。拿着去冒这个险？出了差池等于要了农民的命。当时，昌平不相信人工授精。那就先在县配种站做出样板，用事实说话吧。

“如果人工授精用那点水就能产出骡子来，我把它吃了！”想不到马池口乡姓卢的配种站站长，首先信誓旦旦地挺身而出叫起板来。

“到时候生出骡子来，我看你怎么吃下去？！”黄春元面露笑靥，但话中有话，软中有硬。

“没问题！”姓卢的站长还挺冲。

哪知，当公马与母驴经过人工授精生出小骡子时，姓卢的站长兴奋不已，连声说“服了，服了”！他主动转弯子，从声称要把人工授精生出的小骡子“吃了”，开始在配种站推广这一技术。

这天，黄春元来到昌平崔村检查驴的妊娠诊断，前几家都很配合，一切顺利。待来到一家饲养场时，却碰上一位很有个性、饲养经验丰富的倔大爷。他要难一难城里来的书呆子是不是真的有两把刷子。

“老大爷，这头驴是什么时候配的？”黄春元亲切地问。

“要我告诉你，还要你来做检查干什么？”倔大爷不客气地反问道。

今天遇上较真儿的了。黄春元心想，嘴上谦和地说：“没事，没事，我来查查。”他仔细地检查了驴的妊娠诊断后告诉倔大爷：“怀上了。时间有20来天。”说罢，征询地看着倔大爷。

倔大爷找出一个褪了色的本子，翻了翻，脸上有了暖色：“你说对了，21天。”

黄春元接着又检查另一头，很好诊断道："这头怀孕30多天。"

"行，行。"倔大爷连声应道，喜上眉梢。

乡亲们清楚，骡子体格强壮，拉力大，寿命又长，比马要值钱。那时，谁家要是能生下一头骡子——好呐——等于发了一大笔财哩！

"有个黄老师，真有本事，灵着呢，一摸就准！"乡亲们一传十、十传百，声名大振。久而久之，只要他一到村头，广播一响，乡亲们马上牵着几十头母驴、母马纷纷聚拢来。

你说说，农民们还能不把黄春元视为财神爷，有个大事小情的还能不请他出谋划策拿主见？

黄春元思忖片刻，推心置腹地对张福连说："这样吧，我看还是养鸡好些。"

张福连见他一脸诚恳，没有犹豫："黄老师，我听你的。就是——不知道你怎么帮助我？"

"现在养鸡有优惠政策，投入少，收效快。这是其一。其二，我还可以从技术上帮你。其三，可以帮你搞鸡舍设计，鸡笼可以用旧的修整后重新安装。"

"要养鸡——资金上恐怕有缺口……"

"可以向银行贷款，畜牧局为你担保。"黄春元没有令人生畏、生厌的官腔，一口应承。

"好！今儿有你局长这样的态度，别说没多大风险，就是担再大的风险，我也干！"

很快，鸡舍盖好了，技术培训也过了关，张福连之妻孙桂英成了全国第一家现代化养鸡专业户的当家人。黄春元又帮助孙桂英引进了120日龄的产蛋鸡1000只，160天开始产蛋，一年后净赚12000元。这可是当时全国农村中为数不多的万元户啊，还是轰动全国的第一个养鸡专业户哩！《北京日报》及时予以报道。孙桂英的榜样力量极大地推动了昌平地区的养鸡事业，专业户很快发展到数十户，取得了理想的经济效益。

昌平马池口乡奋夽屯村施德棋投资540元，新建了60平方米土坯房鸡舍，购进7组半鸡笼设备和700只育成母鸡，饲养仅10个月就交售鸡蛋13400多斤，纯盈利6730多元，5个月就收回了全部投资。不久，他又育成1000只产蛋鸡，180日龄产蛋率达到80%。为了解决种蛋不足的问题，认真学习人工授精，全年产商品蛋和种蛋2万多斤，盈利1万多元，平均每只蛋鸡盈利10元。施德棋随孙桂英之后成为昌平养鸡致富的标兵。

不久，孙桂英再接再厉，扩大规模，从1000只很快发展到2000只、

5000只。孙桂英光荣地当上了昌平县劳动模范、政协委员。原北京市委书记段君毅等领导同志登门，问寒问暖道辛苦，甚至连外国友人也慕名而至，参观学习。那辰光，从早到晚，孙家门前车水马龙，络绎不绝，成为当地人引为自豪的生动一景。

昌平的养鸡专业户走上了致富之路，全国的呢？黄春元想到自己肩负的责任。

“办培训班好是好，可丢下我家里的鸡谁来管呢？”山东威海有个名叫李海的农民为难了。

农民的难处，黄春元已经想到了。他要把面授改成函授，让广大的有学习积极性的农民兄弟一边养着鸡，一边就能把先进技术学到手。他要通过这个不见面的教员，在更大的深度、广度上让农民兄弟掌握先进的养鸡技术和经验。

那么，用一种什么快捷的方式使广大农民知道这一函授信息呢？

在中央电视台上登一则广告？敢情好。动辄数万数十万的广告费谁买单？那就登几家报纸？没有“5位数”根本下不来。不能再增加农民的负担了，咋办呢？

黄春元想到了农业部主管、覆盖了我国广大农村的《农民日报》，可以借助这家报纸的版面和影响，将以往20多期面授培训班中2000名学员提出的一系列难题，请专家、学者梳理出最具普遍性的若干问题，有针对性地逐一作出通俗的解答，既解了农民的燃眉之急，又传递了函授信息。

《农民日报》本来就是农民的报，为他们排忧解难责无旁贷。《农民日报》编辑部表示全力支持。

啊，展现在黄春元眼前的是一路绿灯，一片阳光：北京畜禽技术函授部成立了，报名者趋之若鹜，争先恐后，首批学员很快突破5000人！

那些日子，黄春元和同事们从早到晚忙得哟马不停蹄，两脚生烟。有人用这样两句话再现他们当时忙碌的红火情景：“背着书包买邮票，开着卡车送材料。”

“啊呀！想不到你们办个函授部也办得这么红红火火！”这天，新华社北京分社的记者们来到函授部，见黄春元们穿梭一般，禁不住连声感叹。他们自告奋勇联络新华社驻全国各地分社为函授部出面招收第二期函授弟子。

这下闹大发了。报名者争先恐后，声势浩大，竟然达到2万多人！

黄春元为了适应这一喜人的形势，在函授部原有教材的基础上，集众家教授的智慧，精益求精编辑出版了《现代化养鸡讲义》，满足了大规模函授的需要，也为我国现代化养鸡事业从理论到实践的结合上提供了理论依据。

说真的，黄春元那时候只要稍有一点徇私之念，立马就能财源滚滚，腰缠万贯。在这当口，这位共和国培养的知识分子很清醒、也很沉静，将中国一代老知识分子的操守看得比什么都重要，没有见利忘义赚黑钱，依然带领大家坚持办班的一贯宗旨，始终将“服务”二字记在心间，照样是每期收取函授费22元，每半年为一期，每月发一次教材，由专家及时解答学员在函授中提出的一系列问题。

笔者为此算了一笔账：划去撰稿费、纸张费、编辑费、校对费、印刷费、发行费、交通运输费，还有那“背着书包买邮票”，这不明明白白地在赔本赚吆喝吗？

“没赔，没赔。”黄春元平静的脸上依然是欣慰得意之色：“精打细算之后还能剩下零七八碎的，不过是仨瓜俩枣没多少了！当时，也没怎么想要从这里头抠出什么钱来。农村苦、农民穷，人嘛——得有些同情心，实在不忍心在他们身上揩油了。一门心思想的是如何通过我们的努力，让更多的农民成为养鸡专业户，能早日富起来。同时，也希望城里人吃蛋不要再搞什么‘计划供应’了。想吃蛋随时都能买得到，还能买得起。这也算是尽畜牧工作者的一点责任吧。”

黄春元的话语，波澜不惊，却暖人心扉。是啊，我们有谁不能从这平缓、深切的一言一语中触摸到他胸膛里激荡着心系农民、心系民生的炽热情怀呢！

“‘中心’做了那么多事，好多事应该是农牧渔业部做的，你们给做了。”何康部长如是说

话说到了1984年，在我国社会各界尤其是在科技界，一个与世人早就息息相关的词儿，几乎在顷刻之间扑面而来。领导大会小会讲，同事朋友见面说，甚至连家中的父母、姐弟、兄妹也挂在嘴边。这个词儿叫“信息”。

黄春元属下的北京畜禽技术函授部也这“信息”那“信息”地议论开来，最后集中到一点：我们函授部专家队伍强，但经济信息不灵。如果经济信息也灵了，那就好比两只翅膀都长硬了，可以飞得更高更远！

一个全国性的关于畜禽生产的信息会议在黄春元胸中诞生。他与《经济参考报》、《科技日报》、《农民日报》、《北京日报》和中央人民广播电台

等10家新闻媒体合作，于1984年顺利召开了全国首届畜禽信息会议，达到了“传播科学技术，疏通流通渠道，加强横向联系，开发信息资源”的预期目标。从1984年至1985年间，黄春元组织召开了7次全国性畜禽信息会议，应者踊跃，会议开得气氛热烈又讲究实效。仅以桂林会议为例，500多人到会，成交额达到2000多万元。黄春元和他的同事没有从中收取分文管理费。参会交纳的每人区区20元会务费，除了会议必不可少的开支外，恐怕连鸡毛蒜皮也剩不下。

这时候，黄春元需要一个机构以适应变化的形势，用他对笔者的话说：“那时，我面前摆着一系列难题：越来越多的畜禽饲养者要求我所在单位提供最新技术、良种畜禽和机械设备；经营和消费者单位要求我们帮助联系畜禽产品的货源；企业希望我们帮助推销饲料和成套设备；科研部门希望我们帮助转让技术……而这些远远不是我们咨询服务公司能够解决的。于是，形势逼着我们成立一个相当规模的信息组织的设想，以满足基层中小企业以及广大农牧民对畜禽科学技术的渴求。”

中国畜禽信息中心在黄春元的积极组织筹备下，由北京市昌平县畜牧局牵头，联合了全国各地的科研机构、大专院校、新闻媒体和家畜禽生产厂（场）等70多个单位，于1984年8月在北京成立。

“中心”得到原国家经贸委、农牧渔业部等有关部委的大力支持。原中共中央顾问委员会委员、农业部老部长江一真同志担任该“中心”名誉理事长，北京农业大学校长安民为理事长，《经济参考》报总编辑冯代松、中央人民广播电台副台长胡鲁达和黄春元为副理事长。主持日常工作的则是黄春元。

“中心”下设科技部、经营部、资料室以及秘书处，分别负责信息交流，提供禽种、兽药，各种饲料添加剂，开展图书资料代查复制，接受用户来函来人咨询。一年多来，“中心”在加强“纵向”和“横向”方面的信息传播，促进我国畜禽业的迅速发展，进行了有益的探讨，取得了骄人的业绩。

同时，“中心”还及时准确地搜集整理传播畜禽饲养、防疫、器械、科研等方面的新技术、新成果、新品种，有效地为中小企业和农牧民提供服务，受到客户的信赖和支持。“中心”的工作得到了首都新闻媒体的关注和赞扬。新华社发专稿从多方面介绍和肯定了“中心”的做法和经验。

“中心”有了用武之地，黄春元如虎添翼。该中心成立没多久，他就办了3件具有全国影响的实事——

一是组织了《粮食增产以后，畜禽如何发展》有奖征文活动，收到

1100多篇论述不同地区、不同畜种如何发展的具有参考价值的论文；

二是发行了有偿信息卡；

三是前面提及的7次全国性经济信息会议，4次是由“中心”主办、并按“家畜饲养技术及饲养设备”、“瘦肉型猪与畜牧兽医”、“经济动物及畜牧机械”、“饲料原料及添加剂”4个专题进行了信息沟通和交流，为供需双方起到很好的桥梁、纽带作用，也显示了黄春元的胆略作为和组织才能。

“中心”开展了多形式、多层次的全国性信息交流，开辟了信息交流专业市场，就饲料加工机械、养禽与设备、养猪与兽药械、养禽经济与技术、饲料原材料、孵化设备等召开了6次全国性的信息交流会，1000多家生产厂（场）、科研、大专院校参加，达2000多人次，成交额1000多万元。

这种全国性的信息交流会将大量的科技成果、经济信息、新产品、新品种直接送到畜禽生产者手里，把经济信息与科技信息相结合，使信息更加具有科学性。

这种信息交流会及时将国内外科技发展的新动态、新技术和新产品与用户见面，与会者既可以捕捉自己需要的信息，又可以根据产品样品、说明书等加以选择，使科技迅速转化成生产力。北京通县农机厂生产的饲料加工机械在一次会上的成交额就达到1000多万元。

“中心”为各地生产厂家、专业户牵线搭桥，相继为用户调剂种蛋1000万枚、种禽110万只、鸡笼1000多架。“中心”还为北京从澳大利亚引进了迪高肉鸡，为云南、湖北引进了康贝尔鸭，为内蒙古、云南、山东、河北、江苏从联邦德国引进了罗曼肉鸡。

“中心”还把信息工作与信息咨询、新技术开发相结合，通过信息传递与沟通，将专家、学者与中小企业和专业户联系起来，促进了新产品和新技术的开发、利用。在一年多时间里，“中心”人员虽少，但工作量不减，单是解答咨询信件就有6000多封，接待来访5000人次，不遗余力地为农村、为农民出主意，当参谋。在一年多时间里，“中心”同样不遗余力地提供技术资料，指导可行性研究，还忙里偷闲编印了科技图书140多种，发行近10万册。

……

时任农牧渔业部部长何康参观考察了“中心”后，感慨良多：“‘中心’能把江一真同志请出来担任名誉理事长，做了那么多的事，好多事应该是我们农牧渔业部做的，你们给做了。谢谢你们！”

《新民晚报》记者带着疑团而来，茅塞顿开而归。他说：有人曾经问我，中国畜禽信息中心为什么由昌平畜牧局来办？我无言以答。今天到“中心”一瞧，明白了，昌平（畜牧局）有魅力！民办实体，服务为主旨，又采用经济手段、商业模式开展活动，当然生机勃勃，充满生命力！

不料，这样一家利国利民的团体，在1986年政府整顿民间组织时，因为它找不到省部级的婆家——主管单位而不能继续生存下去。就是说要将这个鲜活可爱的孩子连同那洗澡水一块儿倒掉。

作为昌平畜牧局长的黄春元，曾在即将兴建的局办公楼里做过这样的精心安排：1层为“中心”展销厅，2、3、4层为来自全国各地企业提供的业务室，5、6层则是畜牧局办公之地。生产一线融入机关，产供销一条龙，机关为一线实行面对面服务……多么以人为本、科学架构的办事模式，最终被扼杀在摇篮之中。

黄春元为此伤心得一连数日不语。作为一介知识分子，心里苦哇，除了无言又能怎样？！

但愿，当我们品尝鸡场产的蛋能与农家蛋媲美时，还能想起个头不高、面目和善的老翁黄春元

是金子埋在哪里总会发光。

中国畜牧界有识之士忘不了，“中心”为农民尽心尽力办实事的400多个日日夜夜，大家为了一个共同的奋斗目标，心想一处，劲使一块……他们心中眷恋的是那舒心充实，有所作为的峥嵘岁月！

东北农学院有位养鸡育种专家，姓杨名山，出于一份挚爱，一份责任，向黄春元发出倡议：我们在养鸡大发展阶段，你在昌平先办咨询公司，后搞信息中心，对在全国推广现代化养鸡发挥了积极作用。今天，现代化养鸡需要在技术质量方面加以提高，我们应该组织一个专家咨询中心。

常言道：物以类聚，人以群分。想干事儿的人总能想到一块，聚到一起。黄春元已经敏锐地发现，进入上个世纪90年代，我国畜牧业尤其是养鸡业已经形成巨大的生产能力，单是鸡蛋的年产量已经由10年前的230万吨激增到900万吨。然而，饲养技术落后，养殖场成本普遍较高，效益却偏低，导致现代化养鸡陷入停滞乃至倒退的困境。当务之急是要将技术推广的工作重心由养殖户转向帮助畜牧企业增加饲料、兽药、畜禽良种等技术含量的增加，来提升规模养殖的技术水准。而要做到这一点，就需要动员大批专家的加入。没有他们的倾心相助，只能是一事无成。

1993年4月，黄教授联合了我国家禽业的一批知名学者，如单崇浩、

刘少伯、吴常信、谢文治、周毓平、甘孟侯、王连纯等教授，黄松滨、陈育新、李韶标、金光钧、常景畲等研究员，组建了中国家禽业协会高级专家咨询中心。在“中心”成立的仪式上，杨成武老将军专程莅临致贺。

“中心”成立以来，始终抓住“服务”二字不放，为企业提供信息，促进技术进步，帮助企业策划、制定发展战略及开发、提高产品科技含量。“中心”还为企业编写了一份份项目可行性分析报告；为企业绘制了一份份畜牧场、饲料厂的设计图纸；为企业开发了一个个颇有竞争力的新产品，企业开拓了一个个国内外市场。

黄春元任理事长的高级专家咨询中心把专家与企业结合起来，使“中心”成为先进的畜牧企业与高层学者密切合作的最佳平台，浙、苏、粤、豫等省的一批优秀企业由此与科技界建起了热线联络。而他更是在这个平台上显示了其在畜牧科技领域与企业界纵横驰骋“穿梭外交”的不凡才华。

在浙江德清，有家名曰“拜克”的生物有限公司，曾经一度摸不透市场需求，在以何种产品为拳头产品上举棋不定。黄春元带领“中心”的专家们帮助其进行国内外市场分析，确定了开发抗生素原料药，进军国际市场的方略，使“拜克”打了一个翻身仗。短短4年，拜克公司就跻身国内一流兽药企业之列。

江苏正昌集团是我国饲料配套设备的骨干生产企业。黄春元经过周密的调查研究后，看准正昌集团的资本优势和品牌优势，从全国畜牧业的发展趋势，为其出谋划策，果断地建议该公司投资开发无药残的饲料添加剂。结果，不仅取得了成功，而且有力推动了我国绿色饲料添加剂的发展进程，也提高了企业的经济效益。

1996年，在我国南方肉鸡市场，三黄鸡与大型肉鸡展开了激烈的市场争夺战。广东温氏集团举棋不定，一度走到了十字路口。何去何从？一步走错极有可能满盘皆输。黄春元亲自组织一批行内优秀专家，为温氏集团量体裁衣，研究制定了三黄鸡育种方案，使温氏集团很快结束了徘徊，走出了困境。今天，温氏集团已经孵育出具有独特品质的三黄鸡，雄踞全国三黄鸡市场。

“中心”在黄春元的带领下，心系企业，服务企业，无私奉献，不计报酬，做的好事似天上的星星。14年来，“中心”同“中牧股份”、内蒙古“草原兴发”，湖南“正虹”，浙江“东立”、“高成”、“升华拜克”，辽宁“韩伟”集团，广东“江村”，河南“泓天威”，山东“圣旺”、“绿叶”，北京“天福莱”、“虹福威”、“大北农”集团、“九州大地”、“华牧”集团，河北“新华兽药”，江苏“天和”、“正昌”、“欧克”、“普强”，福建“白鹜鸭”、

“河田鸡”、“银河饲料”等进行合作。“中心”还以国内领先的畜牧科技水平和优势，与跨国经营的礼来公司、罗氏公司等数十家企业进行了多种形式的合作与交流，促成大量新技术产品的开发应用，为发展畜牧业交了一份无愧人类的一份答卷。

面对成绩，黄春元教授壮心不已，豪情满怀：科技是时代的特征，创新是企业的灵魂，21世纪充满机遇和挑战。我们的“中心”就是要让专家和企业家紧密联手，齐心协力，尽最大的努力，在不太长的时间里把我国从畜牧大国迈进畜牧强国！

有人当官，上任头两年还有点“三把火”的劲儿，到了第3年甚至不到3个年头，就没心思做事了，往往伸头突颈、千方百计地钻进钱眼儿，捞来的钱不外乎两个用场：一是挥霍；二是跑官。这样的官儿上任不到第4个年头就跑起官来了。首当其冲的是拿钱作进身阶梯的铺垫或敲门砖。

黄春元呢？一个学者型官员，人称“书呆子”，想的是为农民排忧解难做实事，让老百姓口袋里多几张“老人家”，直到古稀之年仍在操劳，在奔波……且乐此不疲。他为了“中心”人才辈出，后继有人，做着为“中心”输送新鲜血液的工作。一批在行业中崭露才华的年轻博士被他请了进来，如汪明、郑应华、蔡辉益、佟建明、呙于明、汪鲲等，大大增强了“中心”的活力。

当“中心”10周岁的时候，国家农业部齐景发副部长专门发来贺词：“长期以来，中国林牧渔业经济学会高级专家咨询中心，在发挥专家与企业之间的桥梁和纽带作用中，为繁荣畜牧事业、培养人才、促进畜牧经济发展等方面都做出了可喜的成绩，为推动畜牧科技进步和畜牧发展做出了积极贡献。”

黄春元是个“及时奋发”、永无休止之人。也就是说，他始终是本行业的“弄潮儿”、“排头兵”。一个“中心”（中国畜禽信息中心）夭折了，他又折腾出一个“中心”（中国林牧渔业经济学会高级专家咨询中心）。

这不——问题又来了。现代化养鸡下的蛋不如家养的味道好，随之而来的是能不能吃着放心。当含有农药残留的韭菜、大蒜、茶叶、脐橙初见端倪时，他已经意识到畜禽产品对人类的危害应引起足够重视。

“民以食为天，民以安为先”。绿色、绿色！继“信息”之后又一个使用频率最高的热点名词。蔬菜、水果、粮食必须绿色有机，畜禽产品同样应该绿色有机。黄春元紧紧抓住两件事——

一抓组织。2003年，他参与组建了中国畜产品绿色产业联盟。原先存在的高级专家咨询中心理事成员汇集了一批我国造诣较深、成就卓著、多学科的知名专家。绿色产业联盟除了盛情邀请他们继续加盟外，专门吸收了一批国内规模较大、有实力、有信誉，对科学技术比较重视的企业参加。结果，应者如云。像“中牧股份”，内蒙古“草原兴发”，湖南“正虹”，浙江“东立”，辽宁“韩伟”集团，山东“圣旺”、“绿叶”，北京“天福莱”，河北“华牧”集团、“新华兽药”，江苏“天和”、“欧克”等20多家企业先后加盟，形成了专家为骨干、科技为中心、企业为主体的中国畜产品绿色产业联盟。

如果说，当年的培训班、“中心”是只舢板的话，那么，这一绿色产业联盟就是一艘万吨轮，并不比他的已经载人中国畜牧业史册的“4个第一”逊色！

二抓源头。要做到畜禽产品绿色有机，首先要让畜禽食用的饲料包括牧草等绿色有机。眼下的状况是畜禽食用的饲料中程度不同地存在农药残留等有害元素，不可避免地影响人类的健康。

从源头抓起，就是要确保畜禽食用的饲料安全放心。黄春元这一着抓住了事物的主要矛盾和矛盾的主要方面，可谓纲举目张，其他问题就迎刃而解了。他在抓主要矛盾的时候，又能将“钢琴”弹得很有章法：一手抓成员单位，一手抓基地。绿色产业联盟要求成员单位生产的饲料、兽药等畜禽用品，其原料要达到绿色有机，以保证其产品达到国家标准。

与此同时，他壮心不已，不失时机地在祖国的蓝图上建设一个个绿色畜产品生产基地。这，无疑是加快我国绿色产业进程的重要措施，也是适应市场经济发展的必由之路。

面对黄春元的所思所为，笔者的脑海里不止一次地掠过：“位卑未敢忘忧国”。这一代老知识分子多么值得珍惜的品格啊！这位老者从事的不正是我们某些部、某些厅和某些局应该去抓落实的吗？

2007年9月1日，由绿色产业联盟与内蒙古鄂尔多斯市乌审旗人民政府共同组织，“首届中国绿色畜产品生产基地建设峰会暨中国畜产品绿色产业联盟第5届常务理事会”，在这里隆重召开。

百闻不如一见。笔者有幸应邀参加这次会议，真是大开了眼界。乌审旗，地处毛乌素大沙漠的腹地。经过乌审人民半个多世纪的根治，愣是将寸草不生的沙漠改造成有草有水有树林的草原，一头还长着成片成片的大豆、玉米等农作物。在它的地下蕴藏着丰富的煤炭、石油、天然气。据说，北京城里千家万户用的天然气就是从这里的管道源源不断地输过去的。

如今，黄春元要锦上添花，运用绿色技术在这块宝地上发展绿色产业，推广绿色产品，传播绿色文明，画出更加美好的蓝图！他和从北京赶来的专家，同来自全国各地企业的老总们一道，与乌审旗人民政府及所属委办局的领导一起研究讨论乌审旗今后绿色畜产品发展方向、思路和措施，为该旗农畜产品生产基地建设出谋划策。大家济济一堂，围绕共创绿色乌审，畅所欲言，各抒己见，气氛热烈，信心满怀，会议开得不仅成功，而且很圆满。

笔者纳闷了。从北京赶来的专家，多数是六七十岁的老人，要从北京坐飞机到包头，然后乘大巴上顺畅的"高速"、转颠簸的公路，前后折腾五六个钟头，一路是清一色的树、草、水和沙，见不到多少人家多少人，大伙仍热情不减；来自全国各地企业的近百名老总，要花旅差费，要付会务费，要乘飞机、火车、汽车，甚至自驾车，还有来自欧洲和韩国的外宾，兴致不减赶到沙漠腹地。谁有那么大的魅力能吸引他们？

有位从北京来、业内可称为"泰斗"的八旬老专家在会上一语破的："这么多的专家，这么多的企业老总们，为什么心甘情愿地来到这里，非黄春元莫属！"

尽管黄春元从1971年起历任北京昌平县畜牧办公室副主任、县畜牧水产局局长、北京市畜牧局（兼渔阳饭店）董事长、北京市政府畜牧科技顾问团顾问、北京市大发畜产公司副总经理、北京大发正大有限公司副总经理、农业部中国兽药监察所副所长、北京中龙生物科技总公司总经理、中国家禽协会高级专家咨询中心理事长、中国畜禽高科技企业联合体理事长、中国林牧渔业经济学会副会长兼高级专家咨询中心理事长等似官非官的位置上干了一届又一届。

尽管他从1982年直到今天，笔耕不辍，著述颇丰，相继发表了14篇专题论文，200多篇科普作品，著有《科学养猪常识》（北京出版社）、《"养鸡状元"的饲养技术》（农村读物出版社）、《养鸡手册》（福建科学技术出版社）、《养猪效益手册》（农业出版社）、《最新养禽实用技术大全》（北京农业大学出版社）。还与别人合作撰写了3本科普著作，其中《科学养猪常识》一书获得1978年至1983年度全国农村科普读物一等奖。《养鸡手册》（14.5万字）1984年作为"专业户生产技术丛书"出版，1991年列入《农村实用科学文库》。该书从1984年出版到1993年连年重印，达10次之多，发行24.3万册。可见该书在广大农村受欢迎程度！

尽管他的事迹曾被《人民日报》、《经济日报》、《农民日报》予以报道，他曾荣获国家级、北京市多项科学技术奖，被原国家经委、国家科委、原农牧渔业部和国家林业部四部委授予"全国农林科技推广先进工作者"称号。这些业绩、荣誉，对黄春元来说固然重要，但是，他更看重的是同行赞誉的那句“非黄春元莫属”！更看重的是结果，就是农民兄弟从他和他的同事们的辛劳中得到了多大的实惠？这，对他来说比什么都重要。

凡是心系百姓，雨露苍生，为百姓做过好事、实事的人，百姓会永远牢记心间。但愿，我们在品尝养鸡场产的蛋能与农家蛋媲美的时候，还能想起一位个头不高、面目和善的老翁——黄春元。

黄教授，是不是可以这么说？

2007年11月于北京

“拓荒牛”卢鸿炳传奇

提起卢鸿炳大名，在广州酒店业，可以说无人不知，无人不晓。他的大半生经历与广州酒店业的发展息息相关，结下了不解之缘。

卢鸿炳于1935年出生于珠江江畔。巧合的是，解放前中国华南地区最高级的酒店、16层爱群大厦也是这一年在珠江边拔地而起。他小时候在江堤玩耍，仰望这栋与自己同龄、充满欧陆风情的建筑物，充满了遐想。可是，那堂皇的气派和门役的冷眼，将这个没见过世面的穷小子拒之门外。那时候，他根本没有想到，数十年后自己会参与筹建和管理一座座更豪华好几十倍的四星、五星级的大酒店，人生际遇奇妙得令人难以捉摸。

广州多家有名酒店的筹建与他有关：东方宾馆、流花宾馆、白云宾馆、中国大酒店，乃至开业仅年余的广州大厦。不知是命运的安排，还是卢鸿炳的偏爱，在广州酒店业30多年，在那一座座富丽豪华，气势非凡的舞台上，他饰演得最多的角色是“拓荒牛”，是一个个令人拍案叫绝，更传奇的好段子，赢得许多民间的“封号”：“酒店百科全书”、“酒店行业黄埔学校的校长”、“中国当今最优秀的现代酒店管理专家”……

“中国的一颗新星”诞生记

1979年夏天，广州气候异常炎热，时任广州旅游服务局接待处长的卢鸿炳，带着香港知名富商胡应湘满城跑。胡应湘与李嘉诚、郑裕彤、郭炳湘、冯景禧、李兆基等5位香港富商“饮头啖汤”，决心联手在广州建一座中国首家中外合作的高级酒店，这次他就是来挑选酒店地点的。

在黄花岗，胡应湘摇头：“出门就是殡仪馆，不吉利。”

在东山水均岗，他称：“军事机关附近，不宜建酒店。”

……

最后相中了位于广交会对面，距火车站、白云机场都较近的象岗山。结果，挖出南越王二世的墓葬，胡应湘笑着对卢鸿炳说："看，我们的眼光没错，这里果然是风水宝地，酒店必赚钱无疑！"

可是，当一纸合同接触象岗山的地面时，各种难题接踵而来，首当其冲的便是拆迁问题。

为了拆迁，卢鸿炳走东家串西家，从早到晚奔波不停，晒黑了皮肤，叨烂了嘴皮，磨平了鞋底，一个夏季累掉了十几斤肉。然而，令他难以忍受的却是不被理解，常常被讽刺挖苦："香港老板给了你多少好处？"更有人当面骂他是"资本家的狗腿子"、"洋奴"。卢鸿炳默默承受着这一切，丝毫没有退缩。

"整个酒店建设决策都是经过省、市政府批准的，你是狗腿子，我当市长的岂不成为狗头子？由人家说去，你干你的事吧！"

在省、市政府强有力的干预下，拆迁方案得以执行。卢鸿炳亲自站在象岗山上指挥这场大搬迁，在45天之内把110户人家全部搬迁安置完毕。据称，这样的速度在当年广州建设史上是前所未有的。

象岗山很快被削去1/3，运走24万方土石。一个又一个建筑界的奇迹出现了，而一顶顶吓人的"帽子"也扣到了卢鸿炳的这个工地办公室副主任、党支部书记的头上：

"奴才！"

"老板的代言人！"

"资本家的走狗！"

"第二个李鸿章！"

"连祖宗山坟都可挖掉的坏分子！"

"奴才"也好，"走狗"也罢，面对种种责难，他一笑置之。每月工资仅85元，他照样每天早早地骑车到工地，直至深夜才拖着疲惫的身体回家；晴天一身汗，雨天一身泥。他照样买美国产的床垫用于酒店客房，他心平气和地解释："国产货比美国货便宜5%，可是声明'出门概不负责'，而美国货则保用10年，你说应该选哪一种？"

10多年后，卢鸿炳出任广州大厦总经理后，他又一反众多老总的常规，来装扮这座酒店。广州大厦使用国产豪华新型的"红旗"牌轿车，专门成立了"红旗"牌车队为宾客服务；全部使用山东威海的地毯；广州"乐华牌"电视机，广州"万宝牌"电冰箱；广州"金冠牌"保险箱；广州解放家具厂的家具；以及广州联兴酒店用品总厂的系列酒店用品。连全部房间内摆设的装饰画都是广州市获得特、一、二等奖的摄影作品的复制品。

卢总感慨地说，过去不用国货，原因是质量不过关。现在国货的质量上去了，我们在购物指导思想上“用国货，扬国威”。

28个月后，中国大酒店横空出世，雄伟堂皇，气派非凡。香港传媒称之为“中国的一颗新星”，备受海内外人士瞩目。而卢鸿炳的人生，也从此与中国大酒店的命运紧紧联系在一起，荣辱与共，休戚相关。

德国人卜格要入党

要办好一家合资合作、由几个国家和地区的人士组成的酒店，就更非易事了。

在商场，就是一些兄弟铺、夫妻店也有吵得不可开交的时候。正如卢鸿炳所言：“这是在各种经营方式中困难最多、经营管理最复杂的一种方式，也是最不容易被人理解的经营方式。而且，在中国大酒店之前都没有任何先例。”

在中国大酒店，以外方为主、我方为辅。酒店总经理由外方担任，同时还有外方人员担任副总经理。开业时，酒店20多个部门的正副经理大部分由外方担任。酒店189个外籍管理人员来自9个国家和地区。他们的文化、学识、经历、思想生活素质等都存在许多差异。如何合作共事，关系到酒店的兴衰成败。

卢鸿炳在“合”字上做足文章。对外方提出的措施，凡是正确的便坚决支持；看不准的，先行试验；有不妥的，磋商解决；错误的，提出意见，帮助改正。

就拿在酒店公开建立党组织来说不能不引起外方人员的疑虑。

“你们共产党是干什么的？”第一任总经理卜格先生问卢鸿炳。

不只是卜格，其他外方经理担心共产党在酒店里组织员工“闹工潮”，或者在旁边指手画脚，专找毛病挑事儿。卢鸿炳理直气壮地说：“我们的目标是一致的，都是为了搞好酒店。酒店党组织的工作任务很明确，就是‘监督、管理、服务、协调’8个字……”

卜格眨巴着蓝灰色的双眼，表示理解。但卢鸿炳明白，要让他深信不疑并非易事，还得用事实说话，拿出真正的实际行动来。

卢鸿炳和合作伙伴刘庆曾把酒店党组织的工作体现在监督酒店的合法经营；加强对党员的管理教育，使之发挥先锋模范作用；支持酒店行政领导开展工作，从多方面提供服务；把中外双方人员团结起来，凝成一股合力，共同把酒店搞好。

外方人员看到酒店的党组织是怎样的关心和改造酒店的经营和管理，支持他们的工作，而不是相反。

这一天，中国大酒店迎来了开业以来的第一个广交会，党支部准备召开扩大会议。“这个会我也想参加，可惜我不是共产党员。”卜格饶有兴趣却有点遗憾地表示道。卢鸿炳不失时机地邀请他列席会议。

会上，卜格惊奇地看到，党员们争先恐后地出谋献策，积极保证搞好接待工作。卜格深受感动。结果，广交会的接待工作搞得十分出色，最多一天营业额达25万美元，月盈利190多万美元，为全市酒店之冠，中国大酒店声名远播。

这一来，卜格好兴奋，对卢鸿炳说道：“我支持共产党组织在酒店里的一切活动。”并对外方人员说：“我们不要怕共产党，他们也是为了搞好酒店工作的。”

不久，国家旅游局原局长刘毅到中国大酒店视察，问卜格先生：“你知道大酒店有共产党的组织吗？”

卜格说：“知道。”

刘毅又问：“有多少人？”

卜格答道：“37个。不，连我在内38个。”

在座的人都瞪大了眼睛。

“我是来自马克思的故乡哩！”卜格幽默地说，引得参会者由衷地笑了。

有一次，卜格私底下半开玩笑地对卢鸿炳说：“卢先生，我想加入共产党，可以吗？”

卢鸿炳感到很欣慰，略加思索也半玩笑地说：“可以，不过你的薪水要减去一大截，不能领6万港币一个月了，你愿意吗？”说毕，两人相视而笑。从此，卜格先生对卢鸿炳很敬重，在工作中两人合作非常默契、愉快。

中国大酒店聘任的外籍总经理换了一届又一届，卢鸿炳先后同来自德国、加拿大、美国、新西兰和中国台湾、香港等国家和地区的5位总经理和12位副总经理合作共事多年，从来没有发生任何纠纷，使中国大酒店成为公认的具有中国特色的社会主义企业的典范。

让“繁荣娼盛”见鬼去吧

20世纪80年代中期，社会上有人故意把“繁荣昌盛”调侃成什么“繁荣娼盛”，于是乎，“娼盛才能繁荣”的说法在中国南方一些地区还真的风传了一时。

这股阴风也不知不觉地刮进了中国大酒店。

中国大酒店采取的是酒店业引以为豪的国际开放式管理，楼层不设服务台，不搞来访登记。这对于专打境外宾客主意的“流莺”和皮条客来说，无疑成了不设防的理想场所。同时，酒店外方人员在一年中的淡季时节，也提出是否为暗娼进入酒店开点绿灯，“带旺”生意。

卢鸿炳坚决说“不”。他对外方人员说：“想提高酒店的效益，愿望是好的。但是，这种在境外或许不足为怪的做法，在社会主义中国是不能容许的。”

在他的建议下，酒店派出3个小组对一些“放宽搞活”的酒店进行一次实地考察。他们看到，这些“放宽”后的酒店生意明显上升，夜总会人满为患，效益可观。但他们更发现，好端端的一座高级酒店被搞得乌烟瘴气，引起住客的不满甚至愤慨，最终落得“好景”不长、声名狼藉的下场。

通过调查、讨论，酒店中外双方达成了共识：繁荣何须娼盛？高级酒店应以高格调、高质量服务吸引顾客。坚决对嫖娼卖淫活动亮起红灯。

一天，1147房的男住客正带一女子入房，刚好被巡逻的保安员发现。保安员一看这女子的装束和举止，便心中有数。经一番有礼貌的查问，他们立即露了马脚：原来两人根本不认识！这个妖冶的女子果然是一个专门勾搭外籍旅客的“流莺”。

中国大酒店对付“鸡”是不含糊的，正如卢鸿炳所说：“我们从来不相信‘繁荣娼盛’的鬼话。”

酒店房多客少，开房率又逐年下降，营业收入普遍减少，竞争日趋激烈。中国大酒店如何面对这一局面呢？

卢鸿炳的回答是：“中国大酒店是不怕竞争的，面对强劲的疾风，在激烈竞争中进取，在百舸争流中前进！”

1992年11月一天的清晨，卢鸿炳与酒店第4任总经理梁树仁一起，带领一支由警车开道，奔驰、大巴、中巴、雪柜车、货柜车等30多部车组成的车队，浩浩荡荡向著名的电器工业城——顺德北镇进发。这支特殊的车队，是为广东美的电器集团的一个工程剪彩仪式，提供1800位的大型自助餐酒会服务的。

转眼间，篮球间、网球场出现了自助餐台和酒吧台，员工餐厅变成了高雅豪华的法式贵宾厅。原本简朴的乡镇，魔幻般地出现了一个充满异国情调的盛筵，色彩缤纷，喜气洋洋，给庆典增添了热烈欢乐的气氛。

这是中国大酒店的必胜奇招之一。这种主动出击，把五星级服务送上门的大型酒会、宴会，要求高、难度大，也只有像中国大酒店这样管理严格、服务出色的高档酒店才敢接手。他们多次承接的千人以上大型异地酒会服务，都获得了极好的口碑和效益。

金碧辉煌、非凡气派、面积达1300多平方米、高达30米的酒店大堂，更是他们屡出新招，开展特色经营的理想场所，一次又一次地引起羊城人的惊叹。仅1993年，就先后4次在大堂举行丰田、马自达、西德旅行宾士和“老爷车”的汽车展览。汽车从马路向大堂展厅长驱直入，突破禁区，引起轰动效应，带活带旺了整个酒店经营，仅大堂展厅每天就有6万元租金。

卢鸿炳说：“只有求实创新，永远把自己放在新的起点上，才能长盛不衰。”

“黄埔军校”和“校长”

1986年初，中国大酒店选送6名员工到美国迪士尼乐园进行为期一年的学习。

酒店要求他们每个季度要汇报学习心得。一个季度过去了，酒店如期收到了个人报告。可是，第二个季度过去后，再也收不到他们的片言只字。卢鸿炳敏锐地意识到出了状况。卢鸿炳亲自写信、发电报和电传，语重心长地劝说他们顾全大局，学成回国效力，依然有4人杳如黄鹤，一去不返。

卢鸿炳受到有关部门的批评，为他人背了黑锅。有人替他抱不平，建议他通报美国领事馆，整一整这4个“反骨仔”。卢鸿炳笑一笑，说：“不要这样，我受点委屈没什么，还是给年轻人一个发展的机会吧，别害了他们。我相信，他们终究是炎黄子孙，不会忘本的。”

其实，这只是一起个别的意外事件。在中国大酒店，人才流动是一件正常的事情。据统计，这一有在职员工3000多名的酒店每月人员流动率高达3%。至今，从中国大酒店走出去的员工已有上万人，其中出国数百人。

面对一批又一批经过严格训练后远走高飞的部属，这位颇具大将风度的酒店管理者这样说：“对‘中酒’来说这当然是种损失，从情感和工作需要上，我们都是舍不得的。但是人才好比鸟儿，羽翼丰满了，自然要飞向蓝天，寻找更广阔的舞台。而且，我们更意识到，员工流动是‘中酒’对社会、对我国现代酒店业的一种贡献，如今珠三角乃至全国各地许多酒店的管理人员都是‘中酒’的老员工，这就是个证明。”

基于这样的人才观，中国大酒店把员工流动政策归纳为3句话：积极挽留，热烈欢送，外面不好则欢迎回来。结果，还真有20多人回流，酒店一视同仁，该当部门经理的仍然当部门经理。对那些出国人员，卢鸿炳也有3句语重心长的话相送：“第一，别忘了自己的根；第二，希望学有所成，帮助祖国发展；第三，我日后去到你服务的国家，你请我吃餐饭足矣。”

正因为中国大酒店的领导层，尤其是卢鸿炳有如此宽阔的胸襟，正因为中国大酒店走出去的员工在各地酒店挑起了大梁，人们把中国大酒店戏称为中国酒店行业的“黄埔军校”，而卢鸿炳则被称之为“校长”。

1993年5月，卢鸿炳一行4人到澳大利亚考察，在墨尔本下机时，昔日的旧下属们开了5辆车来接，结果一人坐一辆车，剩下的车装行李。7天的行程排得满满的，48名原中酒员工排着队争请卢鸿炳吃饭，吃完三餐吃夜宵，卢总前卢总后地争相汇报各自的情况，许多人流下了激动的泪水。

卢鸿炳常对人说：“‘中酒’有154名旧员工在澳洲，真可以开一家中国大酒店分店哩！”谈笑间颇具“校长”风范。

“爱心”唤起“向心”

卢鸿炳常说：“员工是酒店的财富，以‘爱心’唤起‘向心’，酒店没有理由办不好。”他认为，酒店的管理必须严格，但光严不爱，就会失去凝聚力，酒店给员工一分爱，员工便会给酒店十分情；员工向心越强，酒店的凝聚力就越大。

工程部张启智工程师因患舌癌，担心被解雇，终日唉声叹气，寝食不安。卢鸿炳鼓励他勇敢地与疾病斗争，并明确表示：一是用最好的药，最好的设备为他治病，一切费用由酒店负责；二是术后的发音可能有困难，酒店可安排他干力所能及的工作，工资不减、福利不变；三是家庭生活有困难，发动员工支持，渡过难关。仅仅5天，在卢鸿炳的发动下，全店3000员工中有2400人捐了款，共捐得28万元，把张启智感动得泪水涟涟，不晓得说什么好。

卢鸿炳考虑到别的员工也有可能遇到类似难题，特意请张启智打个报告给他，他在上面写上处理张启智问题的3点意见，并加上“今后遇到类似事情，照此办理”。

有一位到酒店工作仅一年的合同女工刘君阑尾炎手术后突发腹腔炎，两次发出病危通知书，卢鸿炳和中外方经理一道，亲自为她请医院院长做手术，并要求医院用最好的药、最好的护理，前后一个月，花了16万元医疗费，酒店全部支付。还发动员工捐款近2万元，交给刘君父母作为生活补贴，两位老人在医院看护期间的一日三餐，酒店都派专人送饭送菜。酒店的爱心终于把小刘从死亡线上救回来。小刘的父母感动得哭成了泪人。这事轰动了酒店，员工们说：“中国大酒店确实爱员工，有这样好的单位，做死也值！”

卢鸿炳的博爱之心，可以说无所不在，无微不至。员工的衣食住行、生老病死、家庭婚姻、劳动保险、健康娱乐、文化教育……工会一一过问，设有主席接待日，直接和员工对话，直接听取员工的心声，及时解决员工的各种困难，沟通感情，消除误解。同时还设有“五必访”制度，对员工婚、丧、生育、伤病、生活特殊困难或发生纠纷，一律登门拜访，给予关心，帮助他们排忧解难。员工子弟中被评为“三好”学生的，酒店每年都把这些学生和他们的老师、校长、父母请来，举行颁奖大会，以弘扬尊师、好学之风；凡在酒店工作10年的员工，每人都发一个有酒店标志的金手表，以表彰他们的敬业乐业精神；评选“八模范”（模范父亲、母亲、丈夫、妻子、女儿、女婿、儿子、媳妇），以倡导中华民族的传统美德。

卢鸿炳不仅以这种真诚之爱去关心中国员工，对外籍员工也同样如此。有一次，一位外籍员工因打架被酒店解雇后，到上海找工作。上海方面为慎重起见，打电话给卢鸿炳询问该员工在中国大酒店表现。卢鸿炳考虑，这位员工跟别人打架只是一时冲动，既然已作了处理，就不应该老记旧账，影响人家谋生。所以，他将这位员工的优缺点都说了，没有强调其犯过的过失，使这位外籍员工谋得发展的机会。卢鸿炳的举动，增进了外籍人士对他的信赖之情。有的外籍人士甚至离开中国，心中还念念不忘老总。

正是这种“爱心”，唤来了千百个员工的“向心”。他们处处表现出当家作主精神。如一年春交会，到酒店的外宾很多，咖啡厅、酒吧的员工主动干到深夜3点后才走，而且不计报酬。在全店员工的共同努力下，该届交易会期间酒店营业额一日最高达410万元，位列全市各大酒店前茅。

卢鸿炳就是以这样的真诚之爱，开辟了一片新天地。

廉洁就是力量

“我跟了卢总十多年，从来没有见过他大声地训斥人。”从中国大酒店到广州大厦出任公关总监的麦先生说。那么，他凭借什么让员工心甘情愿勤恳工作呢？一句话：“以人格的力量感召人。”麦总监一语中的。

无论是在中国大酒店，还是在广州大厦，卢鸿炳从来不搞特殊。

他每天上午8时上班，一直干到晚上11时才下班；没有周六、周日，也没有节假日。人们常常好奇地问：“卢总，你究竟什么时候才休息？”他总是笑笑，用一句温和的反问作了回答：“出访和组织员工一道外出旅游，不就是休息了？”

作为中国大酒店的副总经理和广州大厦的总经理，他可以到酒店任何一间豪华餐厅就餐，可他天天都在员工饭堂里吃饭。他说，吃什么是小事，联系群众才是大事。员工中许多情况，他都是在饭堂用餐时了解到的。

他也从来不带家属来酒店吃免费餐。跟随了他十多年的麦先生说，一直不知道卢总家里的亲人长得是什么模样。凡不属于公事的接待，他都自己掏腰包；用公款请客的，在账单上写得一清二楚，并把每月用公款宴请的次数、金额、原因、时间等详细列出明细，向各级领导通报，接受监督检查。有人说他有权不会使，他却说：那种一朝有权就用尽的做法，绝对是错误的。我是个党员，就要为员工树立一个良好榜样，这样才能有效地影响、管理员工。

他根据上级指示，组织员工学习各类法律法规。每次学习，他都带头参加。他相继学习了21个法规，考试成绩平均达到93分。

他年近6旬，带头义务献血。在他的带动下，酒店有363人，包括外方总经理、总工程师、营业副总监、财务副总监都无偿义务献了血，酒店多次义务献血高达72600cc。

他带头参加义务劳动。一个炎热的下午，酒店组织义务劳动。大热的天，酒店的中央空调还未开放，卢鸿炳二话没说，穿起水鞋，扎起袖管，带头去清扫防火楼梯。其实从职务、从年龄、从身体状况考虑，他都有理由不参加，可是他不仅来了，还挑了最脏最累的活，干得最苦最投入。从酒店管理人员到广大员工，一谈起卢鸿炳总是肃然起敬，认为他无论是做人或者是做事都堪称楷模。“卢总年纪都那么大了，仍玩命地干，我们哪敢偷闲；他为事业奉献了那么多，我们也该为他分忧，士为知己者死嘛！”

“人是要有一点精神的，不争第一，第二第三也得不到。”

“廉洁者群众是看到的，必会受到群众的极大尊重，享有很高的威望。这就是力量。”

卢鸿炳常说的话还有许多。从酒店一贯处于先进状态看，他这位带头人似一颗种子，又是一股向心力，更是一只领头雁。中国大酒店一年之中就有37个项目受到中央、省、市的表彰。这些成就无疑都是中外员工拼搏出来的，卢鸿炳则起到领头雁的作用。

卢鸿炳这位在酒店业“滚打”了30多年的“拓荒牛”，心静如水，总结了这样3条心得：一是对酒店作出贡献的人，不要忘记；二是不过桥抽板，这是没道德的；三是在市场经济下，永远需要朋友的关心支持，领导与被领导只是暂时的，而朋友是永远的。

实在，本色，一目了然，却是许多在位子上尚未醒悟到的为人之道，至理名言。

（原载《传记文学》杂志）

顾吾书社，“在有限空间，做无限善举”

并非题外的话

顾吾书社，由江苏省盐城磷肥厂（今双昌集团）工人顾寿义31年前倡导自发成立的读书社。谈及顾吾书社和顾寿义，不能不说说其出生地——苏北盐城。

也许，有人是通过1941年1月“皖南事变”后，新四军在盐城重建军部，从而知道和了解了这里曾经是陈毅、粟裕率领新四军东进，重树抗日大旗的地方。

也许，有人是通过当年遍地盐碱窝，光长盐须不长粮，虽地处鱼米之乡的江苏却穷得名扬天下，从而知道江苏还有这么一片可以称之为不毛之地的地方。

也许，有人是通过名人特别是文人墨客来了解这里还是人才辈出之地。盐城的名人确实不少，择其要者——

从近处说，先来点浪漫的联想——《三国演义》中不是有大乔和小乔的“二乔”之说吗？盐城也有“二乔”，却是爷们儿，一是才华横溢的“党内第一支笔”胡乔木；二是口若悬河、舌战群英的外交家乔冠华。此外，还有原中国文联主席周巍峙，军旅诗人周克玉上将，教育改革家朱永新，作家李国文、曹文轩教授等等都是土生土长，从盐碱窝子里走出来的才子。

往远处说，同样是人才辈出，文人墨客荟萃。比如，汉朝末年著名文学家、“建安七子”之一的陈琳，文学巨匠施耐庵。又如，不愿做官，终身为民的明朝哲学家王艮，一生隐居的明末清初书法大家、爱国诗人宋曹等。

至于其他领域的盐城籍著名人士更是群星闪烁：和文天祥、张世杰并称为“宋末三杰”的临难受命，壮烈殉国的南宋宰相陆秀夫；揭竿而起的元末农民起义领袖张士诚；国民党上将郝伯村；三次冒死指挥撬开南极之门的陈德鸿将军；世界首位华人宇航科学家王赣骏，等等。

盐城，一座具有悠久历史的古城，更是一座有着深厚文化底蕴却又世代传承、生生不息的文化之城。

是一方水土养育一方人，还是这方人懂得“少小须勤学，文章可立身。满朝朱紫贵，尽是读书人”的缘故，父老乡亲们经济再拮据，手头再紧，对于孩子的读书从来不会马虎半分；这里的后生小伙，也免不了玩心太重，遇事少不了缺点心少点肺。但是，一提到上学念书，除个别者外一点不敢懈怠，且对能够博览群书、攻读名家专著引以为荣，对舞文弄墨更是情有独钟，待到多少能识点文断点字的辰光，人小鬼大，跃跃欲试地要在报刊上露脸亮相了。偶尔能登个把“豆腐块”，那份忘情跟“范进中举”似的。因为他们懂得“穷则思变”或是“千里之行，始于足下”的道理。

顾寿义，属于视博览群书、攻读名家专著为人生乐趣者，并由此萌生、逐渐生成了借助书籍济世的抱负，且无怨无悔，矢志不渝，将这种无私真诚的服务，一尘不染地服务周围青年，真正当作生命的组成部分。

上　篇

22岁毛头小伙突发奇想，偕友办书社
文学巨匠茅盾等众前辈指点迷津，鼎力相助

1977年，高中毕业的顾寿义在家待业，从早到晚，百无聊赖。怎么打发这难熬时光呢？他想来想去想到了书籍，隔三岔五地去买上一本书，看完，再买……渐渐地迷上了，也上了瘾。两年下来，他竟买了100多本。

1980年的一天，盐城磷肥厂来了一名新工人。这个血气方刚的小伙子进厂报名颇有特色，什么洗漱用品呀，什么换洗衣服呀，一概忘了带，仅背了一箱子书跨进了工厂大门。

当时的磷肥厂是个什么样的状况呢？

厂里青年工人很多，有的还是可以向妈妈撒娇的不满15岁的孩子。厂子又远离市区，交通不便，基本谈不上有什么丰富的业余文化生活。千把

人的一个厂仅有一台电视机，每到夜幕降临时分，被工人们里三层、外三层地围了个水泄不通，往往没几人看得安生。结果，酗酒、斗殴、赌博、盗窃……轮番上演，甚至有人堕落为流氓。磷肥厂顺理成章地成为公安干警时常光顾之地。仅1980年，该厂工人受到拘留和逮捕的案件就不少于7起。

就在这当口，全国总工会、共青团中央关于学习知识，为投入现代化建设做准备的倡导，似春风，像雨露，滋润着一颗颗空虚的心灵。

"你为什么一天到晚总是看书？看书有意思吗？"有的青年工人问一有空闲就看书的顾寿义。

文学家高尔基说过：书籍是人类进步的阶梯。我们竟有人提出这样的问题？他震惊之余，想到许多年轻人因文化水平有限才找不到阶梯，便鼓励他们道："你们一样可以看书！"

结果，出乎顾寿义意料的是，他背来的一箱子书被同伴们借了个底朝天，着实让他高兴了好一阵。

这年端午节晚上，顾寿义和一道进厂的蔡万泉、柏登宏聚在一起，边吃粽子边聊天。他们聊屈原，聊《离骚》，聊他的悲愤和悲壮，也聊起粽子的由来……聊得最多的是一个"书"字。

蔡万泉、柏登宏不约而同地看看顾寿义空空的书箱，感叹道："原来我们也想借两本回去看看，想不到一本不剩。寿义，能不能想个法子多弄些书来，让大家都能看上书。"

顾寿义一听开了窍，喜不自禁地脱口而出："我们办个读书社吧！"

"办读书社？"蔡、柏二人不约而同地问。

顾寿义若有所思，肯定地点点头。

柏登宏说："好是好，可书从哪里来呢？"

蔡万泉也犯难："我们刚进厂，一个月的工资才开十几二十块，要吃饭，要穿衣，还要对父母表点孝心，哪有闲钱买书？"

顾寿义开始一怔，继而想道：现今的姑娘小伙不是高中生，就是初中生，谁家里没有几本书？只要动员大伙献出一点，众人拾柴火焰高，读书社不就办成了！

3位首创者最后形成共识并商定：凡参与书社者，首先应该成为各自工作岗位上的骨干，做好本职工作。同时，利用工余时间无偿地参与共同管理，热心为工友们服务，为社会、为他人做力所能及的帮扶。

那么，"读书社起个什么名字呢？"3个青年工人好兴奋，你一个主意，他一个意见，名称渐渐清晰起来："瓢城新蕾读书社"。瓢城，盐城地势似

顾吾书社首创者（顾寿义提供）

瓤，古代被称为瓢城；至于新蕾，不用说是寓意青年工人们犹如朵朵含苞花蕾，需要知识的甘霖滋润。

当他们绘声绘色地将读书社的雏形向厂党总支书记兼厂长黄东平、工会主席李崇山作了描述后，领导当场表态："举双手赞成"，"给书社赠书"。并为书社明确了24字宗旨："团结工友，立足本职，学习文化，钻研业务，陶冶情操，丰富生活。"

这里，同样值得一提的是，时任厂生产组长，后来相继担任厂长、书记、董事长、区副局长、区经贸委副主任，全国五一劳动奖章获得者张鹤林向书社赠送了《普通过磷酸钙生产工艺和操作》一书。这是书社收到的来自厂内的第一本赠书。

"我们厂有了自己的书社了！"

"书社是大伙的。我们要好好爱护它。今天回家第一件事就是翻箱倒柜找书捐给书社！"

"这下好了，看书方便多了！"

"我要抓紧业余时间把我国的四大名著认真读一遍！"

……

青年工人们兴高采烈，奔走相告，你两本我三本纷纷捐书，书社很快就收到60多本书，16名青年工人参加了书社。

书社设在哪里呢？顾寿义们不愿给厂里添麻烦，那就自己动手，丰衣足食吧。办书社也是这个道理。顾寿义想到了自己那间与同伴合住、仅有7平方米的斗室。在那位室友的倾力支持下，这间斗室成了藏书、阅览兼卧室。7平方米啊，利用率如此之高，世间少见！

下班了，书社成员以斗室为家，纷纷聚拢来。那个挤哟，就跟罐头盒里的沙丁鱼一般满满当当。

顾寿义和伙伴们凭着朴素的思想感情，不满足“读死书、死读书”，心中涌起一股股难以抑制的冲动：“学了就要见诸行动，为工厂、为集体做点好事！”他们几经合计，一个名为“青年工人突击队”诞生，开展起久违了的以厂为家的“共产主义义务劳动”。

当时，磷肥厂文体活动一无场地，二设施匮乏，无法开展。顾寿义们发现厂化验室前面有一块废地，篮球场大小，坑坑洼洼，堆满了废渣垃圾，既影响厂容，又不卫生，工人们连走路都绕着道。他们决心把它利用起来，凭着一身气力，几把铁锹，迎着朝露，挑灯夜战，运走废渣垃圾，平整场地……愣是将一块平平展展，干干净净的场地展现在全厂职工眼前。接着，他们又一鼓作气，建起了排球场，跳远的沙坑，安上了单双杠……工人们终于有了业余时间龙腾虎跃的场所！

这支青年工人突击队想生产所需，解生产之急。他们利用工余时间义务砸磷矿石，一天两天，一月两月，一直坚持了一年多，为厂里节省了1万多元的开支。可别小看了这一万多，这在当时算是个可观的数字。因为那时候乡间衡量人们是否发了家、致了富的指标也就是否是个“万元户”。

这时候，不知是谁将顾寿义带领青年工人自办书社，开展“共产主义义务劳动”的事捅到了《上海书讯》上，豆腐干大的那么一块文字，虽不起眼却很惹眼。毕竟这样的新鲜事儿即使在当时也寥若晨星。

更令顾寿义们意想不到的是，文学巨匠茅盾和《新民晚报》社长赵超构从《上海书讯》上看到这个“豆腐块”，知道在苏北盐城有家工人自己的书社，不觉眼前一亮，从莫大的欣慰演变成浓厚的兴趣。

“你们的行为，展现了我国当代青年工人不安于现状，勇于自我强化，善于自我修炼，乐于自我奉献的主人翁精神风貌。”

1980年10月中旬，茅盾先生和赵超构社长先后给书社和顾寿义来信，如此这般地赞扬他们，并语重心长地开导这些晚辈：读书是件苦事，要吸引更多的人参与，在勤学苦读中逐渐成长、成熟起来，仅仅像花蕾一样显然是不够的。

茅盾先生还语重心长地说，书社应该“顾求众需”，“鼓舞百姓”。他认为：“办书社，还不算难。难的是能否办好，又要考虑到能设法长久地办好。这并不轻松，必定需要像屈原那样：‘吾将上下而求索’来砥砺、来鞭策。”要取“顾及社会上广大工农青年各异的身心求知需求，荐读一切益于身心的精神食粮”之寓意，建议根据“鼓舞”谐音，把书社取名为“顾吾”。

前辈的点拨和教诲，令顾寿义们心中豁然开朗，犹如燃亮了一盏明灯。他们一遍一遍地研读、领会，为了团结鼓舞青年工人珍惜时间，苦学苦钻，用知识构筑人生的大厦，不负前贤们的殷殷属望，将瓢城新蕾读书社更名为“顾吾书社”，既融进了“鼓舞”之谐音，更取“吾将上下而求索”之深意，倒也贴切适宜，用心良苦。

面对冷嘲热讽，他时而据理力争，时而一笑了之。常用萝卜干当菜，省钱买书

“这几个折腾书社的简直就是些痴子！”

“做你的大头梦吧，哪里有人从自己的口袋里往外掏钱，订什么报刊把大家看？肯定是读书读愚了。哎，真不会过日子！”

“顾寿义这个家伙，唉，说他什么好呢？爱玩花头经！”

“嗯，我看也是。您想啊，他学徒工资每月才20来块，要交5块钱给他娘咯老子。剩下十几块钱，除去买饭菜票13块，其余的全部买书买报了。他究竟想做什么呢？”

“可不，报上登的净是些党和国家的事情，我们看的报是公家订的，还不大去翻那些。可他这个拉大车、摔大锤、上三班倒的粗壮工，竟然也学起中央的什么精神，关你什么事？别看这小子个子矮，说不定是个有野心的奸猾之徒。”

书社成立之初，厂里工人，尤其是师傅和班组长们对顾寿义等几个年轻人的所作所为，从开始怀疑、不理解，到指手画脚，说三道四，直到冷嘲热讽，影射人品、居心不良了。厂办公室的人则从另外一个侧面加以指责：

“以前，工人要想看《参考消息》、《人民日报》、《新华日报》、《盐阜大众》什么的，跑到厂办来。现在奇了怪了，看报的工人差不多全不来了！”

“顾寿义他把那些书啊报的白白地把工人看。这不是成心跟我们唱对

台戏，过不去吗？”

“放心。顾寿义这些毛头小伙充其量是耗子的尾巴，粗不了也长不了，用不了几个屁大的功夫，装装几回斯文后，就会偃旗息鼓了！”

……

在诸多非议面前，书社初建的现实环境，顾寿义们有备而为，坦然面对，解释是无力的，辩解是苍白的。事实最有说服力，时间是最公正的裁判！他们沉得住气，坐得住冷板凳，看淡名利，荣辱不惊，忠勇而果绝地长此以往……

一年过去了，转眼过去了10年、20年，直到而立的30年，书社依旧耸立着，顾寿义们依旧普通着、依旧默默地劳作着。但是，他们用书社的而立之年向世人交上的答卷，证实了盐蒿地上同样可以开出鲜花，盐碱窝里照样能够飞出金凤凰！

顾吾书社成立后，厂内打架斗殴、酗酒赌博的少了。学习文化，钻研技术，助人为乐的事情多了。按理说，顾寿义们做了一件功德无量的好事。

书社创办之初，尽管大伙热情很高，积极支持。但是，单靠青年工人们自发献书，数量有限，内容也杂，质量没有保证，远远满足不了大家读书学习的需要。顾寿义看不得书社有气无力，惨淡经营，就从每月20多元的微薄工资中挤出钱来，订了7报1刊。这一举措在厂里的影响不亚于酷暑闷热天气下的一颗炸雷。

偏偏有人不领情，偏要找点碴儿显示本人鹤立鸡群。有位将读报视为象征什么政治身份或待遇的老粗干部大光其火，大言不惭地责问道：“党报，是配你们这些小青年看的？”

顾寿义们据理力争，为了追回“被没收”的那些报纸，甚至与之发生激烈的冲突，多亏有大多数厂领导和工人们为书社主持公道。这才站稳了脚跟。

书社在购买图书时，根据青年工人的兴趣爱好加以选择，然后分门别类，供大家借阅。他们制定了规范的图书阅览制度，每人一次可借阅1至3本，一个月内归还。阅览室由3名青年工人轮流义务值班,8小时以外开放。

磷肥厂有这么一个现象：一批批新工人入厂用不了多久，多数人就被吸收到书社中来，徜徉在书海之中。对这一可喜景象，欣慰者居多，但也少不了论长道短，搬弄点儿是非：“这些小青年不知吃了顾寿义什么迷魂药，全跑到他那边去了。”

“他那边？”这里固然有顾寿义个人的魅力，更多的却是书籍的召唤，精神的力量!

书社立住了。一个严峻的问题摆在顾寿义面前：是继续守着二三百本书的小摊子，僧多粥少，捉襟见肘？还是穷则思变，想方设法，群策群力，继续解决和扩大书源问题？

顾寿义和伙伴们义无反顾地选择了后者。他们想到，尽管青年工人的工资低，生活比较困难。但只要想挤，总是可以从牙缝里抠出一点钱来买书！他们发起了“自愿交费买图书”的倡议，受到青年工人的拥护和响应，一个“一人一月省一块，不愁没书看”、“少抽一包烟，多买一本书”的活动在全厂青年工人中悄然兴起……

头一年，书社成员平均每人交了6至10元。除了买回30多本书外，还订阅了《人民日报》和《红旗》杂志。第二年，买回书籍300多册，是第一年的10倍！第三年，买回书籍500多册。第四年，买回书籍800多册。到了1996年，大伙自愿交纳的购书经费达8000余元，图书总数也增至4000多册！

顾吾书社从当初的三五个青年工人、百十来册图书，发展到今天藏书、阅览面积已有30多平方米，社友也越来越多，附近企业的职工也主动加入。每当夜幕降临时，书社人满为患，有姑娘小伙，有两鬓飞霜的老干部，连系着红领巾的小学生也常年成了座上客。书社已经拥有数百名社友，10吨图书，1000多种报刊。顾吾书社已经真正成为读书人、爱书人的

斗室虽小 高朋满座（顾寿义提供）

家！

在捐款买书活动中，涌现了不少为书社节衣缩食、甘愿过紧日子的青年工人，顾寿义则是其中最杰出的一位。

他，家境贫寒，生活相当窘迫，兄妹6人仅靠已退休在家的父母那点微薄的退休金，真是到了常常为买米钱而发愁的地步。

他进厂后在食堂就餐，别说荤菜了，就是素菜也舍不得买，常常用从家里带来的萝卜条、腌菜就着米饭、馒头。

他刚入厂的那年冬天，连条棉被都没有，只能找好友合伙睡，就是说靠钻人家的被窝来抵御苏北没有暖气的寒冬。好友们还要为他保守这一秘密。这天，被厂里一位老工人发现了，看在眼里，疼在心里，一番死缠烂打才让他收下钱和布票，平生头一遭盖上内外三层新的棉被。

他学徒期满转正，每月工资37元，除了15元用于餐费外，剩下的一分不留地为书社买了书。他为了顾吾书社活得一贫如洗。就说他的婚姻大事吧——天底下的未婚小伙谁不为这一人生大事绞尽脑汁，在物质上打打小算盘？可他——让人说啥好呢？麻绳拴豆腐——提不起来。1985年11月，他与两情相悦的农村姑娘尤东芳谈婚论嫁时，手头竟然拮据得拿不出一分钱！这，倒也让人们大开了眼界，真正领略了人世间究竟怎样才算是货真价实的“一身正气，两袖清风”！

那些嘴里跑火车者夸某干部“一身正气”，那些顺嘴淌者吹某领导“两袖清风”……这样吧，不怕不识货，就怕货比货。还是看看人家顾寿义！

顾寿义拿不出一分钱，这新郎怎么当？书社几个好友担忧、感佩之余，也巴望他结婚早点抱上儿子，争先恐后，七拼八凑，凑齐了1000多元供他“专款专用”。不料，他又动了“邪念”“挪用‘公款’”了，将留给未婚妻当新娘买新衣的400元钱，悄悄拿出来为书社订了《工人日报》、《中国青年报》、《法制日报》、《参考消息》、《人民文学》等6种报纸和期刊，又去书店抱回了一大摞书。据不完全统计，书社创办31年间，顾寿义自掏腰包，先后为书社买书、订阅报刊共有七八万元。

每当有人问顾寿义：你这么做究竟图什么？他总是淡淡地回答道：这个世界上如果没有纯粹的东西，那就是我们本身不愿意相信纯粹的存在。我们活着还是要追求一些东西的。

顾寿义这里所说的“东西”，无疑指的是精神层面的抱负和理想。通俗一点说，就是人来到这个世界上，总得为这个世界、为他人做点有益的事情。

书社正因为有了像顾寿义这样有抱负、为他人可以舍却自我的带头人，顾吾人解决挠头的书源问题，坚持读书活动31年不辍，也就迎刃而解了。

书社坚持读书活动常年不间断，并没有使顾寿义率领的顾吾人停下脚步。他们清醒地意识到，书社距离让青年工人读出成效来，尚有漫长的路要走。他们随着图书的不断丰富，按照青年工人文化水平、工作需要，兼顾个人兴趣，因势利导以读书兴趣小组为主，成立了政治、文学、财经、企管、科技、国防、法律、历史、时事、报刊、青年道德修养等高达200多人参加的66个“读、评、研、析”小组，开展扎扎实实的专题读书活动。

书社将开展“我最喜爱的一本书”读书演讲、心得交流、知识竞赛等活动经常化。书社还有个近乎苛刻的要求：凡是读完一本书者必须写出一篇读后感。这对许多青年工人来说，简直是赶鸭子上架，读书毕竟不等于舞文弄墨，开始几乎是人人叫苦不迭。

这个说：“鼓起腮帮子，天南海北地侃一侃没得话说。”

那个道：“舞文弄墨可要了我的命嘞，太难了！”

顾寿义们也清楚有些难为大伙，但就是不通融，除个别文化水平确实太低而作罢外，愣是逼着大伙写。但他又从实际出发，不要求你写什么长篇大论，也不要求你有多高水平，只求有感而发，即使只有三言五语的真情实感就得。这样一来，大伙还有什么价钱好讲，老老实实地就范吧，通常都做到“读一本书，写一篇心得”。

书社还定期研究落实读书计划，向各小组推荐必读书目和辅助读物。各小组以自读为主，定期组织集体讨论，将一点点体会写成一篇篇读后感……天长日久，习惯成了自然，实效显示出来。大伙还直夸顾寿义们“这一狠招逼得好”呢！

大伙主动地谈感想、讲甜头，细说起来有三：一是逼着自己深钻细读，读懂弄通；二是提高思考问题、分析问题的能力；三是通过自己写及观摩、评比读后感，普遍提高了文字、写作和分析问题的能力。截止笔者写这篇文章，据不完全统计，书社成员已写出读书心得1000多篇，其中有近百篇被报刊采用。

书社有个青年工人名叫胥加山，一个“三班倒”的运转班工人。天天昏天暗地，百无聊赖，又自作清高，孤芳自赏。可贵的是，他能用休息时间泡在离厂区七八里外的市区图书馆，寻求一份安宁。他有过向往，只是出身寒门，贫困交加；他虽一味地压抑自己，却不甘平庸，立下在别人看来有点异类的誓言：立足脚下，实现自己的理想：不只是在车间，而是在文字上……

“其实，你每天读书不需要这么劳累跑到这儿来。在这儿，很难有相互间的读与思、学与行的交流，借书、还书也麻烦。你单位便有个书社，藏书虽比不上这儿，但也有将近万册书的样子。这家书社，有望在将来成为市图书馆的分馆呢！”这位管理员看到胥加山比搞研究或读研的大学生还要准时、刻苦，常常啃一两块干脆面充饥，很受感动，禁不住指点道。

在顾吾书社，胥加山与社长顾寿义结为知己，使他的人生之路有了新的转机。顾守义博览群书的睿智，像一块磁铁深深地吸引着渴求文学素养的胥加山，渐渐地由阅读萌发了一种创作的冲动。随着他的处女作的发表，更加激发了创作激情，撰写的文章在众多的报纸副刊中几乎百发百中。

“三班倒”工人胥加山终于声名鹊起，成为一名“工人作家”。他公开发表的文章一年中竟被《读者》转载高达8次之多。当《读者》在全国范围内率先与“全国百位作家签约仪式”时，他有幸成为其中一员！

喜讯传到书社，顾寿义眼含泪花……他怎能平静呢？与《读者》签约的作者全国仅有百位，除去当下30位全国著名作家外，就是业余写手。江苏仅有4位，胥加山是盐城的一棵独苗。

“对于业余写手，生存的旺盛生命力，关键在于作品的质量，一年不在于作品的多少，关键要出精品！作品要推陈出新，改变写作思路……”

“提升阅读量是你目前写作的关键！”

……

已经成了省作协会员的胥加山，耳畔时常响起顾寿义念叨的口头禅，依然能够不断地得到这位亲如兄长的文学关怀！

初生牛犊不怕虎。顾吾人在研读中发现书籍、报刊中存在的一些问题，对出版、报刊部门有一定的用处，就斗胆向有关报刊提出中肯的建议。令他们大喜过望的是竟然受到了赞扬和奖励。就拿《中国化工报》来说吧，顾吾书社报刊读评小组每天都研读该报，并调查了本地区16家化工企业，汇集了367个数据，对该报如何改进宣传，提出了“加大化工生产形势报道的力度”、“设立读者热线电话”等15条建议，荣获该报全国唯一的读者评报一等奖。书社还为《人民日报》、《工人日报》、《中国青年报》、《半月谈》、《中外管理》、《竞争与谋略》、《当代思潮》、《中国质量万里行》、《盐城晚报》等全国各地近百家传媒提供了读评研析。

许多青年工人借助书社这座平台，形成了你追我赶的读书学习热潮。那些高中文化程度的青工已经不满足读几本书了。他们结合读书，参加了政法、中文、化工等大专自学函授，截止笔者写这篇文章时，已有20多人结业。高达628人在书社接受了系统的党史、国情和社会主义发展史教育，近千人完成了《中国青年报》报授团校的学习。其中有829人获团中央颁发的《结业证书》。顾寿义获得了全国首届青干班管理专业的毕业证书。还有20多人从大字不识几箩筐到舞文弄墨，能写会画，成为新闻单位聘用的“笔杆子”。

在人心浮躁的今天，看到这些青年人身上留存的这么一份可贵的爱书读书的风气，宛如桑拿天里吹来了习习清凉的风!

“读书目的在于应用”、“读书而不能运用，则所读之书等于废纸”是顾吾人学用结合指南

悬挂在书社墙上的这两句醒目的警言，是顾吾人学用结合，学用一致的指南。

还金林，青年工人。高中毕业后，一门心思想上大学。结果，连考三载名落孙山，接踵而来的是情绪消沉，苦闷彷徨……

1987年，他为了有事情做，有口饭吃，万般无奈之下进磷肥厂当了工人。本来没考上大学就够憋屈的，又偏偏被分配到混化车间当了一名操作工，成天跟腐蚀性极强的硫酸、料浆打交道，气味呛人，衣服常常被烫成洞，皮肤也多处被灼伤。与其说他是个操作工，莫如说是“天天被污染工”。他叫天不应，叫地不灵，消极厌世，万念俱灰，只好夜里偷偷地钻在被窝里哭鼻子。

这天，他下班后没精打采地走在路上，有同伴拉着他“去书社看看书”。当他的目光一接触到《钢铁是怎样炼成的》、《西游记》等文学名著时，兴奋不已，顿时产生恨不得一口气读完的冲动。

其实，他在中学时代听说过这些名著，也想好好读一读。可是，书本上的都学不完，哪来时间读这些名著呢?进书社当天，他就借走《钢铁是怎样炼成的》，连夜攻读，他被书中主人公保尔从一个普通工人家庭出身的孩子，逐步成长为革命队伍中具有高度自觉性战士的人格魅力而震撼。特别是那段叩击无数中国人心弦、被当作座右铭的警言：

> 人最宝贵的是生命，这生命给予我们每个人只有一次。一个人的一生应该这样度过：当他回首往事的时候，不因虚度年华而悔恨，也不因碌碌无为而羞耻。这样，在临终的时候，他可以说，我的整个鲜血和生命，都已经献给世界上最壮丽的事业，为

全人类的解放而奋斗!

他读了一遍又一遍，直读得热血沸腾，激情满怀!

是啊，英雄保尔的形象，在我们的心目中，曾一度成为正直和坚强的象征，成为艰苦奋斗和自强不息的榜样。保尔艰苦人生锤炼的过程体现了一种高尚的精神。即使在物欲横流、人心浮躁的今天，再看一遍《钢铁是怎样炼成的》，再重温这段刻骨铭心的铿锵话语，照样会使我们重新感悟人生的真谛——人，究竟怎样才是真正地活着？!

还金林读罢《钢铁是怎样炼成的》，又借来《西游记》、《红与黑》等，一连看了五六本，心灵受到洗礼，思想得到升华。上大学固然好，毕竟不是唯一的出路。做一个普通工人，同样有作为、有前途。操作工是苦些累些，但总得有人去干。

人生，就是经受磨炼，就是战胜困难，就是战胜苦累的过程。思想的转变势必带来劳动态度的显著变化。读书，使还金林增长了知识，明白了道理，懂得了怎样做人。他在操作工岗位上默默无闻，一干就是整整6个年头，2000多个日日夜夜，年年被评为厂先进生产者。

今日青年，要说有什么不良习气的话，主要有三：一是吸烟，且不说吸烟有碍身体健康，单是安全问题就让人头疼。躺在被窝里抽烟睡着了，酿成火灾的恐怕不是一例两例。二是酗酒，经常三个一伙、五个一堆下馆子，喝得烂醉如泥，导致醉骂、醉打、醉驾……再就是搓麻将、玩牌赌博，赌得头昏脑涨，乌烟瘴气，一月工资一夜“报销”……接下来就是跌入“要抽、要喝、要赌却两袖空空”的火坑，后面会发生什么样的事情就可想而知了。

对此，书社没有袖手旁观，束之高阁，在青年工人中开展了“三戒”活动，有意识地把他们的工余时间引导到看书上来，把旺盛的精力释放在读书学习中。精神生活充实了，灵魂净化了，上进心激发起来，一些不良习气在磷肥厂也就渐渐地失去了市场。

硫酸车间有个青工名叫王海德，1990年从乡农机站调进厂的。开始，他对什么分子式呀、方程式呀，雾里看花，稀里糊涂。提到化工行业，更是擀面杖吹火——一窍不通。

他一天天、一月月无数次地望着一股股硫酸尾气飘散到空气中，心中阵阵发紧，一次次地扪心自问：这种污染加浪费何时是了？禁不住萌生了回收利用硫酸尾气的念头。想法是好，自己的能力和水平在哪里，能做得到吗？他束手无策，无计可施……

知识决定高度，书到用时方恨少啊！这知识到哪里去求呢？找科研单位？人家科技含量太高，自己的起点又太低，不现实。进退两难之中，他想起近在咫尺的书社，那里可以给我知识，给我信心，给我力量！

他每天一有点空闲就扎进书社，数学、物理、化工方面的书籍，他似海绵吸水，如饥似渴……回收利用硫酸尾气的试验，失败了，毫不气馁，记取经验教训，从头再来，又失败，再总结经验教训，鼓足勇气，先后进行了数十次试验，不仅把污染压到最低限度，而且产量提高了22%。王海德被评为盐城县劳动模范，获得盐城市“新长征突击手”称号。

这，得益于顾寿义他们将工作做到了前头。书社根据磷肥生产的需要，为大家准备了《机械制图》、《钣金工放料下样手册》、《铣床工艺学》、《焊工手册》等化工与机械方面的书籍，为大家用科学知识武装自己、与钻研技术、争创一流业绩开启了方便之门。所以，类似王海德这样用知识武装头脑，攻克技术难关，提高生产效率的青工相继涌现。据介绍，书社大多数成员已成为全厂生产的主心骨、顶梁柱。其中，6人担任了班组长、工段长和车间负责人，12人被评为劳动模范、先进生产者。

“这是企业精神文明建设的一种好形式。一个企业要搞上去，必须物质文明建设和精神文明建设两个轮子一起转，精神文明建设上去了，可以促进物质文明建设。我厂生产效益在全省60多家化工企业中居第2位，是全国化肥生产先进企业。这些成绩与书社开展青年工人读书活动是分不开的。”

厂领导张鹤林的这番话，既是对顾吾书社坚持学用结合的赞誉，也是对那些丢弃精神理想，单纯抓物质建设的单位和个人的一种提醒。

顾吾人倡导
“从我做起，从点滴做起，扶危济困，助人为乐”

“从我做起，从点滴做起，扶危济困，助人为乐。”这是顾吾人对读书目的更深层次的理解。他们以为，读书仅仅做到“丰富自己、自强不息”是不够的，还要尽心竭力，为社会，尤其是为弱势群体做一些力所能及的实事、好事。

盐城市郊有个盐湾村，住着一位50多岁的小学教师张健声。他的出身本来就不怎么样：地主家庭。偏偏在上个世纪50年代雪上加霜被打成右派，成为“双料货”，被发配到遥远的大西北，尝尽了人间的艰辛。“文革”后落实政策回到原籍，一家4口挤在一座10多平方米的茅草屋里，成为全村最穷的一户。

船漏偏遭连阴雨。1989年9月，肆虐的强台风毫不留情地席卷了他家的茅屋。当地人形容穷苦人家居无定所，往往用“上无片瓦，下无立锥之地”来描述。而张家更胜一筹：“上无片草”！张家只好临时在邻居家栖身。

顾吾人怀着极大的人性关怀，连夜募捐2000多元，以解张家燃眉之急。紧接着，他们又将张家的困难向政府及有关部门反映，为张家争取到无偿办理建房执照，免除宅基地的费用，平价解决建房材料……不久，一座灰砖红瓦的3间新房耸立在村中，把张老师感动得逢人便夸政府的关怀，夸书社为百姓办实事。

1993年7月19日，《盐城晚报》载：市汽车运输公司职工蒋亚如年仅7岁的幼子蒋克亚患有再生阻碍性贫血，需施行脊髓移植手术。这对平民百姓来说，无疑需要一笔天文数字的医疗费！小克亚的父母一筹莫展，忧心如焚！

书社青年工人陆安彬看到这则报道后，心潮难平，萌动了要为多灾的小克亚做点儿什么的冲动，马上和几个伙伴一合计，达成一项共识：募捐。他们很快将募到的捐款送到报社，请编辑部转交给小克亚的父母。他们清楚，这点钱实属杯水车薪，充其量多少能抚慰一下小克亚父母愁苦的心。

书社如何来帮帮小克亚呢？

顾寿义提议，尽快和晚报编辑部商量，共同为小克亚推出义捐文摘专版的活动，即由顾吾书社不取任何报酬，负责编辑一整版文摘专版，然后由晚报付印，顾寿义和书社成员一齐出动向市民义卖。他们走遍大街小巷，向一家家商店，一个个摊位，就是遇见个把路人也不想放弃卖报的机会喊上一嗓子。大家共卖出文摘专版3466份，所得款项全部捐献给小克亚作医疗费。

顾吾书社这一活动，开创了全国报刊义捐专版之先河。

1993年5月的一天，深夜。硫酸车间青年工人董新海蹬着三轮车行进在大街上。

一辆闪着警灯的吉普车从他身边擦过，停在不远处的一家宾馆前。从车上跳下来两个身着武警服装的人。突然，这两人不由分说抓住一个女服务员就强行往车上拉。“救命啊，有坏人！”女服务员一边挣扎，一边呼救。那两人连忙捂住她的嘴。

这是武警吗？武警怎么能这样乱抓人呢？难道说是冒充的？很可能！董新海的脑海高速转动，一连串问号交替出现，渐渐地清晰了，坚定了自己的判断。刹那间，他热血沸腾，勇气倍增，将生死置之度外，猛地冲上去拦住那辆吉普，死死拽着那两人，僵持着，1秒、3秒、5秒，1分、3分、5分……董新海面临一场生与死的较量！

最后，在路人的协助下报了案，制服了歹徒。经审查，这两个歹徒正是假冒武警强抢民女的流氓团伙分子。

“陕北有个延安，苏北有个盐城。”盐城是一座具有光荣革命传统的英雄城市。顾吾人为生长在新四军战斗过的这片土地上感到自豪。他们时常在节假日、革命纪念日瞻仰烈士纪念馆、纪念碑，缅怀先烈，不忘历史，学习革命传统。

他们发现一些旧址、故居和纪念碑或年久失修、或遭毁损的情况，胸中不禁涌动要尽点微薄之力的波澜。他们坐不住了，一支由十多人组成的自行车队活跃在盐城大地上。他们忍饥挨饿，风餐露宿，跑遍了25个乡镇、数百个村庄，对大大小小的纪念碑、革命遗址的损坏失修情况逐一作了详细调查，分析了损坏失修的原因，提出了维修意见。可是，维修经费从哪里来？

顾寿义、还金林搜肠刮肚，琢磨来琢磨去，想到一家经济实力雄厚、有良知、热心社会公益事业的汇通集团，说服他们伸出援手。他俩抱着试试看、撞大运的心情，找到了该集团的领导。他们听说维修革命历史遗迹，二话没说，满口应承。

顾寿义、还金林将重建新四军军部纪念馆作为维修首选。

“汇通集团愿意赞助？我们馆正在为维修经费犯愁呢！”该馆工作人员高兴之余，不免疑惑起来，问顾寿义：“你是哪个单位的？”

“我是市磷肥厂的工人。”顾寿义坦然答道。

“一个工人，怎么管起这件事来了？”那位工作人员犯了疑。

“革命历史遗迹是传统教育的场所，保护好它也有我们工人的一份责任。”顾寿义不卑不亢。

让顾吾人始料未及的是，汇通集团这一义举在盐城市各界引起共鸣，产生了连锁反应。一些企业和单位纷纷表示要为维修革命历史遗迹出把力，共同成立了新四军纪念馆发展基金会，使分布在全市各地的新四军纪念碑、遗址得到妥善修复。

中　篇

顾吾书社，感染和震撼远在
京城的一批名家，以书为媒，结下不解书缘

顾吾人在这长达31载苦行僧般的艰难求索之路上，印记着一位位首都名流与盐城工人以书结缘的传奇佳话，说来感人至深，令人难以忘怀，更让人从中得到许多感悟和启迪。

贺敬之的“纸上人情”

1995年4月初，顾寿义作为书社代表，应邀出席了新华社《半月谈》召开的全国首届评刊员工作会议，见到了贺敬之。

当贺老听说顾吾书社将迎来15周年纪念时，兴致极高地说：“我送个‘纸上人情’给你们！但内容让我想一想，我会在社庆前寄给你们。”

贺敬之如此自告奋勇地要给一家普通得没法再普通的工人书社“送个‘纸上人情’”，谈起来还有一段渊源呢！

早在1991年，顾吾书社订了一份《中华英才》，主动担负起评议该刊的任务。他们把职工们的读后感进行收集整理，寄往《中华英才》编辑部。这对顾吾人来说，这么做，一来提高自己，二来让该杂志了解下情。可是，让他们深感意外的是，1992年《中华英才》第一期以《“顾吾书社”的希望》为题，登载了他们的读后感。

更令他们惊喜不已的是，这年11月的一天，顾吾书社接到一个来自北京的电话。电话那头称是《中华英才》杂志的，对顾吾书社一年来关心《中华英才》杂志，进行读、评、研、习表示感谢，希望今后继续进行密切的联系。

“请问，怎么称呼您？”书社接电话者小心翼翼地问道。

对方的回答舒缓而亲切：“喔，我是《中华英才》的一名工作人员，过去也给你们打过电话，名叫贺敬之。”

“贺敬之，贺老！”书社接电话者一时懵了。贺敬之，我国大名鼎鼎的诗人，原文化部代部长！他老人家是《中华英才》第一任社长，还给我们书社打过电话！他激动得哽咽了，不晓得说什么好。

转眼到了1993年，《中华英才》编辑部的同志听说顾吾书社社长顾寿

义到了北京，立刻主动联系并派车将其接到社里，编者、读者畅叙友情之余，顾寿义念念不忘一件事：要求拜访贺老。《中华英才》编辑部的同志当即表示尽管贺老已经不再担任社长，我们一定想方设法引荐。

这天，顾寿义刚刚跨进贺老的家门，还没有来得及自报家门，贺老已经笑容满面地迎上前，握着他的手说："你这个小伙子肯定就是顾吾书社的！"

一老一小，一个是普通工人，一个是诗坛巨擘，却亲如家人，又似挚友，论书说文，谈笑风生，相当投缘……

眨眼间，3个多小时过去了。顾寿义相见恨晚，不想离去。可让老人太累于心不忍啊！他只好起身告辞。

"你大老远的来，不能让你空手而归。"贺老的语气不容商量。老人说着走近书橱，认真地挑出了十几本书，接着又在每本书的扉页上，工工整整地签上自己的名字。把个立在一旁看他签名的顾寿义感动得泪珠在眼眶里打转，使掼了铁锤的双手捧着凝聚了贺老毕生心血的书，更加掂量得出这十几本书的学情厚谊，好沉好沉啊！

贺老对工人、农民等平民百姓的关注和热情是不移的、一贯的。就说他主动要送那份"纸上人情"吧。当时离顾吾书社成立15周年纪念尚有两个多月，况且贺老已明确表示"我会在社庆前寄给你们"。所以说，就是

诗人贺敬之在阅览顾吾书社社刊《吾园》并为之题词（顾寿义提供）

再过一个月送也不迟。

哪料第二天一早，他一个电话打到新华社招待所找到顾寿义，告诉他字写好了。这么快！贺老心中有顾吾！顾寿义急冲冲地赶往贺家，手捧贺老的亲笔题词：

追求真理，
自强不息，
振兴中华，
江山有继。

顾寿义凝视着贺老的亲笔题词，千言万语涌上心头，一时又不知从何说起，只好连声道谢。

贺老谦逊地说："小伙子，不用谢，应该的，应该的。"

在后来的岁月，贺老一直惦记着在他山东老家南部有家无私奉献的顾吾书社，直到12年后的2005年初，作家出版社编辑出版了《贺敬之文集》，贺老首先寄给已经在他心中扎下根的顾吾书社一套。

魏巍亲手拔下吊针："等一下再挂！"

在《半月谈》召开的全国首届评刊员工作会议间隙，顾寿义被报刊亭里一本名为《中流》的卷首语所打动。一回到招待所，他就急切地给该刊去了电话。说来巧得很，接电话的正是这篇卷首语作者、《中流》杂志徐非光常务副主编。徐非光早就听谈起过顾吾书社，这一次人家找上门来了，哪有不见之理？徐非光诚邀顾寿义来《中流》编辑部做客，并主动提出可以介绍他与《中流》杂志原主编魏巍见面。

魏巍，一位长期生活在部队、颇负盛名的优秀作家。著有长篇小说《革命战争》三部曲：《地球的红飘带》、《火凤凰》、《东方》（《东方》获茅盾文学奖）；诗集《黎明风景》、《不断集》、《红叶集》、《魏巍诗选》；散文集《谁是最可爱的人》、《幸福的花儿为勇士而开》、《壮行集》、《话说毛泽东》、《魏巍杂文选》、《魏巍散文选》等。

拜会魏老，顾寿义十分珍惜这千载难逢的机会！他再一次当面向徐非光表达了渴求一见魏老的迫切心情。徐非光很理解这位爱书如命的普通工人，专门打电话联系，并向魏老热情介绍了顾吾书社的情况。

"上午跟你们讲过，魏老身体不好，正在打吊针输液。对不起，改天再说吧。”这天下午，魏巍家人一再解释道。

顾寿义无言以对，心中失望到了极点。就在他很不情愿地将要放下话筒的刹那间，里面传来一位长者的问话：“谁的电话？”

“盐城顾吾书社的工作人员。”家人如实相告。

“你怎么能这样回答人家呢？让我来说。”魏老连忙接过话筒和蔼地问道：“喂喂，我是魏巍。你是不是上午徐非光介绍的顾吾书社的来人？”

“我是，我是。魏、魏老，我、我叫顾寿义……”顾寿义还想表达点什么，无奈那颗怦怦跳的心激动得差点儿跳了出来。

魏老一展老军人的豪气道：“顾寿义同志，你来一趟北京不容易。我现在就见你！”

“谢谢魏老，谢谢魏老！”早过而立之年的顾寿义，这时候已声音哽咽了。

他跨进魏家院门，魏夫人和秘书已经迎了上来。

“很抱歉，不是我们不让你见。魏巍身体确实是差。你现在可以上楼去，最好谈上十几分钟就结束。”魏夫人和秘书异口同声道。

顾寿义一边连声答应着，一边已走到楼梯口正要抬步上楼时，只见楼梯上方出现一位老人，头发花白，一身戎装，手上握着输液管，警卫战士提着输液瓶紧随其后。

“老魏，瞧你……”魏夫人见了，连忙上前阻止。

魏老爽朗地笑笑：“人家从盐城来看我，我怎么能躺在床上说话呢？”

魏夫人嗔怪地：“你要看看自己的身体状况嘛。”

“没有关系的。咱们工人有力量嘛！”

在场的人被魏老充满幽默、诙谐的话逗笑了。

在楼下，大伙七手八脚地支好输液架、吊好输液瓶后，魏老就与顾寿义交谈起来。当顾寿义谈到厂里的许多青年工人是在魏老的《谁是最可爱的人》等著作的教育下成长起来的时候，魏老淡淡一笑，摆摆手，来了个答非所问。他首先肯定了书社十几年的艰辛努力，接着提出了一些建设性的意见……

谈话接近尾声时，顾寿义看到了令其极为震惊的一幕——

“我有点事，等一会儿再挂吧。顾寿义同志，请你等我一会儿。”魏老说罢，突然拔下手腕上的针头转身上楼，不一会儿又回到楼下，将特地从楼上找来的几本书郑重地交到顾寿义的手里，叮嘱道：“这几本书送给书社，留作纪念。”

顾寿义望着病中的魏老，银发稀疏，病态的面庞溢满书卷气息，想到

作家魏巍会见顾寿义并赠书（顾寿义提供）

刚才他那么果断地拔去针头的举动，心中默然道：尊敬的魏老：无论世事怎样变化，您本色不改，初衷不变，践行着最可爱的人的高风亮节！您老人家就是最可爱的人！

从那以后，暮年魏老不时地记挂着千里之外的顾吾书社。“书籍胜于黄金，青春献给人民。”就是魏老用这寓意深远的话语作为题词，寄往顾吾书社。当该社满21岁生日之际，又收到了魏老语重心长的题词：“结合现实，学习马列。”

陈昊苏：自告奋勇为顾吾书社社歌作词

陈昊苏，乃陈毅元帅长子。盐城人民对他们透着亲，一点也不陌生。

“皖南事变”后，陈毅率我新四军东进，在盐城重建了新四军军部，代理军长；陈昊苏则于1942年5月25日出生在盐城阜宁县城西北的停翅港侉周村，陈毅给他取的小名叫“小侉”。不久，陈毅为“小侉”取名“昊苏”，寓“日出东方，照耀江苏”之意。直至今日，陈昊苏在自己的履历表“籍贯”一栏，赫然书写的依然是“江苏阜宁”。

陈昊苏无论是担任共青团中央书记、北京市副市长，还是在国家广播电影电视部副部长、中国对外友好协会会长的岗位上，直到今天年过古稀依然不忘寄养之恩，十分珍惜在苏北地区度过的那段“寄养”时光。

——1981年秋，陈昊苏风尘仆仆地来到阜宁县停翅港，看望曾经给他喂过奶的潘素芹大娘、张哂大娘以及邹鲁山等恩人的后代。

——1991年4月4日，射阳、阜宁县政协在邹鲁山故居东侧建立墓碑，供后人瞻仰，陈昊苏专门请人置办花篮陈列在墓前，以报答邹鲁山当年的护养之恩。

……

当10多年前，陈昊苏得知家乡有个工人自办了顾吾书社，毫不夸张地说，他十多年如一日呵护有加，关怀备至，不断地赠书寄书，逢年过节时，寄贺卡、送题词，外加激情洋溢的电话致意、写信勉励：“对你们读书求知的精神十分钦佩！”

1995年底的一天，顾寿义来到中国对外友好协会，门卫指指屋内向他解释道：“这一屋子人都在等着会长见面，你耐心等着吧。”

顾寿义理解地说：“麻烦你给会长打个电话，就说盐城顾吾书社的人来了，向他问个好。如果他太忙，我就先走了。”

秘书接了电话后立即汇报，陈昊苏马上说：“请他进来吧。”

“你就是顾寿义同志吧？”在会长办公室门口，陈昊苏送客人出来见到顾寿义，一下子抓住他的手问道。

顾寿义问候后，他接着说：“你们真不容易！我很想听你详细介绍书社

陈昊苏赠书吾园网站（顾寿义提供）

情况。”说着，他把秘书支到一边，亲自为顾寿义倒茶。

他俩跟老友一般促膝交谈起来……

不知不觉中，一个小时过去了。其间，不是秘书进进出出，请会长签发文件，就是电话铃声此起彼伏。但是，陈昊苏的谈兴丝毫未减。顾寿义看到他委实太忙，不忍心再打扰了，只好起身告辞。

陈昊苏依然不舍，满含深情地对顾寿义说：“请你向老区人民带个口信，问个好，感谢老区人民养育了我！”他说到这里，把顾寿义的手握得更紧，鼓劲道：“你们好好干，把书社搞好了，会有希望的！”

告辞后的顾寿义仍一步三回头地望望“中国人民对外友好协会”的牌子，心中暖融融的。

记得是1996年吧，顾吾书社向陈昊苏流露了要谱写一首社歌的想法。陈昊苏自告奋勇地揽下了作词的差事。电话两头思考着同一个问题：请谁来作曲呢？

> 光荣北伐武昌城下，
> 血染着我们的姓名。
> 孤军奋斗罗霄山上，
> 继承了先烈的殊勋。
>
> ……
> 八省健儿汇成一道抗日的铁流，
> 东进，东进，我们是铁的新四军！
>
> ……
> 抗战建国高举独立自由的旗帜，
> 前进，前进，我们是铁的新四军！

此刻，陈昊苏耳畔仿佛响起了由其父作词、著名音乐家、作曲家、指挥家何士德谱曲的《新四军军歌》，当即提议由他来特邀何老作曲。

这太好了，巧极了！如果《新四军军歌》和我们的社歌作曲者为同一人，而词作者分别是陈毅元帅父子，这是一段多么难得的奇缘佳话啊！

1997年元宵节夜，陈昊苏辗转难眠，星夜吟咏，浮想联翩……他要为书社社歌作词——

他追忆那艰难岁月“在我们家乡的土地上，众先烈打了许多仗”，“铁军驰骋大江南北，把东进的战歌大声唱”；

他难忘建设时期“在我们家乡的土地上，几代人建设当闯将”，“奋斗成果改换了人间，树起的四化丰碑高万丈”。

然而，他将更多的激情洋溢、催人奋进的赞美献给了家乡的这一朵奇葩：

啊，歌声未歇书声起，
书声起处有“顾吾”。
敬业乐群春复秋，
勤学苦读寒与暑。

精神文明亮色添，
英雄主义辉煌铸。
新天新地新世纪，
新的长征多鼓舞！

第二天晚上，陈昊苏给顾吾书社打来电话：“昨晚是元宵节，我夜不能寐，写了一首赠顾吾书社的诗，先传真给你们。如果行，我就正式请何老作曲了。”他在电话里建议歌名就叫《鼓舞歌》。”

这首由陈毅元帅长子陈昊苏作词、著名音乐家何士德谱曲，联袂成《顾吾书社社歌》，无疑平添了盐城老区红色文化与当代中国红色经典歌坛的一段美谈！

顾吾书社令各级领导和社会名流刮目相看

30多年前，以顾寿义牵头的3个毛头小子粗壮工，用拉矿石车、抡铁锤的双手，奇迹般地创办了顾吾书社这样的中国首家工人书社，我国迄今为止唯一的工人公益读书社。

30多年间，他们任岁月迭变，顾吾书社营造的书香文明之景更加迷人。他们任社友迭替，无私奉献精神代有传承。正是他们的这种精神和情操、这种毅力和韧性，更使得各级领导和社会名流刮目相看。

1995年6月，顾吾书社召开15周年成果展暨社庆座谈会时，时任团中央第一书记李克强、文化部副部长高占祥、中国关心下一代工作委员会会长王照华，以及中宣部、全国总工会、解放军总后勤部、中国人民对外

时任团中央第一书记李克强同志赠送顾吾书社的书籍（顾寿义提供）

友协的负责人发贺电、写贺信，或题词、或赠书。著名作家林默涵发来贺电，表达了对书社的殷切期望。中国青少年犯罪研究会名誉会长费路路等专程从北京赶赴盐城参加社庆活动。

1996年6月，化工部部长顾秀莲来到盐城磷肥厂考察时，兴致勃勃地参观了书社图书室，称赞青年工人们的精神状态好，并为书社题词："珍惜年华，追求知识，不断探索，丰富自己，贡献社会，振兴中华。"全国政协副主席胡绳也同月亲临书社听取汇报并赠送书籍。

1998年3月，国务院办公厅秘书局《国务院公报》编辑室专函书社："将《国务院公报》直接寄送赠阅"，直到今天。

多年来，李德生、田纪云、张爱萍、张劲夫、马文瑞、盛华仁、费孝通、朱光亚、赵朴初、曾志、邓力群、臧克家、刘白羽、于光远、袁宝华、张岱年、许嘉璐、武衡、韩天石等众多领导和名家相继对顾吾书社施以道义上的帮扶，对该社义无反顾地坚守精神文明建设的阵地表示了特别的赞誉。

多年来，中组部、中央党校、中央政策研究室、中华教育艺术研究会、中国新四军研究会、中国延安精神研究会等，都曾给顾吾书社以高度关注和支持。

更有一批共和国将领长期对书社垂爱。他们是：原沈阳军区司令员钱国梁上将、原南京军区司令员向守志、方祖岐、朱文泉上将；军事科学院刘源政委，原副政委于浩等。

特别是，总后勤部原政委、中国新四军研究会会长周克玉上将，十多年来不绝如缕地赠书刊、送资料高达700余册。他不顾年事已高，公务繁忙，或亲临视察，听取汇报，提出希望，并题词、写信鼓励他们：

“好事流芳百世，良书播香九州。”

“书社要打破地域和行业界别，为更多人服务。”

盐城是一座被烈士鲜血浸泡过的城市。顾寿义和他的伙伴为了让更多人知道这段历史，于2003年自筹8万余元经费，踏遍大半个中国，重走了一回长征，实地拜谒、研访新四军特别在盐阜近万平方公里大地上烙下的历史足履，采集了许多珍贵资料，编辑出版了颇具历史意义的图片史书《铁血丰碑——新四军在盐阜图录》。周克玉上将闻讯后，虽在广州却奋笔挥毫，给顾吾书社寄来“铁军精神，永放华彩”的题词，并亲自担任顾问。同年5月15日，书社召开自发编版的《铁血丰碑》读者座谈会时，周克玉上将专程到会，并作了长篇演讲。

周将军对家乡工人书社的教诲和关爱，真可谓语重心长，无微不至。

下 篇

“清茶一杯伴书香，顾吾书社今而立”

“清茶一杯伴书香，顾吾书社今而立”。顾寿义伴随着顾吾书社，在平凡的感动里，艰难的曲折中一路走来。

如今，前往顾吾书社浏览、外借、咨询、参观、调研，或者纯粹是为着去消闲、喝茶、闲扯，男女老少都有。无论晴阴、无论朝夕，无论节假日、无论寒时暑令，书社总是不厌其烦地为所有人服务，每天开放时间超过10小时，接纳阅读、咨询者不少于30人次。顾吾书社31年如一日无偿地服务远近前来求学求助者，提供力所能及的便利和服务。

顾吾书社就是这样“在有限的空间里，做着无限的善举”，用书香熏陶了周围一批又一批的人，养成了终身热爱阅读的习惯，多少人从感动而被感召，社会各界不断往书社赠书。他们相信把书存在这里，是对书最大的尊重。书社渐渐变得丰满厚重起来，简陋的小屋这件衣裳已经容纳不下书屋明显发福的身段了，换成了依然简陋的30平方米的大屋。搬进了万余

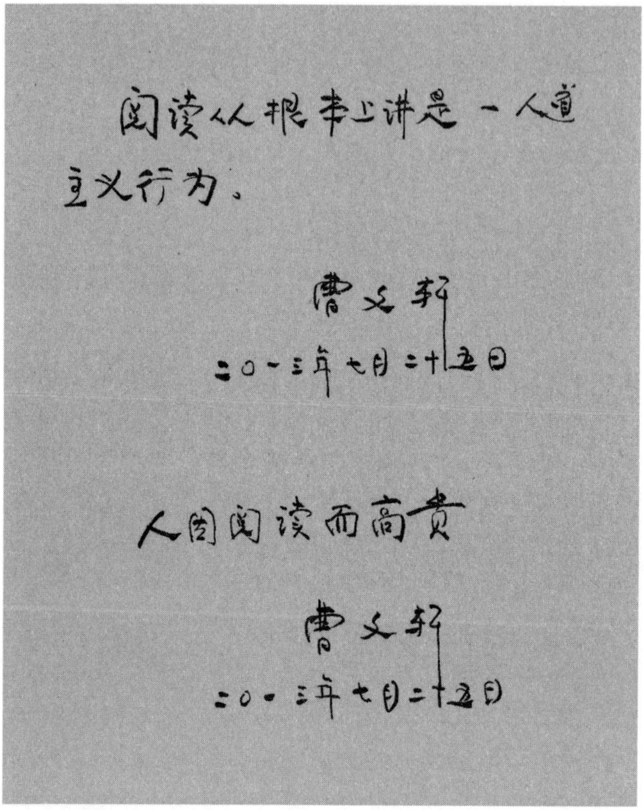
阅读从根本上讲是一人道主义行为。

曹文轩
二〇一三年七月二十五日

人因阅读而高贵

曹文轩
二〇一三年七月二十五日

儿童文学作家、北京大学教授《吾园》顾问曹文轩题词（顾寿义提供）

册的图书，5吨以上的报刊。在社区，在乡村，在有人需要读书的地方又出现了7家顾吾书社“无偿流动送读点”，亦称“分社”。尽管这样，还有4吨多书籍寄存在市档案馆里。

顾寿义，顾吾书社的领头人，30多年前是一名工人，30多年后是工人一名。他耗尽了青春岁月，30多年前的毛头小伙，熬成了今天的灰发老男。他依旧普通着，挺立着，为困境中的平民奔波，为高尚者讴歌，为被遗忘者呐喊。他每年都自费订阅100多种报刊，和爱书的人们一起无偿分享。30年省下近10万元支撑着书社。他家中依然一贫如洗，依然破旧不堪。他节衣缩食，过着苦行僧般的日子，瘦弱得随时能被风刮倒的他，从来舍不得炒两盘荤菜打打牙祭，补充点营养……

顾吾书社的红火与他家的清贫、寒碜，与他的透支健康、透支生命，形成了鲜明的对比，强烈的反差！他说，等他从工厂退休后，就有更多的时间做自己的事了。他会把要做的事做得更好。他很自信，他的自信来源于他自认年轻。他的生命是从“顾吾”开始，也就是刚到而立之年。一个人既能很老又能很年轻，这样的心态不是每个人都具备的。一个口袋里空空如也的人却数十年如一日乐哈哈地操心弱势群体的需求和疾苦，更是一件不容易的事。普通工人顾寿义做到了！那些天天喊着“为人民服务”的某些公仆们应作何感想？

对这样的清贫、淡泊，顾寿义的心中是快乐的、充实的，至今没有丝毫悔意。他崇尚这样的理念：“人生在付出中得到充实，感动别人的同时，你自己的心灵也能得到净化。”往大处说，他目光如炬，看得高远：“如果一个人从小就养成好的阅读习惯，其一生都会受益无穷。一个城市如果能够形成书香盎然的氛围，则会更具神奇的魅力。一个民族如果拥有广泛公民的阅读追求与渴望，这个民族注定拥有永远的智慧和希望。”往小处讲，他的确有某种目的，就是通过读书和引导别人读书，让人知道生命的价值，知道自己原来也同样有着高贵的灵魂。记得当年山东有位名闻全国的苦行办学的武训，那么，顾寿义算不算当今劝人苦读的武训呢？

年轻不代表轻浮。30年后人们依然可以看到他那一颗依然充满青春活力的心。这，就是我国一个普通工人的觉悟和情操！

然而，现状是严酷的。一边是社会经济的快速发展，一边却是民众阅读率的逐年下降。书籍至今仍然是人类智慧文明最主要的承载体，阅读至今仍然是人们获取真知灼见、培养独立思考能力和丰富想象力、新颖创造力及修身养性的最有效途径。全国政协常委兼副秘书长、民进中央副主席朱永新，在“两会”期间提交的“设立国家阅读节”提案的统计数字表明，全世界读书最多的是犹太人，平均每年每人64本；而我国9年义务教育在校学生，平均每年每人读书竟不足区区5本。读书率下降已呈世界性问题，中国的情况尤其严重。

“黑发不知勤学早，白首方悔读书迟”。顾吾书社让更多的人对书籍充满爱，充分体会到读书的快乐，就显得尤为重要。顾吾书社传播科学书香，传扬善知正见，位卑不忘社稷的榜样力量，引导众多工友戒烟酒，戒偷盗，禁嫖赌，戒滋事斗殴，激发阅读益于身心健康的书，激发起爱岗敬业之志，成为所在岗位的精兵强将，既丰富了工余生活，又增添了文明素养与文化知识的积累，感受到在社会生活中的尊严，令不少失意、落难者以书社为家，吐胸中块垒、达舒缓身心；盼排忧解难，解亲怨友误；求歧路指引、明人生愿景……

顾吾人，以自己的绵薄之力，印证着经济学家袁宝华对其评价：“中国特色企业文化一绝，社会主义精神文明奇葩。”

但是，它的硬件实在不敢恭维。30多平方米、阅览兼藏书的斗室，冬寒暑憋闷，阳光难照进；摩肩又接踵，屁股转不开；屋漏地渗水，四壁墙剥蚀；门窗旧又朽，书架压弯腰。1991年春夏的那场浩劫，至今让顾吾人不堪回首。百年不遇的特大洪涝，长达10多天的洪水侵蚀，渍损了书社初创10年的全部家当：3600多册图书，逾2吨的报刊资料。尤其300多位省、部、军政要人、社会名流所赐的书信、题词及建社史料被毁。

顾吾人在灾难面前，看到斗室里挤满了前来阅览图书的青年。他们坐在油漆剥落的长凳上，坐不下的只能站着。一位位脸膛黝黑，没有丝毫书卷气，却流露着强烈的求知欲望。他们从同辈们的神情中看到了书籍的力量，看到了书社存世的价值，一番痛定思痛，毅然一如既往地再次苦撑着！

诸位读者，看了这篇小文，相信你会记住在祖国的版图上有一粒比灰星还微不足道的顾吾书社，记住宁可倾家荡产也要苦撑着顾吾书社的顾寿义们！在这样的抱负面前，在这样的担当面前，我们能袖手旁观，无动于衷？

但愿，在中华大地上，顾吾书社不再是一枝独秀，一切爱书、爱读书之人期待祖国大地书香满园的那一天能早一天到来！

2011年8月于北京

北京冰人

壮观而奇特的“北京冰人”风景线

2000年元旦，是新千年的开始。人们以无限喜悦的心情，采取丰富多彩的形式，欢庆这千载一逢的盛大节日。一支活跃在北京汇集了国家公务员、科学家、教授、记者、工人、艺术家、企业家、学生……足有千人的“北京冰人”，用钻冰窟窿的独特方式抒发他们跨越新千年的激越情怀。

元旦这天上午，北京十三陵水库岸边，彩旗猎猎，锣鼓喧天，游人如织，欢声笑语。冰面上，游览车、溜冰者往来穿梭。来自首都各界的42支冬泳队汇聚在九龙游乐园，参加了“九龙杯”迎新年冬泳表演大会。

玉渊潭、什刹海、龙潭湖等一支支冬泳队兴高采烈地拥来了；

北京大学、清华大学、北京工商大学等首都高校的一支支冬泳队朝气蓬勃地跑来了；

铁道部、财政部等国家机关的一支支冬泳队兴致勃勃地走来了；

海军、空军等驻京部队的一支支冬泳队英姿焕发地赶来了；

……

顿时，十三陵水库成了欢乐的海洋：锣鼓声响得更欢，人群开始似潮水般涌动，热切地期待在这万众欢腾的日子里，一睹数百“冰人”奋跃冰水的壮观场面；“冰人”们更是兴高采烈，跃跃欲试，要在水温仅有1.9℃的冰水中显一显不凡的身手，表达向新千年的祝福！

然而，最精彩的当数新千年到来的那一千载才逢的时刻，离北京世纪坛仅有几百米的一个池塘边，早早地聚集着一群“冰人”。他们看得见世纪坛上空交织成晚霞般的璀璨辉煌，听得见从世纪坛方向飘来的欢声笑语。尽管夜已深、气温降到了零下5℃，但他们欣喜若狂，欢呼雀跃，热

北京冰人（孙振宇摄影）

切地盼望着新千年的第一响钟声。当世纪坛的钟声骤然响起，五彩缤纷的礼花照亮了京城西郊、照亮了池塘时，热血沸腾的“冰人”们欢呼着争先恐后地跳进冰窟窿，抒发他们以挑战者的姿态迎接新千年的壮志豪情。

“北京冰人”从无到有，从小到大，构成了今日北京一道壮观而奇特的风景线！无论是滴水成冰的数九寒天，还是风号雪飞的恶劣天气，无论是天刚破晓还是夜幕降临时，在玉渊潭东湖、五孔桥畔，在八一湖，在什刹海，在龙潭湖，在清华大学……凡是可以游泳的地方，都成了他们一展风采的场所。

古稀老翁“小顽童”

冬日初上，金光斜洒，玉渊潭东湖青玉般的冰面仿佛洒上了一层碎金，染成了胭脂色，湖面、岸柳、湖堤变幻得更加迷人、神奇。

在冰湖，不论你是古稀之人还是数岁娃娃，不论你是靓妹还是帅哥，更不管你是这部长那书记、这专家那教授的，只要往那冰窟窿里一钻劈波斩浪，嘿嘿，不见你蹬我踹，没有钩心斗角；只要从那彻骨的冰水里爬上岸来蹦蹦跳跳，突破了年龄的界限，职务的框框，少年青年，中年老年，统统的有说有笑，嘻嘻哈哈，瞬间年轻了许多，可以哥们老弟地大呼小叫，称兄道弟，只要一个愿叫，一个愿应就得。

“嗬——盖了！”

“小王，再来一个！”

“嗷——再来一个！再来一个！”

岸边，冬泳的大爷老太婆、姑娘小伙欢笑着七嘴八舌，叽叽喳喳，响成一片。

这位“小王”，说来你也许不会信，满头银发，古稀老人。你瞅瞅：个头高高，披着朝霞，白发上挂着晶莹的冰珠，还弥漫着轻飘袅袅的水气哩！这，估计已让你惊叹不已。最令人叹为观止的是——啧啧——枣红色赤条条的健美身材见不到一块嘟囔肥肉，腰间系了一条色彩鲜明的花浴巾，正立在湖边台阶上轻松而忘情地跳呀蹦的，那腰板还有刚有柔、有板有眼地在摆动呢！

“小王”身后是一池凿开的冰面，浮着冰碴，绿蓝绿蓝的冰水，在轻歌曼舞般水气的映衬下，伴随着让人惊羡的画面，是那鼓掌雀跃、欢声笑语在湖的冰面上、湖水畔、岸边台阶上跳动回荡。这情这景，谁能说这不是“京城一景”？

谁能想到，这位姓王名宪武的“小王”，原来在宣武区体委上班，退休后为了能够顺顺当当地钻进这个令人心颤的冰窟窿，还有段绞尽脑汁、冥思苦想与老伴周旋、蒙混过关的趣闻呢！

那年，他经不住几个朋友的一番鼓捣，脑瓜子那么一热接下来就被拉下了水。那天，正当他顶着严寒，迎着波涛越游越来劲越着迷的当口，机警的老伴发现了他的这个秘密，急得哟，你就是说破大天，死活也不让他再钻这冰水。

也难怪，她忘不了啊，冬天刚刚降临京城，老头子皮袄皮裤浑身披挂得严严实实不说，腿弯儿还得重点保护——加护膝。屋里的炉火稍有不旺，老头子冻得筛糠一般。现在倒好，年纪越大越犯糊涂，竟愣往那冰水里跳——想一想浑身都要起层鸡皮疙瘩！死老头子，你这不是明摆着找死嘛！你这个死老头子别忘了，这个家不是你一个人，你要是万一有个三长两短，家里还有我这个老婆子，扔下咋办？你说呀！

这下可难坏了王宪武，想想也是，老夫老妻，吃辛受苦，风风雨雨几十载不易，还要让她这么担惊受怕。那就——不游吧？说句心里话，要是真的不游了，那感觉就跟魂掉在玉渊潭里，吃饭不香，睡觉不实，成天没着没落，提不起精神来。咋好呢？

他不得不认认真真地想想了：既能天天钻冰窟窿，又把老婆子蒙得严丝合缝……他来了个“曲线救国”：清晨，他一本正经、不动声色地去“遛弯”……其实，神不知鬼不觉地去钻了冰窟窿，然后将结了冰的泳裤悄悄寄放在朋友家，再然后呢，遛遛弯儿好让银发晾干，最后若无其事地跨进了家门。

嗯，奇了怪嘞？今年老头子气色比往年都好，又能吃又能睡的，腿脚也灵便多了，皮袄皮裤——嘀嘀——也退了休，还抢着到屋外洗菜洗衣裳呢！咝，老头子会不会有什么事蒙着我？

心诚所致，金石为开。这位“地下冰人”终于得到了老伴签发的冬泳“绿卡”，还获得老少“冰人”们赐予的雅号：“小王”。你说说，他怎能不尽情地慢步快步，舞之蹈之！

这也是一位古稀老爷子——吴雪，完全称得上一位多才多艺的传奇人物，又是一个货真价实的老革命。

100多年前的1914年，他诞生于四川省广安市，历任文化部电影局副局长、艺术二局局长及文化部副部长。早在1934年，他参与创办四川重庆西南话剧社，任剧务主任。1938年3月，加入中国共产党。1940年奔赴延安，1941年5月延安青年艺术剧院成立，他导演和主演了《塞上风云》、《雷雨》、《伪君子》、《上海屋檐下》等。后任西北青年救国会总剧团团长、延安青年艺术剧院副院长等职。1943年5月，他执笔、导演和主演了极富艺术特色、堪称其代表作的讽刺喜剧《抓壮丁》，生动再现了20世纪30年代四川农村的现实生活，揭露了官、绅、兵、匪的丑恶行径，反映了国民党统治区征兵政策带给人民深重的灾难。1949年任中国青年艺术剧院副院长、院长。

他在70多年的艺术生涯中，创造了数十个艺术形象。导演了20多部中外戏剧。导演了《傀儡之家》、《雷雨》、《白毛女》、《伪君子》、《上海屋檐下》、《娜拉》、《豹子湾战斗》等10多个剧目，并在《钢铁是怎样炼成的》、《文成公主》等剧目和电影《风景》、《白求恩大夫》中扮演了主要角色。

这位我国近代著名艺术家离休后，那心情真可谓“不在其位，不谋其政”，“无官一身轻”打起了小九九，准备提笼驾鸟，听听鸟鸣，散步健身，呼吸呼吸新鲜空气。哪知，后经朋友鼓动，在年届七十有二的那年冬天，心一狠，牙一咬，走火入魔般地一头扎进了玉渊潭冰湖……

他瞅瞅自己通身染成了迷人的酡色，身前是一张张啧啧惊叹的游人面庞，身后是一池凿开的冰面、浮动着冰块的周围是飘忽着轻纱般白雾的湖水——哦，半面凝冰，半面盈水，冰洁水绿，别具风情！老艺术家兴奋极了，游兴更足，情趣更浓！

这天，头挂冰珠、腰扎花浴巾的“小王”，又在老少“冰人”朗朗笑语声中欢快地扭着中国特色的迪斯科。

吴老凝视着这一即使在银屏舞台上也罕见的动人一幕，渐渐地看呆了，仿佛回到了上个世纪40年代初的延安岁月——是啊，露天土台上，只要需要，干部战士们将那五颜六色的绸子往腰间那么一扎，转眼间一幕欢乐的舞蹈，就生龙活虎地出现在指战员的眼前！那情景，比泳友们的舞之蹈之一点不差。他顿时童心焕发，眉开眼笑地对大伙喊道：“喂，哥们儿，往后呀，你们不要再叫我这个‘长’那个‘长’的啦，就叫我‘小吴’吧！”

噢——这下可热闹了！

小——吴？人家可是老革命、国家的部长呀！冰人们一愣，沉寂仅在瞬间，轰然响起“嗷嗷，‘小——吴’、‘小——吴’！好好，叫‘小吴’好！”

爽朗，轻松，亲切，贴心。

“‘小吴’也！”

“哎——哎——”痛快，开心！老艺术家答音中还洋溢着几丝天真、几缕童音，仿佛一下子年轻了好多年，何乐而不为？

多好的老爷子，这才是百姓心中的老人家！

这位我国现代著名艺术家于2006年9月18日在北京逝世，享年92岁。但是，至今，他依然活在泳友们的回忆里，闲聊中，针砭时政中，人们时常提到他的种种好处，往往是发自内心，大伙心服的地方！这真是“有的人走了，但是，在老百姓的心中他还长久地活着！”

冰窟窿里“找乐子”

老北京有个雅好——“找乐子”。他们爱找乐子、善找乐子，小日子过得算不上富裕，但还算滋润，还算有些情趣。不过，有时节也难，碰到坎儿不容易跨得过去。数九寒天，滴水成冰，公园里喊一嗓子，能有几许人回应？路灯下对弈？不冻个两手僵直透心凉才怪！河边垂钓？冰天雪地，连个鱼影子也见不到，更是没辙。歌厅、迪厅、俱乐部乃至会馆、会所，京城里有的是，可是，那毕竟不是工薪阶层特别是囊中羞涩的平头百姓想去就去的所在。咋办？天无绝人之路——冰窟窿里“找乐子”。

这一年，时年67的胡致仁老人静躺在一片凿开坚冰的水面上，轻松安闲，悠然自得……四周冰面上是一双双忍不住停止溜冰的匆匆脚步、啧啧咋舌的少男靓女。

路透社记者抓拍了这一精彩镜头，两天后以《北京冰人》这一醒目的标题显著刊登在香港《明报》上。你说说，当这位年近古稀之年的胡老爷子，见到这“历史的瞬间”或“历史的定格”，或将会“让历史告诉未来”，有谁不承认这是京城平民的“找乐哈”？胡老爷子还不乐得颠颠的才怪呢！

“啊，杨老师又从他家‘冰箱’里取出一条大鱼呦！”一条活蹦乱跳的大鲤鱼，弹簧秤一吊——嗬嗬，16斤8两！

也许有人奇怪，这世上哪有存放整条活蹦乱跳、重达十六七斤大鱼的“家庭冰箱”？

有。杨老师或曰“杨冰人”家的“冰箱”，就是北京玉渊潭东湖，单面积就有好多万平方米！

你若从高高的中央电视塔上往东俯瞰，岸柳环绕，湖水清清。在凿开坚冰的狭长水面上，“冰人”们正挥臂畅游。其中的佼佼者，当数冬泳数十载的北京铁路二中杨金声老师。他通常戴着防水镜、透气管，手持土造的箭，潜入水下两三米处寻找猎物，春天、夏天、秋天，甚至在没有封冻的冬天，只要是想吃鱼就潜入“冰箱”，鲤鱼、草鱼、鲢鱼、鳜鱼……极少空手而归，比家中的冰箱既省电保鲜，又经济实惠。

杨老师捕获这条十六七斤重的大鲤鱼时，正值初冬，气温接近零度，水温比冬天自来水温还低一半，只有7℃上下。他愣是在冰水中游荡了20多分钟才抓住这条活物。上得岸来，浑身红扑扑，劲抖抖。当“冰人”们兴奋得欢呼他又从“杨氏冰箱”里取出这么大的一条鱼时，他心里是何等滋味？还不蹦出一串“乐子”来！可不，就是全球首富也没有用过这么气派的“冰箱”！而当“冰人”们包括笔者分享到一块块鲜嫩的鱼肉、想到泳友的这片情谊时，心中不也能乐开了花！

家住西城三里河有对双胞胎小学生，这个从冰湖里爬上岸，手忙脚乱地抓浴巾，“冰人”们忍不住凑上前撩撩“光屁股”胯下前的“小鸡鸡”：“小子，你光着屁股下的水，还遮这个‘棍儿’‘蛋儿’的干啥？”“冰人”们话音刚落，另一个小子已跃入湖中，有人问岸上的“光屁股”：

“你是他哥哥还是弟弟？是哥哥？撒谎！”

“光屁股”一脸认真：“真的是哥哥，骗你做什么！”

“大他多少？”

“20分55秒。”

脆生生的童音，绝妙的回答，逗得“冰人”们抚掌大笑，前俯后仰。

说起“冰人”中的老小孩更逗。从西北甘肃退休回京的工人杨干英，熟悉的都晓得他是玉渊潭名副其实的“常驻大使”。他几乎每天上午9点左右、下午1点前后来到玉渊潭东湖岸边，进行他独具特色的“三部曲”。

首先同泳友们摆开战场，走车跳马，助卒过河，发炮逐卒，当头炮、卧槽马……管它东一榔头西一耙子，至于什么象棋技巧，比如什么开局技巧，布局技巧呀，什么实战技巧，残局技巧呀，好歹也懂得几路，糊弄糊弄几下臭棋篓子还是可以的。

每每杀到得意处，孩子般地亮起大嗓门，纵情唱起一首首西北民歌。什么《咱们的领袖毛泽东》、《毛主席领导咱穷人闹革命》，还有什么《掀起你的盖头来》、《半个月亮爬上来》，什么《你就是哥哥的勾命鬼》、《这么好的妹妹见不上面》等等，既有阳春白雪，也有下里巴人，虽说唱得曲扭拐弯走腔跑调，依然在“冰人”们心中涌起股股好奇、亲切的情感，不依不饶地催他“再来一个！”

接下来，兴冲冲地穿上泳裤，活动活动身子骨，接着，只听得湖边“嗵”的一声，在“冰人”们还没注意时，他已纵身钻进冰水中，兴高采烈地劈波斩浪了。

他上得岸来，面对宽阔的湖面跳跳蹦蹦，吼上两嗓子，顿觉心旷神怡，浑身舒舒泰泰，口中感叹不已：“嘿嘿，好啊好啊，全北京城也找不出几块这么好的水面！”

他望着波光粼粼的湖面换着衣服，冲泳友自嘲地笑笑：“好多回了，该打道回府吃午饭了。可心里总是说，再待一会儿吧再待一会儿吧，结果待到太阳下了山。这一下把我老妈急得哟——我妈？有呀！我妈呀那个急哟，以为我这个六十大几的儿子淹死了，哈哈！哪承想，老妈见我一跨进家门，嚯！冲我跺着脚直嚷嚷：‘你魂儿掉到玉渊潭啦，成仙啦！’说着说着还不解气，要么扭住我的耳朵，叮嘱我左一声‘长记性’、右一声‘按时回家’；要么操起一根棍子，就追着我——做什么？还能做什么？要揍我呀，哈哈！”老人家爽朗、舒畅的笑声在湖面上空久久回荡……

望着他胖胖乎乎、油油黑黑的笑脸盘，若不是那脸上的皱纹和浓密的络腮胡子，谁能相信他已经快靠近“人生七十古来稀”？

钻“冰窟窿”的“套中人”

这里介绍的“套中人”，并非俄罗斯作家契诃夫笔下的艺术形象，而是一位创造了一个生命奇迹的真人——原国家航天工业部某研究院工程师牟作义。“泳友”们习惯地称他为“老牟”。

提起长得又瘦又小的他，受疾病的折磨，遭受的那份罪，真是闻所非闻，令人唏嘘不已。

1953年读高中时，在一次防洪筑堤中患下关节炎。打这以后的23年中，成了医院的常住户，吃药打针从未间断，什么腊疗、水疗、泥疗、光疗……凡是听到的看到的治疗方法几乎都用尽了。结果，医院束手无策，本人病痛缠身，先后3次瘫痪，差点儿搭上小命。

第一次是在1955年，风华正茂的他正就读外语学院留苏预备班，风湿性关节炎发难，使他脊椎变形，腰不能直立，吃饭要人喂，大便靠人扶，留苏之梦自然吹灯。直到半年后气候转暖，才试着孩子似的爬行。

3年后，正在山东工学院读书的他又倒下了，耽搁了半年学业。

第3次瘫痪是在他工作后的第10个年头，北京许多医院表示无能为力。他在走投无路的境况下，不得不回山东老家休养。喃，那个折腾哟，与其说是休养，不如说是受刑！没法子，能有一丝一毫的希望也不能轻易放弃啊！土法、偏方，包括稀奇古怪的药方……能用的全用上了：什么外敷驱寒砂，狗皮膏药满身贴；什么将炒熟的黄豆喷黄酒热敷，把花椒树下的土炒热敷身；什么吃不放盐的清炖小鸡，用伞遮面在烈日下暴晒，一层一层往下脱皮。甚至蹲在热水锅上蒸，蒸得他筋疲力尽、东倒西歪，多次虚脱，死去活来，生不如死，徘徊在鬼门关……

23年中，他成天病病歪歪，有气无力，见风就感冒，治好关节炎已成奢望，曾连续4年感冒，病情越来越严重，转成病毒性肺炎。他时时提心吊胆怕犯病。冬天刚到，羊皮大衣、狗皮裤、皮帽、皮手套、大围巾，还有不知从何方弄来的东洋大皮靴，从头到脚全副武装，嘴巴上还得扣一个特制的十几层纱布的大口罩。这身打扮，好歹说得过去，只是吸引了多少爱看稀奇的回头客！“老牟”也顾不得什么“影响市容”了，天寒地冻怕冷嘛！

要命的是，在那胳膊腿儿一动就会出白毛汗的酷夏，他却要绒衣绒裤，棉鞋手套，浑身裹得紧紧，连吃点水果都得加热！那冰棍——简直成了洪水猛兽，避之唯恐不远，碰都不敢碰。

在那漫长的岁月，他的分分秒秒简直是在炼狱中煎熬挣扎，成了远近闻名的比死人多口气的“套中人”。他身心倍受摧残，心理变态，悲观厌世，生不如死，留下过绝命书，准备一死了之。

一个偶然的机会，“套中人”萌生了反其道而行之的大胆念头：抛却“热捂”，改试“冷冻”。1976年“五一”节那天，他选择了坚强，从套中走出来，从夏到秋，又从秋到冬坚持下水。

京城的“三九”天，滴水成冰，寒风刺骨，气温常常在零下，冰窟窿中的水温只有1℃—2℃。水面飘动着冰凌。别说往里跳，就是迎风脱去衣服也要极大的勇气和毅力。出水后，动作稍慢点，脚就会粘在石阶上，好容易解开的泳裤往地上一扔，立即冻得白渣渣、硬邦邦……

常人想一想都发怵的事情，搁在“套中人”的身上，会是怎样的一种滋味？就可想而知了。但是，他顾不了那么多了，毫不畏惧，背水一战，即使在零下15℃的风雪天气里也不退却一步，跟着“冰人”们一步一步地往冰水里走去……两腿一碰到冰水，针扎一般地钻心疼……他没有退却，咬紧牙关，继续一步一步地往冰水里走……

一年又一年，“套中人”坚持下来了。甭说夏天，连冬天都“拜拜”了棉衣棉裤，关节炎奇迹般地销声匿迹，连感冒也不轻易找他的麻烦，工作起来浑身也有劲了，还成了运动场上的风云人物哩！

他稳稳地捧回航天部研究院老年组3000米长跑比赛的冠军杯，还在全院老年游泳赛中夺过魁。尤其是众多年轻人都望而生畏的运动项目马拉松，他也不甘示弱，一显身手。在北京长征长跑队老年马拉松比赛中，他不仅跑完了42公里195米全程，而且取得了年龄组第二名的好成绩。

看到这里，也许有读者不信。这我理解。因为当初我也视为“老牟神侃”。然而，当我曾几百次地与他一同游过了玉渊潭东湖，一同游过了春夏秋冬且又无话不谈时，在他坦诚的目光、真诚的倾诉甚至是白纸黑字的病历面前，我至少要相信自己的“眼见为实”吧，还能有什么怀疑呢！

他不止一次地面对那绿蓝绿蓝的冰水，乐哈哈的脸上总是罩上一层虔诚的神采：“我与冰湖紧密相连，冬泳给了我第二次生命！”这，虽有“套话”之嫌，却是他发自内心的一种真情实感的流露。

多年来，钻冰窟、跑步，面对宽阔的湖面吼两嗓子，成了他的乐趣和精神寄托。在玉渊潭湖边，人们无数次地见到他流连忘返的身影。他即使从家里上街，也要身不由己地拐弯来到湖边停留十几分钟，那专注的神情，那凝视的目光，看得出他已将自己的生命与眼前的冰湖紧密相连了，仿佛在倾吐着对冰湖的一腔眷眷深情……

贴着冰面展翅的“雄鹰”

“冰人”的世界，人生的缩影，社会的窗口。他们收获的并不都是健康、欢乐。他们在那一幕幕高尚与卑贱、真诚与冷酷相混杂的闹剧中，令人扼腕的是，也不可避免地遭遇了一个个“冷血同类”。

他，名叫王克志，五十挂零，壮壮实实，却因无休止地受病魔折腾而未老先衰，两鬓染霜。从他那宽厚黑红的脸膛上，从他那质朴略显呆滞的眼神里，极易看得出这是一位厚道本分得过于胆小怕事的人。有“泳友”说他大脑受过刺激，幻听幻觉，靠领微薄的生活费度日；也有“泳友”说他精神有毛病。其实，用今天的眼光来看，他很可能患有忧郁症。

20多年来，他不论严寒酷暑，风雨交加，每天下午必到玉渊潭公园东湖“上班”，“泳友”们众口一词给他赐了个雅号：“湖长”。

这“湖长”太特别了。下水的时间极短，手忙脚乱拨拉几下就气喘吁吁地爬上岸。然后默默地或坐或蹲在湖边，两眼无神却极其专注地凝视着波光粼粼的湖面，一小时、两小时……颇似一只搏击风暴后筋疲力尽的鹰。他不止一次地对笔者讲，每当这时，他口干舌燥，眼冒金星，头疼得简直要炸裂，那种煎熬比孙悟空被唐僧念紧箍咒还要痛不欲生。

然而，不论春夏或是秋冬，每当湖中有人挣扎、呼救时，他顿时眼里放光，腾地站立，似离弦之箭、雄鹰振翅，两臂一伸，跃入水中，呼啸向前，从水草下、漩涡中直至冰窟窿里救起一个个徘徊在鬼门关前、阴阳界上的男男女女。20多年来，被他救起的溺水者有据可查的高达15人，成为溺水者化险为夷的“守护神”！

他怎么可能在自己倍受病魔煎熬的时刻，一次又一次奋不顾身地给了那么多人以活命的机会！出于一位“精神受刺激者”的情操，还是人类的同情心使然？

“你是不是有什么特异功能？救人似囊中取物，一救一个准？”我玩笑地问。

“嘿嘿，别逗我了别逗我了。你就别拿我开心了。”他说着，神情转瞬黯淡：“这救人，说起来也不容易，跟过鬼门关似地，弄不好他会把你死命地勒得紧紧的，让你挣不开动弹不了，连自己的小命也要搭上。可是——不救？淹死一个，家里多少人跟着伤心！被救的人有什么表示？不用不用，说句把客气话就可以了。”

“湖长”说到这里，脸上充溢着一种满足之情，转瞬又暗淡下来：

“也有的人……唉，说起来气人——连声‘谢谢’都不肯给。”

夏天。离岸50多米处，一个20出头的小伙子正在卖弄地向岸边女友展示其“高超”的泳技。哪知不大一会儿功夫露了馅，“高超”的泳技不争气地变成了手乱舞脚乱蹬的挣扎，身子在不断地下沉，渐渐地灭了顶，只剩下一绺头发漂在水面上……

“救命啊，救命啊——！”女友惊呼声刚一出口，“湖长”已跃入水中，向那绺即将沉没的黑发扑去……

“你谢谢这位大哥。”女友指指大口喘气的“湖长”，对“黑发”说。

"黑发"脸色煞白，抹抹脸上的水，瞧也没瞧"湖长"一眼，手在空中那么画了个半圆，摆出一副不屑一顾的架势："嗨，我的腿——抽筋了，要不——"

"黑发"说完，旁若无人地牵着女友的手，头也没回地走了。

一身是水的"湖长"愣愣地望望远去的"黑发"和足下湿漉漉的一摊，一时分不清楚水耶，泪耶？

又一位让溺水者化险为夷的"守护神"——工人师傅张江涛。说起他，在玉渊潭泳友中颇有点名气：玩水、玩冰，玩出了花样，玩到了极致。

在玉渊潭东湖与西湖之间，有一座似玉带一般的五孔桥。桥下湖水流动，即使两湖都结上坚冰，这里依然流水潺潺。他喜欢站立在3米多高的桥顶之上，似雄鹰独立，忽然，一个漂亮的雄鹰展翅，轻盈地跃入冰水之中。那自由泳游得勇猛快捷，令人叹为观止！

张师傅上得岸来，一双大手把脸上的冰水一撸……

"喂，张师傅，把头发擦一擦！"

他冲泳友们大大咧咧地笑笑，一舞胳膊，随口"不用了"三字作答，冰鞋一穿，来到那宽阔平展的冰面上，迎着凛冽的寒风，开始了下一个"节目"：溜冰。只见他时而变换着各种姿势，时而短促速滑似猛虎下山，时而固定一种姿势，悠闲潇洒地滑行在青玉般的冰面上，酷似一只紧贴着冰面展翅的"雄鹰"！

这天，他像以往一样兴致勃勃地来到桥畔，不大一会儿功夫，发现有人落水，想都没想立即潜游20多米，一把抓住身高足有1米8的"大块头"。不料，这家伙窒息前的拼命挣扎，头猛地撞在张江涛的脸上，顿时，3颗牙齿脱落，4颗假牙也错了位。鲜血，顺着嘴角往外淌。他忍着晕眩和剧痛，抓住"大块头"艰难地向岸边划去。突然，那家伙又是狠狠的一脚，正正地踹中张江涛的下腹，疼得他眼冒金星。

不料，迷迷糊糊的"大块头"竟巨石般地坠着他一同下沉……危险！张江涛心里明白，自己也被拖到了鬼门关前！松开"大块头"，他就死定了；抓住他，极有可能一块儿玩完。求生或赴死全在一念之差。见死不救，还算人吗！他忍着剧痛，运足最后的那股气力，肩扛头顶着"大块头"艰难地向岸边游去……

躺在岸边的"大块头"已经没有呼吸了。控水、双臂扩张、叠掌挤压心脏……无济于事。张江涛用鲜血模糊的嘴进行人工呼吸，一口、两口……"大块头"终于慢慢抬起了眼皮。当围观者一片欢呼时，张江涛却忍着剧痛悄悄地消失了。

“感谢我？有呀！”躺在病床上的张师傅淡淡一笑，“小伙子还算有点良心，给我寄来一封从没见过的信，一没有地址、二没有署名、落款是什么‘社会青年’的信，跟我玩起了花头经。信中说什么，早先对反对腐败怎么怎么没信心，经过这件事又怎么怎么的有了信心。东拉西扯，扯这些干吗！开初，我想他会来医院看看我。人嘛是有感情的，一生之中能碰上几回共过生死的？嗨，末了也没见着，不来就不来吧，无所谓。”

“这年头，社会风气糟糕，门缝里瞧人，害怕你勒索他哩！”

“就是。那个‘大块头’说不定真担心你要他掏医药费、营养费、动疝气手术费，还有什么救人劳务费哟！”我戏谑地说。

他咧开缺了3颗门牙的大嘴，笑了：“你别说，还真有人讲，他就是拿出个一万两万来谢谢，也不算过分。我说了，如果为了钱，就是10万8万堆在那儿，老子我也不会卖这条老命！再者说，救人就是救人，怎能扯这费那费的？扯淡！后——悔？不。见死不救，这辈子——那才没有法子原谅自己。”

“再遇到落水的，你咋办？”

“一个字——救！”张师傅豪迈的回答足以斩钉截铁。

铿锵有力，落地有声。这就是“北京冰人”的古道侠肠！

冬泳，勇敢者的运动，造就了“北京冰人”这样一群襟怀坦荡、真诚善良、见义勇为，并用一代又一代前赴后继唯真诚唯善良唯尊重的生命链条去承接去延续，我们共有的家园才能真正地和谐、美好。

“冰鸳鸯”

引　子

在“北京冰人”中，有一对对畅游在冰河、冰湖中的“冰鸳鸯”。他们夫唱妇随或妇唱夫随，亦步亦趋，形影不离。瞧——在凿开坚冰的一片水面上，他们成双成对地徜徉在宁静的水面上。有的女士在前，先生在后，在水面上款款点点，亦步亦趋，轻松安闲。丈夫在前者，悠然自得地不时扭头关照在后边的妻子，仿佛一对鸳鸯在微澜中轻声絮语……

鸳鸯，即我国官鸭。鸳指雄鸟，鸯指雌鸟，属雁形目的中型鸭类，大小介于绿头鸭和绿翅鸭之间，体重约500克左右。雌雄异色，雄鸟头部冠羽艳丽，眼后有较宽白色眉纹，嘴红，脚橙黄，羽色鲜艳华丽，翅上有一对栗黄色扇状直立羽，像一首《鸳鸯》的序文说：“鸳鸯，美贤也，有贤者二人，双飞东岳。”这里的鸳鸯是比喻陆机、陆云兄弟二人。

鸳鸯更多的是出现在古代汉族神话传说和文学作品中的鸟类。虽说，鸳鸯成为人们心目中永恒爱情的象征，只是人们看见鸳鸯在碧水清波之中的亲昵举动，产生的美好愿望的一种联想，将自己的幸福理想赋予美丽的鸳鸯。人们见到的鸳鸯都是出双入对，在水面上相亲相爱，悠闲自得，风韵迷人。它们时而跃入水中，引颈击水，追逐嬉戏，时而又爬上岸来，抖落身上的水珠，用橘红色的嘴精心地梳理着华丽的羽毛。被人们常用来歌颂纯真爱情的美丽传说和神话故事，比喻忠贞爱情的象征。

将鸳鸯比作夫妻，最早出自唐代诗人卢照邻《长安古意》诗，诗中有“愿做鸳鸯不羡仙”，赞美了美好的爱情，勾起多少文人墨客的翩蹁联想，竞相仿效。唐朝李白有“七十紫鸳鸯，双双戏亭幽”；杜甫有“合昏尚知时，鸳鸯不独宿”；孟郊有“梧桐相持老，鸳鸯会双死”；杜牧有“尽日无云看微雨，鸳鸯相对浴红衣”；苏庠有“属玉双飞水满塘，菰蒲深处浴鸳鸯”，以及“只成好日何辞死，愿羡鸳鸯不羡仙”，“鸟语花香三月春，鸳鸯交颈双双飞”等等。崔珏还因一首《和友人鸳鸯之诗》:“翠鬣红毛舞夕晖，水禽情似此禽稀。暂分烟岛犹回首，只渡寒塘亦并飞。映雾尽迷珠殿瓦，逐梭齐上玉人机。采莲无限蓝桡女，笑指中流羡尔归。”而名声大振，被称为崔鸳鸯。

冰面上嬉笑的恋人往往停下脚步，情不自禁地向这一对对形影不离的“冰鸳鸯”，投去惊异羡慕的目光，紧接着是一番窃窃耳语。

他们惊异的，也许是这世界太多情、太奇妙，天上比翼鸟，地上连理枝，连这“冰窟窿”里都有着一双双“冰鸳鸯”！

他们羡慕的，也许是从更高的层面、更广阔的视角，领悟到夫妻间的志趣和真诚！

面前站着的这一对“冰鸳鸯”，让我百感交集，不能自已。

先生葛华民，已过花甲之年，原航天部811厂高级经济师、北京华宇通用设备厂厂长；女士叫孙云彩，也过了花甲之年，北京37中退休高级教师。“冰人”们公认，他俩属于“夫在前妻在后，夫不时关照着妻，仿佛一对鸳鸯在微澜中轻声絮语”的那一种。

“广岛居民”自称:“我是老癌”

多年前，当孙老师自报家门“我是‘老癌’”时，我惊愕不已：怎么可能呢?一个成天乐呵呵、零下十几度依然能坚持破冰冬泳的人，上哪儿找出一星星癌症的影儿!

事实是严酷的：1981年1月，时年46的她，右乳上方发现一块足有鸭蛋大的硬块，经北大医院确诊为5×5×3厘米实性癌，定2期(晚)。术后因放疗、化疗致使白细胞、血小板急骤下降且难以回升，被癌友们戏称为“广岛居民”，又被医生判定在人世间只能再活一年左右。

哪知，漫漫20个年头过去，她活得精精神神，结结实实，阎王爷愣是没敢通知她去报到。她当上了北京市抗癌明星，后来又当了为北京抗癌乐园的秘书长。这个老两口之家被评为北京市抗癌好家庭。

她说起刚发现癌症那会儿的心绪，百感交集，一吐心曲：

“我一看到写在我病历上的‘有乳ca’，脑子‘嗡’地一下懵了，感觉天旋地转似的，天哪，这‘ca’——我清楚，这是癌啊!悲观、委屈、绝望交织着一齐袭上心头。刹那间，我仿佛接到了死亡的最后裁决，将要离开丈夫、儿女和这个世界……我，我不甘心啊！老天爷对我太不公平了！我才46岁，说什么也想不通，好好的活蹦乱跳的一个人，怎么晃荡晃荡就走到了鬼门关呢？

“快上手术台了——天晓得能不能下得来这个台啊？弄不好转眼说完就交待啦，就是生离死别啊！我忍不住大哭了一场，前思后想啊，不做手术，不更是等死吗？做了，很可能拣回这条命，这才横下一条心同意上手术台，接着就急头歪脸地要纸要笔要写遗嘱。嗬，真有那么点英雄赴死的样儿。直到全麻前，我心中还默念着岳飞的《满江红》：‘……仰天长啸，壮怀激烈。三十功名尘与土，八千里路云和月……’

“写遗嘱？老葛劝我，快上手术台了，来不及写了，先说一说吧——也成。我交代了儿女抚养问题之后，叮嘱他别苦了自己，赶快把我忘掉，找个心眼好、脾气也比我好的老伴。他——表态没表态？表态啦，说他这辈子呀不再找了。特别是下面这句话对我鼓舞很大：‘我在这里等你从手术室出来！’”

“是他点亮了我的生命之灯”

“我虽然从手术台上下来了，却依然挣扎在死亡线上。死亡，对癌症患者来说，往往就是一步之遥。我想到来日不多了，要十分珍惜这有限的存活期，抓紧生活，还要活得有些质量，就向他来了个‘约法三章’：一是每天晚上陪我散步；二是每周教会我一首歌；三是我的无名火少不了隔三岔五地要发一发，即使错了你也要忍着、让着我。他一听愣了，特别是最后一条，我招谁惹谁啦，给我来这么三条，特别是最后一条！”

葛华民点点头，语气平和地接着说：

“说老实话，我没有想到还有这三条，特别是那末尾的一条，也太有点儿那个了。可转念想想，唉，你都病成这个样子了，我不这样又能怎么样呢？举手投降，俯首称臣吧。我的主旨是：凡是有利于她病情好转的事情，都值得去做。发过火没有？你问她，不仅发过，而且发得古怪离奇，莫名其妙。怎么办？听进去，忍下来呗，等她心情好了一点，再委婉地点到为止，免得又招来更大的火气。”

“想起来也真难为他。当时那种烦躁、不安，我实在控制不住。”孙云彩说到这儿，眼圈儿不由得红了，“后来，我渐渐醒悟：一旦把他气病了气倒了，失去了靠山怎么办？我再怎么的难受，也不能同自己最亲的人过不去啊！他不该受这样的气、这样的惩罚嘛！后来，虽说脾气发得少了，但仍然有无名火起的时候。还好，老葛始终让着我。扪心自问，一回两回，一月两月容易，而他整整忍了这么多年！至于天天散步，每周一歌，从没中断过。说起他教的歌？多了去了，单是毛泽东诗词歌曲就教了好几十首。他教歌那个用心良苦哟，让我从歌词中细细领悟、品味，如'而今迈步从头越'、'万水千山只等闲'呀，如'借问瘟君欲何往，纸船明烛照天烧'啦，如'不到长城非好汉'、'无限风光在险峰'等等，鼓舞我同癌症去抗争。"流行歌曲？有——《军港之夜》、《血染的风采》呀，《十五的月亮》、《望星空》啦，《爱的奉献》、《在希望的田野上》啦，鼓励我热爱生活，热爱人生。不过，我印象最深的还是他教的第一首歌:《牡丹之歌》。有这样两句歌词：'冰封大地的时候，你正蕴育着生机一片，春风吹来的时候，你把温暖带给人间……'得，还是让老葛唱一唱吧。"这时候，只见葛华民顺从地双目正视前方，脸色略显拘谨，嘴咂了几下，仿佛找准了最佳的感觉，轻声唱道：

啊！牡丹，
百花丛中最鲜艳。
啊！牡丹，
众香国里最壮观。
有人说你娇媚，
娇媚的生命哪有这样丰满？
有人说你富贵，
哪知道你曾历尽贫寒。

……
冰封大地的时候，
你正蕴育着生机一片；
春风吹来的时候，
你把美丽带给人间。
……

笔者听着听着，眼里湿润，不禁唏嘘：歌中跳跃的哪里是一个个音符，分明是他对她的那颗火热的心！是他誓将亲人从地狱门前拉回来的殊死决斗啊！

那么，孙云彩能活到今天，葛华民又是怎么当好“后勤部长”的呢？“还是我来说吧。”快人快语的孙云彩疼爱地瞧了丈夫一眼，控制不住感情的闸门——

“他为了我，真是操碎了心。他听说甲鱼的血治疗癌症效果好，他一家家副食商场去找，又担心甲鱼血对人体有害处，他先尝，证实无副作用后才给我喝；他听说胎盘能治癌补身，又千方百计地去找。还是不放心，先亲口尝一尝，才给我吃；他听说多吃水果对治癌有好处，就买了这买了那，反正过去不敢问津的水果他都买，孩子不晓得原委伸手要拿，他马上制止：大的、好的，给妈妈留着。他见我动手术后胳膊抬动有困难，使不上劲，就买了洗衣机。这，才是真正意义上的‘爱妻’牌！

“他不声不响地挑起了洗衣、做饭、扫地等全部家务，但从来没有影响过工作。就说我住院那阵儿，他白天上班，晚上来医院陪我，整整一个月呀！他请了多少天假呢？只有一天！就是我上手术台时闹着要写遗嘱的那一天……

“他真是苦了自己，累得尿血，他能熬到今天也真……”

我见她泣不成声，忙故作轻松地说：“孙老师，说说你们两口子的天天‘一首歌，一次舞，一回泳’，怎么样？”

她一听，雾消云散：

腊月寒冬依然坚持下水的“冰人”孙云彩身上，哪儿找得出丝丝癌症的影儿！（孙云彩提供）

“老葛买了洗衣机后又买了电视机，配了卡拉OK。我们天天晚上都得唱一唱，小合唱、二重唱、独唱什么的全齐了。噢，还有对唱呐，他唱一首，我唱一首，越唱越想唱，越唱越有劲。这跳舞嘛，街心花园，八一湖畔，还有卧室，都是我俩固定的舞场。唱一唱，跳一跳，乐一乐，什么忧愁伤心事全抛到爪哇国去了。

“说到冬泳，我呀，是刚刚能下水扑腾几下就开始的。还是亏了他，鼓励我往那冰窟窿里钻，说是可以增强抗癌的决心和意志。风沙天，下雪天，还有那黑灯瞎火的夜晚，冰天雪地，寒气逼人。我真是要打退堂鼓不游了。他总是耐心地开导我，什么‘气可鼓而不可泄’呀，‘能胜己者为强’呀，还有什么‘有钱难买一哆嗦’！哈哈……你别说，还真的一次次鼓起了我破冰而下的勇气。

“10多年冬泳，10多年磨炼，加上天天坚持抗癌健身法，我的体力恢复到中年人的状况。原先的美尼尔氏综合症害得我服了3年‘安定’，现在也好了。经医院检查，我的两肺不仅阴影消失，而且清晰，甚至连甲沟循环都呈良好状态。嗨，天天一首歌，一次舞，一回泳，让我这‘老癌’的日子过得哟，天天上公园，年年度蜜月！

“‘得癌好处多!’这虽是玩笑话，但有一点是绝对的，没有老葛，我无论如何活不到今天，是他点亮了我的生命之灯！”

“为人类抗癌事业尽点绵薄之力”

是啊，是葛华民燃烧自己，让孙云彩鼓起活下去的勇气；是葛华民燃烧自己，将孙云彩的生命延续。我叹服葛华民这样的男子汉。我在庆幸孙云彩康复的同时，也为葛华民多少可以卸去一些家务而感到欣慰。

“什么，家务活儿还让一个大老爷承包?”我大惑不解。

孙云彩点点头，叹息一声：

“一想到这儿，我心里就很不好受，也很矛盾。这些年，他为我付出的辛劳就不用提了。今天，跟健康人没有什么区别的我，理应把家务承担起来，好好地回报回报他。

“可是，怎么说呢，意外的情况发生了，学校、朋友、住家附近的癌症患者见我不仅奇迹般地活了下来，而且成天浑身是劲，又是跳舞又是唱歌、遛弯儿，还敢钻冰窟窿！这一来可招了事儿了，上门求教问这问那的，请出去介绍经验的，这么说吧，终日不得清静闲不住，七七八八的事情整天络绎不绝。

“你说说，看见癌友们被悲伤、恐惧、绝望压得喘不过气来，甚至怀着一颗等死的心，我能无动于衷，袖手旁观？可是，你管吧，整日里忙得我别说操持家务，连老葛做好的饭菜也常常忙得顾不上吃一口。许多时候真感到受不了了。可是，当看到一位位癌友露出笑脸，身体康复，又总是觉得自己没有白苦白累，活得很是有意义，也就别无所求，乐此不疲了。就是苦了老葛了。好在老葛想得很开，不止一次地说，只要有更多的人能战胜癌症，我苦点累点不算什么！”

前面提到的北京抗癌乐园，团结了那么多的癌症患者，为许多家庭、为社会团体战胜癌症做出了非常有益的探索，提供了可贵的经验。在乐园内部，让众多癌症患者感受到家的温暖，不但延长了生命的长度，而且活得健康有质量。想想看，这里浸透了主持该乐园日常工作的孙云彩多少心血和辛劳？真是谁也说不清。更加难得的是，她也是一位癌症患者！

这些年来，孙云彩作为北京抗癌乐园秘书长，相继在北京举办了抗癌学习班近百次，有数千人次参加。她还先后去了桂林、漳州、南京、盐城、北戴河和延边，用亲身经历向上千癌症患者传授抗癌方法。多次举办了有美国、日本、新加坡和中国台湾等地患者参加的海外友人班。

这些年来，她具体筹备组织了病友“话疗”会、康复经验交流会、癌友庆寿会、联欢会乃至“老癌”婚礼，还有请中西医、心理学家讲课等，少说也有60多次、近3万人次参加。

这些年来，孙云彩接到的抗癌咨询电话，国内的、海外的每天至少三四次，收到的信件近千封。至于外地患者找上门的，常常是你前脚刚走他后脚就跟来，弄得孙云彩喝口水的功夫都没有。然而，一谈到“抗癌”二字，她就跟着了魔似的口若悬河，滔滔不绝。

这些年来，她去医院、去患者家中看望众多的病友，一些病友离世时，她还要送到八宝山。每当夜深人静时，她依然闲不下来，要完成报刊稿约，要写康复论文，要考虑旨在向死神挑战、为人类抗癌事业尽点绵薄之力——“北京抗癌乐园”的工作……

“老葛，看来，你这个‘后勤部长’还得连任啰！”笔者望望他说。

葛华民笑笑，依然平静地说：“没错。不知怎的，一想起癌症患者挣扎在死亡线上的巨大思想压力，一想到他们生活上的艰难，不能上班，仅拿点基本工资，开销却比健康人要大得多，一想到有的癌症患者遭到亲人嫌弃、离异，我的心就不能平静。你说说，人嘛，总是需要别人拉上一把的，何况是癌症患者。既然她有志于帮助癌症患者提高活下去的信心、勇气和方法，我没有理由不全力支持她。更何况，这些年，我个人承包了全部家务，不也过来了？习惯了，蛮好。”

“他说习惯了，蛮好。嘀嘀，我可受不了。”

我好生奇怪，望着孙云彩想听下文：

“好几回了，我想，只要他甩过来一个脸子或扔过来一句牢骚，就一句，说心里话，我就不会这么干了。这倒不是我不愿意为癌症患者服务，实在是老葛为我做得太多太多，而我……你别插话，我就要说嘛！”

她盯了他一眼；

“我不仅没有做什么，还给他增加了那么多的负担。我中午赶到家，他做的饭菜已端在桌上；我的衣服脏了，他一声不吭地洗了；小女儿结婚，一手操办喜事的是爸爸，小孙女学钢琴，来回接送的是爷爷。

“还有，不厌其烦地接那没完没了抗癌咨询电话的，是他；为认识不认识的登门的癌症患者倒水端茶、削水果甚至忙着准备饭的，是他；顶风为台湾同胞寄抗癌书籍的，是他；江苏盐城病友的录像带寄错了，去邮局取回再去寄的，还是他。

“看着他花白的头发，我不忍心，好几回要辞去北京抗癌乐园的差事，完全彻底地回到家中，让他安度晚年。谁知，他一听，嘀，急了，脸一拉，正色道：‘患者需要你！困难之中，生死关头，你应当鼓舞病友们起来抗争！’‘你们的群体在探索一条中国式的中医、西医和健身相结合的综合治癌道路！将有功于人类最终战胜癌症！’我心中豁然开朗：老葛是要全力支持我去点亮一位位病友的生命之灯啊！”

她，满腔真情，一吐心曲；他，处之泰然，静如处子。

我再度凝视着她和他，她仿佛是奔泻而下的瀑布，他却似一座无言的大山，坚定耸立在她的背后，同样也巍然耸立在成千上万个癌症患者的背后！

1994年写于北京，出版前作了修改

红镜头：中南海摄影师眼中的国事风云（上、下）

作者：顾保孜　摄影：杜修贤

ISBN：978-7-5051-2746-3　定价：98.00

著名红墙女作家、中南海红色摄影师，带你重温共和国风云岁月，探秘领袖内心世界。

邓小平与中美外交风云

作者：宫力

ISBN：978-7-5051-3316-7　定价：45.00

一部研究邓小平对美外交与实践最为翔实、最具开拓性的著作，对于处理好当前的中美关系，极具借鉴意义。

尼克松：白宫最后岁月

作者：[美] 鲍勃·伍德沃德　[美] 卡尔·伯恩斯坦

ISBN：978-7-5051-3151-4　定价：39.80

水门事件改变美国历史。一部记述尼克松在白宫戏剧化的最后岁月的经典解密之作，一部美国白宫运行手册。

毛泽东的诗人风采

作者：陈晋

ISBN：978-7-5051-2874-3　定价：36.00

本书以优美飘逸的文辞、酣畅淋漓的笔墨，从诗词角度探寻毛泽东的内心世界，展现他作为诗人的绝世风采。

蒂姆·库克：苹果改变了世界，他改变了苹果

作者：[韩] 金大源

ISBN：978-7-5051-2457-8　定价：32.00

乔布斯走了，幸好有蒂姆·库克在！全世界都在追问这个男人！只有了解了他，才能一窥苹果的未来。

青年们，读马克思吧！

作者：[日] 内田树　石川康宏

ISBN：978-7-5051-2465-3　定价：25.00

超级畅销书作者内田树重磅力作，日本狂销1000000套。史上最有趣、最实用、最易读的马克思主义说明书。

马克思主义使用说明书

作者：[法] 丹尼尔·本赛德　插画：Charb

ISBN：978-7-5051-2464-6　定价：30.00

法国思想家丹尼尔·本赛德力作。2009年在法国出版后相继在英、美、德、日、韩等国热卖。

乔布斯的演讲之道

作者：[韩] 郑硕教

ISBN：978-7-5051-2461-5　定价：26.00

破解乔布斯让听众狂热的25个演讲密码，让你成为像乔布斯一样的演讲高手。

林书豪：我的梦想可以复制

作者：林淑华

ISBN：978-7-5051-2364-9　定价：26.00

他的成功是篮球界的狂欢，是教育界乃至全社会的镜鉴。如何让年轻人坚持梦想，是这个时代应该思考的。

鲍鹏山品水浒

作者：鲍鹏山

ISBN：978-7-5051-2319-9　定价：50.00

鲍氏文风，汪洋恣肆，诙谐幽默；注重细节与逻辑，突出《水浒》中的人性、文化、思想内涵。

诗画中国梦

作者：一清

ISBN：978-7-5051-2825-5　定价：48.00

这是一本有关“中国梦”的诗配画图书，是中国优秀传统文化艺术与当代精神的完美结合。

财富总动员

作者：邹建平

ISBN：978-7-5051-3707-3　定价：42.00

本书讲述了几个富有远见卓识的改革人物，如何革故鼎新、强国富民的故事。着重讲述了当今中国在习近平总书记领导下，突破重重困难，引领全民致富……

图书在版编目（CIP）数据

诗一样的中国面孔 / 陈贻林著. -- 北京：红旗出版社，2016.3

ISBN 978-7-5051-3747-9

Ⅰ. ①诗… Ⅱ. ①陈… Ⅲ. ①人物 - 生平事迹 - 中国 - 现代

Ⅳ. ①K820.7

中国版本图书馆CIP数据核字（2016）第053061号

书　　名　诗一样的中国面孔

著　　者　陈贻林

出 品 人	高海浩	选题策划	张佳彬
责任编辑	张佳彬	责任校对	李　娟
出版发行	红旗出版社	地　　址	北京市沙滩北街2号
邮政编码	100727	编 辑 部	010-64035072
E - mail	hongqi1608@126.com	发 行 部	010-64024637
欢迎品牌畅销图书项目合作		项 目 部	010-84026619
印　　刷	北京画中画印刷有限公司		
开　　本	710毫米 × 1000毫米	1/16	
字　　数	300 千字	印　　张	16.25
版　　次	2016 年 5 月北京第 1 版	2016 年 5 月北京第 1 次印刷	
ISBN 978-7-5051-3747-9		定　　价	38.00 元